中外故事书系 非物质文化遗产故事丛书

中国老字号故事

杨建明 王忆萍 编著

齐鲁书社

序

老字号是中国历史文化的宝贵遗产，有着浓郁、鲜明的民族特色。它们不仅仅是一家家传统老店，不仅仅是一项项传统技艺，不仅仅是一款款独具特色的产品，更是悠悠岁月凝聚起来的中华文化的瑰宝！

虽然现代经济的发展使老字号显得有些失落，但它们仍以自己的特色独树一帜。这些闻名遐迩的老字号，有始于清康熙年间提供中医秘方秘药的同仁堂，有创建于清咸丰三年（1853）为皇亲国戚及朝廷文武百官制作朝靴的"中国布鞋第一家"内联升，有1821年始创后应达官贵人穿戴讲究的需要而发展起来的瑞蚨祥绸布店，有明朝中期开业以制作美味酱菜而闻名的六必居……这些在数百年商业和手工业竞争中遗留下来的极品，都各自经历了艰苦奋斗的发家史而最终统领一行，其品牌也成为人们公认的好品质的同义语。它们是中华悠久历史的一部分。人们在这里经历的是传统，体验的是百年不变的优质服务。

老字号不仅是一种商贸景观，还是一种传统文化现象。"不到长城非好汉，不吃烤鸭真遗憾"使全聚德成为北京的象征。而京城民间歇后语如"东来顺的涮羊肉——真叫嫩""六必居的抹布——酸甜苦辣都尝过""同仁堂的药——货真价实"等，都生动地反映了这些老字号的品牌特色。

中国加入WTO以后，海量外资品牌进入中国，强烈地冲击着我国的民族产业。这些外来企业除了具有资金、技术和管理方面的优势，一个更大的优势在品牌方面。面对奔驰、大众、福特、西门子等动辄有着几十年、上百年历史的老企业，中国的民族企业有着自身的劣势。这些外来企业历经百年而长盛不衰，充分说明它们具有极强的竞争力，否则无以在历史长河中脱颖而出，无以获得消费者持之以恒的认可。而中国同样拥有一批这样历经岁月洗礼依然生机勃勃的老字号，这些老字号秉承的传统文化主要源自儒家传统，尤其是其中的注重质量、诚信经营和周到服务，更是当前市场经济下非常值得推崇的优秀传统。这种优秀传统支撑着这些百年老字号的生存、延续和发展，成为企业不可估量的巨大无形资产。

今天，大批老字号正抓住千载难逢的发展机遇，积极利用其金字招牌这一无形资产，迅速恢复生机。有些老字号如同仁堂、全聚德、荣宝斋等更是扬帆起航，驶出中国，进军海外，开创了更为宏伟的事业。全社会都已经认识到老字号所蕴含的宝贵价值，也在关注着它们的发展和成长。相信这些经历过大风大浪的国之瑰宝，一定会有一个更加灿烂的未来，一定会为国家和民族争得更多荣耀。

目 录

序 / 1

全聚德
——金炉百年不灭火,银钩长挂百味鲜
"全聚德"本是"德聚全" / 1
精明能干的"军师"李子明 / 4
几经磨难终流传 / 5
公私合营挽倒闭之势 / 7
全聚德的现代化之路 / 8

便宜坊
——便利百姓,宜民宜家
"便意"亦"便宜",读法很巧妙 / 10
乾隆爱吃便宜坊,御膳房里设炉场 / 11
招牌匾额有故事,一身正气美名扬 / 12
为保子孙店易主,连锁经营闯名堂 / 13
几经沉浮留精魂,百年老店又新生 / 14

果仁张
——民间的宫廷小吃
宫廷小吃果仁张 / 17

张维顺提升技艺 / 20
果仁张入驻天津卫 / 21
"果仁张"曾改名"真素斋" / 23
矢志不渝，再创辉煌 / 24

狗不理
——中华第一包
自杀未遂重开包子铺 / 26
"狗不理"之来源 / 28
"狗不理"成贡包 / 29
"狗不理"的后世之事 / 31

楼外楼
——佳肴与美景共飨
落第秀才开菜馆 / 33
楼外楼步步登高 / 35

东来顺
——百年诚信东来顺，一品清真冠京城
东来顺的名字缘起 / 39
涮肉驰名京城 / 41
与众不同的广告 / 43
东来顺今昔 / 45

稻香村
——南味北卖自繁荣
稻香村名考 / 46
南味北卖，自创经营 / 48
由鼎盛到分立至歇业 / 50

百年老店重出江湖 / 51

杏花楼
——粤食之精华

徐阿润"留洋"回来开甜品店 / 53

从探花楼到杏花楼 / 55

做好月饼，留名后世 / 58

老鼎丰
——乾隆亲题的金字招牌

乾隆钦赐"老鼎丰" / 60

几载沉浮后兴盛 / 61

老鼎丰的历史见证人 / 63

改制迎来新局面 / 65

六必居
——美味酱菜香飘数百年

"六必居"的字号来历 / 67

六必居的百年牌匾 / 69

六必居长盛不衰 / 71

六必居独特的管理 / 73

六味斋
——唇齿留香两百年的中华熟食

落榜举人开山立派 / 75

福记六味斋 / 78

老店发展多坎坷 / 79

励精图治，重获重生 / 81

三珍斋
——香飘百年味更美的酱鸡
酱鸡之乡——桐乡乌镇 / 83
传说中的三珍斋 / 84
跌宕起伏的风云历史 / 85
香飘百年味更美 / 87

五芳斋
——百年粽子,传奇美味
苏州"五芳"街巷闻,入赘女婿来发扬 / 90
保护商标没意识,满城尽是"五芳斋" / 92
粽子"机械化",走出嘉兴走向世界 / 94
舍房地产做粽子,五芳斋迈向集团化 / 96

皇上皇
——粤式腊味很经典
穷则思变,腊味出名堂 / 98
"皇上皇"胜"太上皇" / 101
半百风雨半百辉煌 / 103

王致和
——致君美味传千里,和我天机养寸心
前程无量的王举人 / 106
美丽传说话来历 / 107
慈禧太后赐名"青方" / 110
特殊的营养价值 / 111
方寸之间,流芳百世 / 113

王老吉
——传奇凉茶首一家
寻根"王老吉" / 115
清热祛湿王老吉 / 116
传奇故事增添神秘 / 118
王老吉与历史名人的传说 / 119
王老吉分成南北两支 / 121

东湖陈醋
——华夏第一"醋坛子"
御赐"山西老陈醋" / 122
"东湖醋"长在红旗下 / 124
"东湖"来了个郭总 / 126
"勾兑风波"老陈醋 / 128

吴裕泰
——门洞里的生意经
门洞里的茶叶铺 / 131
老铺待客似宾朋 / 134
五子共谋发展计 / 135
吴裕泰独特的年文化 / 137
崇尚勤俭,乐善好施 / 137

张一元
——一等茶庄属张家
张一元茶庄创建 / 139
茶庄火热的秘密 / 141
沉沉浮浮张一元 / 142
通货源起死回生 / 143
品牌"高碎"第一家 / 145

同仁堂
——三百余年铸就的中药品牌
先辈定名，后人开办 / 147
同仁堂供奉御药 / 150
四房共管同仁堂 / 151
老铺沉浮总受难 / 153
老店重建，继往开来 / 154

九芝堂
——风雨沧桑三百年
祖师爷劳澄选定坡子街 / 156
"劳九芝堂"灵药安民 / 158
跌宕起伏，潮起又潮落 / 160
藿香正气救铁军，解暑祛热美名传 / 161
大浪淘沙三百年，立足今朝求发展 / 163

宏济堂
——百年阿胶，世纪良药
创办人——《大宅门》原型乐镜宇 / 165
"白七爷"阿胶声名鹊起 / 167
多次迁址，留百年足迹 / 170

老天祥
——人寿百年济世，药香万代扬名
烟台有个"天祥顺" / 173
北迁丹东谋生路 / 175
"狗皮膏药"从天降 / 177
老树春深更著花 / 178

片仔癀
——中药之奇葩
太医离宫，山寺为僧 / 180
赠医施药，济怀百姓 / 181
秘药外传，远至南洋 / 182
片仔癀：一个国家的秘密 / 184

云南白药
——中华瑰宝，伤科圣药
白药寻踪，起源来历玄妙 / 186
广交朋友，缔造白药王国 / 188
外伤圣药，药方之谜闹不休 / 190

马应龙
——小小眼药铺的大作为
"八宝秘方"问世，浩浩荡荡闯京城 / 194
南下武汉拓展，乱世不断传承 / 197
顺应新时代，走上创新路 / 199

茅 台
——浓香飘千年，国酒树丰碑
国酒前身为"赖茅"，古往今来受青睐 / 202
长征胜利功劳高，独特香味领风骚 / 204
茅台酒享誉国内外，复制克隆难度高 / 205

牛栏山
——"牛"酒广传承
绵延五千年的酒文化 / 207
金牛造就二锅头 / 209

乾隆会饮封"御酒" / 210
沧桑历史典故多 / 211
"地利"营造酒乡传奇 / 212

张　裕
——百年"张裕"情，世纪"实业兴邦"志
张弼士的"实业兴邦"梦 / 214
红顶加身，梦圆"张裕" / 216
孙中山留墨宝，百年传美名 / 218

西凤酒
——千年古酒，绵香穿岁月
"秦酒"赠"野人"，舍命报君恩 / 220
苏轼咏柳林，凤翔名全国 / 222
历经磨难，浴火重生 / 224

女儿红
——九九女儿红，酒浓情更浓
生女必酿女儿酒，嫁女必饮女儿红 / 226
一脉相承分三枝，个个味美有来头 / 228
文艺作品层出不穷，女儿红红遍大江南北 / 229

孔凤春
——凤凰涅槃，浴火重生
创业初期：孔记香粉店 / 232
繁荣时期：孔凤春闻名全国 / 234
转型时期：百年老号国有化 / 235
复兴时期："孔凤春"旧貌换新颜 / 236

中国照相馆
——留住百年变迁史
"决战"上海滩 / 238
从上海到北京 / 240
巾帼再现,老字号复苏 / 241

内联升
——手工布鞋中的奢侈品
做坐轿人的生意 / 243
高级定制——《履中备载》/ 245
动乱来临,辉煌结束 / 246
创新是存活的根本 / 246
风雨过后是彩虹 / 247

王星记
——扇子的王国
"一把扇子半把伞" / 250
漂洋过海的"贡扇" / 252
子承父业,繁荣扇业 / 253
孙总上任,实行改制 / 254
正在缔造的扇子王国 / 255

恒源祥
——横罗百货,源发天祥
沈莱舟带红恒源祥 / 258
恒源祥命途多舛 / 260
南京路上的刘经理 / 261
注册"小囡"牌商标 / 262
中国的"可口可乐" / 263

瑞蚨祥
——百年丝绸店
借用"青蚨"取吉祥 / 266
一代大商孟洛川 / 268
几经劫难，走向衰落 / 270
迎着红旗赢新生 / 272

乾泰祥
——丝绸大王乾泰祥，天天都有新花样
观前街前立门户 / 273
走出低潮，两次翻建 / 275
管理有方，步入鼎盛时期 / 276
跌宕起伏，还原历史风云 / 278
枯木逢春，续写百年辉煌 / 279

老凤祥
——珠光宝气上海滩
"凤"落上海银楼业 / 280
创始人励精图治 / 281
名人与老凤祥那些说不完的故事 / 283

张小泉
——小剪刀，大品牌
泉水叮咚张小泉，仗义执言惹恶霸 / 286
井里来了千年蛇，绞杀妖怪得剪刀 / 288
寻常百姓寻常剪，紫禁城里做贡品 / 289
改天换地再创业，金字招牌引纠纷 / 291

全聚德

——金炉百年不灭火，银钩长挂百味鲜

提起"全聚德"，可谓无人不知、无人不晓。全聚德的烤鸭驰名中外，酥脆的外皮入口即化，肥而不腻的鸭肉嚼劲适中，搭配上薄嫩的春饼、香甜的面酱、翠绿的黄瓜和雪白的大葱，真是别有一番滋味在齿间。

全聚德的总店设在北京前门，是北京的一处独具特色的人文景观。很多人都知道这样一句话：不到长城非好汉，不吃全聚德真遗憾！由此可见全聚德这个百年老店的巨大影响。那么，既然是百年老店，全聚德经历了怎样的历史沧桑呢？透过"全聚德"的金牌匾，我们仿佛能看到几代人的艰辛和成果。

"全聚德"本是"德聚全"

道光十四年（1834），黄河发生水患，河水漫至河北冀州，

全聚德壮观的店面

淹没了农田。本就生活困难的杨家没有了收成,日子更加难熬了。杨家有一个年仅15岁的儿子杨全仁,正是长身体的时候,可怜没有粮食,只能眼巴巴地望着老天爷,埋怨老天爷不开眼。一天,杨全仁饿得实在受不了了,就走到父亲跟前说:"爹,我饿了,我要吃饭!"父亲很无奈地摇摇头说:"全仁,咱家没吃的了,要想生活下去,你就要离开冀州,到没有水患的地方去。京城是天子的家,一定有吃的,你去那里吧。"就这样,杨全仁当天就起程前往京城。一路上,他见到不少饿死的人,心里有种说不出的滋味,很难受。但当时他只有一个信念,那就是:我要活着到京城,到了那里,我就有好日子过了。

杨全仁是幸运的,他挺到了京城,见到了京城的繁华,可是他来不及细看,就要开始找工作了,因为身无分文在哪里都无法生存。可是,杨全仁太瘦弱了,没有人让他当伙计,怕他干不了重活。然而,功夫不负有心人,杨全仁终于在郊区找到了一份放养鸭子的工作。虽说是放养鸭子,但他同时也要帮老板填鸭、宰鸭。为了生活,杨全仁非常勤奋,加上他并不笨,很快就掌握了一流的填鸭和屠宰技术。两年的时间很快就过去了,他也有了一些积蓄。道光十七年(1837),他与别人合伙一起做起了小生意,在正阳桥头石板道旁摆摊子卖生鸡、生鸭。

他们每天天不亮就到郊区采购活鸡、活鸭,之后宰杀售卖,积攒了更多的资金,于是就买下了邻近肉市的井儿胡同14号的几间堆房,并将鸡鸭摊移到了广和楼北口。俗话说,实践出真知。经过几年的买卖,杨全仁发现,卖鸭比卖鸡赚钱,于是他逐渐将经营的重点转到了卖鸭上。由于经营有方,杨全仁的生意越来越红火,他的腰包也渐渐鼓了起来。他想:"我的钱足够盘下一家店铺了。"杨全仁每天去摆摊卖鸭,都经过肉市胡同路东边一家名为"德聚全"的干果店,这家店铺的位置不错,正是杨全仁想要的。他对自己说,要是哪天这家店不做了,我一定将它盘下来,开一家烤鸭店。

应该说是天意,"德聚全"干果店在同治三年(1864)一蹶不振,店主不得已停业关门。杨全仁在得知这一消息后,扔下摊子跑回家将多年的积蓄都拿了出来,盘下了这家店。

为了给烤鸭店起个好名字,杨全仁请了一位知名的先生帮忙。先生观看一番后,笑眯眯地对他说:"杨先生,只要你将'德聚全'这个字号倒过来,也就是改为'全聚德',就能好运连连。"杨全仁于是将店号改为"全聚德"。杨全仁对"全聚德"的店号非常满意,他觉得这个店号就是在告诉客人他做买卖讲德行。

店号有了,杨全仁要在店外挂上一个金匾,匾上的字一定要漂亮。他听说一个名叫钱子龙的秀才写得一手好字,于是备上好酒将其请到家里题写匾额。细心的人会发现,"全聚德"牌匾上的"德"字少了一横,这是为什么呢?有的人说,当时杨全仁将钱子龙请来,两人开怀对饮。钱子龙多喝了几杯,题字的时候精神恍惚,一不小心就落下了一个横。有的人说,是杨全仁故意让钱子龙这样写的,因为心上不能横一把刀,为的是让店里的伙计安心干活、同心协力。但这都是猜测和传说,而真正的原因还在"德"这个字上。早期的"德"字没有中间这"横",加横的是后起字。后来两种写法并存,可以有横,也可以没有横,表达的意思都是一样的,这点我们可以从唐宋元明清书法名家的墨迹中得到考证,清代画家郑板桥书写的"德"字有时候有一横,有时候就没有一横。

全聚德开张之后,在杨全仁的精心经营下,生意越做越好,店内的伙计也从十几人增加到三十多个人。在当时的北京,大大小小的烤鸭店有二十几家,其中数便宜坊烤鸭店历史最悠久,也数它生意最兴隆。杨全仁在看到便宜坊优点的同时,也注意到了它的弱点——焖炉烤鸭的烟火味过重,很多客人不喜欢。于是,杨全仁另辟蹊径,准备将挂炉烤鸭这个营生做强做大。

要做挂炉烤鸭就需要一名技术高超的师傅。杨全仁知道,北京东安门大街路南的金华馆有一名孙师傅,烤鸭技术精湛。孙师傅原本在皇宫御

膳房包哈局里专管烤鸭，离开皇宫后就到金华馆掌炉。杨全仁为了请到孙师傅，花费了不少心思，大有刘备三顾茅庐之势，最终如愿以偿地请来了孙师傅，同他一起来的还有皇宫中挂炉烤鸭的全部技术。杨全仁眼看着一只只肥鸭被烤鸭杆挑起，送进炉膛，挂在炉梁之上，不多久就成为颜色枣红的诱人烤鸭，他会心地笑了。由于孙师傅和新技术的加入，全聚德的生意一天比一天好。

杨全仁本打算建一座楼房，但可惜的是，他没有看到自己的楼房落成就离开了人世。杨全仁死后，全聚德由他的二儿子杨庆茂接管。杨庆茂在接管之后才发现，全聚德并不像表面上那么风光，为了把店铺做到最好，杨全仁在掌管期间借了大量外债。而杨庆茂首先需要做的就是还清债务。

光绪二十七年（1901），杨庆茂找人将全聚德里外粉刷一新，在大门外挂了三块招牌：左边是"老炉铺"，右边是"鸡鸭店"，中间是金字招牌"全聚德"。大门左右还挂上了两块明亮的铜幌子，上面分别写着"包办酒席，内有雅座""应时小卖，随意便酌"。此外，杨庆茂还扩大了生意范围，增加了各种样式的炒菜。至此，全聚德发展成为一家名副其实的饭馆，但烤鸭仍是招牌。

精明能干的"军师"李子明

1912年，杨庆茂为自己找了一个"军师"——李子明。他精明能干，办事有主见，而且有文化，能够识文断字，给杨庆茂出了不少主意，解决了不少危机。

1922年4月，第一次直奉战争爆发，直系军阀吴佩孚最终取得胜利。一时间，北京城内流传着商铺会被军阀洗劫的各种消息，前门大街这个优势位置上的商铺老板个个忧心忡忡。不久之后的一天早上，一位军官来到全聚德，自称是吴佩孚部队的军需官，对接待他的李子明说："吴大帅打了胜仗，为了犒赏三军，点名要全聚德准备两百桌饭菜，每张桌子上必须有一只鸭子。"这对全聚德来说几乎是一个不可能完成的任务，但李子明想也没想就答应下来。店里的伙计都认为他疯了，连一向信任他的杨庆茂也怀疑这个决定是不是正确。为了消除众人的疑虑，李子明对大家说："如果我们不接，很有可能得罪目前实力最大的军方，到时候全聚德能不能存活都是问题。而如果我们接下来，我们还有机会。请大家相信我，我一定会带领大家好好完成这项任务。"

之后，李子明调动全聚德的所有人员，迅速添置新厨具，并且外聘了几名优秀的厨师，而他自己更是亲自到养鸭场选择良种鸭。在庆功之日，李子明一声令下，壮观的上菜场景让人咂舌，这个被人们认为不可能完成的任务就这么给完成了。从此，全聚德在北京城的名声更加响亮，慕名而来的食客越来越多。

几经磨难终流传

李子明不仅擅长经营，还擅长管理。他要求堂头（我们现在说的领班）有超强的记忆力，只要客人来过一次就要记住他的身份，下次来的时候要认得清清楚楚，这样客人会高兴，比较容易成为常客。为了能找到一个好堂头，李子明亲自到其他饭馆去物色人，然后高价挖过来。为了让顾客相信全聚德是货真价实的，他还专门安排了一个卖手，在顾客选鸭的时候，将活的鸭子拿给客人看，并让客人在鸭身上题字，表明这只鸭子的所属。这种做法得到了很多客人的赞赏。

李子明是山东人，店铺里也有来自山东的伙计，但他并不会给他们特殊照顾，而是一视同仁地予以严格要求。李子明要求伙计们在日常生活中要有规矩，不能做任何有损全聚德形象的事情。那些去看低俗花鼓戏的伙计会被他毫不留情地开除，而那些染上毒瘾或者抽大烟的伙计更是不用说了。李子明对那些勤劳能干的老实伙计非常照顾，有的伙计结婚，他会走很远的路去参加，还会送上厚礼，这让李子明在全聚德深得人心。

李子明对伙计要求高，对全聚德的生意有帮助，但也因此得罪了一些人，全聚德管总账的人就是在与李子明发生矛盾之后离开的。他离开之后很不甘心，决定与全聚德唱对台戏，没多久就在离全聚德不远处开了一家名为"华赢全"的烤鸭店，几乎与全聚德一模一样，看气势和名号是要和全聚德斗下去。华赢全烤鸭店开张的那天，李子明拿着祝贺的牌匾，领着全聚德的伙计们到场祝贺，但这并没让华赢全的老板感动。1924年9月，第二次直奉战争爆发，吴佩孚这次败了，取而代之的是奉系军阀张作霖。华赢全的老板以上次全聚德为吴佩孚摆庆功宴为借口，向张作霖告发李子明"支持内战"。张大帅正愁找不到杀鸡儆猴的人，二话不说就将李子明抓进了大牢。李子明被抓，让全聚德上上下下的人都很着急。堂头和伙计们得知张大帅喜欢附庸风雅，决定在他的寿宴上做文章，以便让张大帅下令放了李子明。他们为张作霖精心准备了一道"猜谜夜宴"，博得了他的欢心，顺利地救出了李子明。

历经磨难的李子明回到全聚德之后，更加用心地经营。每天下午是全聚德的营业低峰期，为了让全聚德拥有更多的顾客，李子明在这一时段推出"低价鸭"。因为便宜，很多顾客纷纷前来购买，所以即使在低峰期，全聚德也拥有一定流量的顾客。在全天的营业时间里，全聚德门口总是挤满了汽车、黄包车。李子明在全聚德一干就是十几年。1930年，杨庆茂去世，鉴于对李子明的信任，他没有将全聚德交给自己的后人，而是交给了李子明。

李子明刚上任就遇到一件麻烦事儿。原来，全聚德的债主们听说换了异姓掌柜，担心自己的钱要不回来了，而当时全聚德的资金非常紧张，不可能拿出现金偿还数额庞大的外债。若换了别人，肯定已经急得像热锅上的蚂蚁一样坐立不安，但精明的李子明镇定自若，还想出了一个两全其美的方法，那就是用鸭票子抵充债务，将外债变成自己的生意。没过多久，北京城里就流行起来一股风潮：人们逢年过节登门拜访的时候会相互赠送全聚德的鸭票子。当时的人们很喜欢这种方式，登门送礼不用提着油乎乎的鸭子，只需要在兜里揣上几张鸭票子就可以了，既方便，又体面。

应该说，李子明的经营是远远胜过杨家父子的，仅短短三年的时间，李子明就还清了杨家父子欠下的全部债务。全聚德在李子明的经营管理下发展得越来越好，而老掌柜杨全仁建造楼房的梦想仍没有实现，李子明一直将此记在心里。时机成熟之后，李子明找到技术精良的工匠，将全聚德的二层小楼建造完毕。到20世纪30年代后期，全聚德的烤鸭质量成为北京第一，一直与其唱对台戏的华赢全则因为经营不善而倒闭。

公私合营挽倒闭之势

经过李子明几十年的经营，全聚德已经成为北京城赫赫有名的老字号。李子明死后，他亲自挑选的堂头李培兰接管了全聚德。李培兰任命杨庆茂的长子杨奎耀主持管理全聚德，两人同心合力，将全聚德经营得井井有条。1948年，李培兰去世，杨奎耀全面接管全聚德，成为新中国成立前全聚德的最后一任掌柜。

受大环境的影响，杨奎耀接下来的全聚德是一个烂摊子，所以其每一步都走得非常艰难。而雪上加霜的是，国民党军政官员和美国大兵经常光顾全聚德，他们来吃喝不交一分钱，这使得全聚德的经营更加举步维艰。如果仅仅是这样，全聚德说不定咬咬牙就能挺过去，但"霜"不仅仅只有这一层，还另有两层：一层是国民党为了打内战，抓走大量的壮丁当兵；另一层是中国当时正遭受着急剧的通货膨胀，钱多的是，但就是不够花。在这样的形势下，全聚德濒临倒闭的局面。

1952年6月1日，人民政府宣布全聚德实行公私合营，杨全仁的四世孙杨福来留任副经理。在政府的扶持下，全聚德焕发了新的活力，生意一年比一年好，营业额不断攀升，分店也一个接一个地成立。

20世纪50年代末期，国家新建了王府井全聚德烤鸭店。1979年，北

京全聚德烤鸭店建成。这是根据周恩来总理生前的指示在和平门建立的当时世界上最大的餐馆。1993年5月底,全聚德在前门、王府井、和平门三个烤鸭店的基础上组成中国北京全聚德烤鸭集团公司,同时还集五十多家企业为一体,形成了中国北京全聚德集团。至此,全聚德经过一百余年的不断创新和改革,形成了以烤鸭为代表、集"全鸭席"和四百多道风味名菜于一体的独具特色的全聚德菜系。全聚德烤鸭店也成为中国国家领导人招待各国元首、政府官员等外宾的重要场所。

全聚德的现代化之路

随着全聚德烤鸭的走红,其市场的需求量越来越大。仅靠传统技艺使用木柴烤炉人工操作,已经远远不能满足市场的需求了。而且,木柴烤炉还存在着环保、安全等问题,在一些地方已经禁用,更因此影响其在海外开店。

现代科技的进步让这个难题迎刃而解。全聚德不仅在工艺创新上下足了功夫,还运用现代电脑技术,模拟人工烤鸭,并用一千多只鸭对即将投入使用的设备做了测试,准确地设定了烤鸭烤制的时间、温度、湿度等指标,这样从智能机器中烤出的鸭子反而比人工烤制的更娇嫩可口,被称为"智能烤鸭"。智能烤鸭的成功建立在对养鸭场饲料、养殖方法严格规范的基础上,全聚德一直坚持选用北京填鸭的优良品种,有标准的生产线,能充分满足市场的需求。

在烤制的过程中,全聚德公司专门研制出天然果汁和糖色,刷在鸭身上,烤出的鸭子与人工烤制的一样,有浓郁的果木香味,甚至比人工烤出的

"全聚德"的一道菜品——春饼卷烤鸭

鸭子还香。全聚德传统的炉火烤鸭工具和烤制过程已经被当作一种非物质文化遗产保留下来，至今还在几个主要的全聚德烤鸭店中展示，有时还为消费者现场表演。

老字号走上现代化的发展新道路，在生产经营方面逐步开创出新的局面。2004年，全聚德集团与首都集团实行战略重组。2007年，全聚德集团收购了仿膳饭庄、丰泽园饭店和四川饭店这三个名牌餐饮的资产，实力得到进一步增强。2007年，中国全聚德股份有限公司在深圳证券交易所挂牌上市。在取得良好经济效益的同时，全聚德集团先后被授予"全国文明行业示范点""全国质量管理先进企业""国际餐饮名店"等荣誉。

便宜坊
——便利百姓，宜民宜家

说起北京烤鸭，大家都知道"全聚德"，但你可能不知道很多北京老百姓钟爱的另一家老字号——便宜坊。

其实，便宜坊与全聚德同样经典，而且比全聚德的历史还要悠久。严格说来，全聚德还是便宜坊分出去的一个支系。那为什么全聚德的名气要比便宜坊的名气大呢？这就说来话长了。

"便意"亦"便宜"，读法很巧妙

相信不少年轻的朋友都会望文生义，将"便宜坊"读成"pián yì fáng"，这就大错特错了。"便"在读"pián"时，《现代汉语词典》只记有两处，即"便便"和"便宜"。老北京人管便宜坊叫作"biàn yì fang"。为什么要这样叫呢？原来这家售卖简单吃食的店在最早开设时即叫作"便意坊"，含义是"方便宜人"，取"便当，合宜"之意，当然要

便宜坊烤鸭店

10

读biàn yì，后来才改"意"作"宜"。便宜坊字号里蕴含了"方便宜人，物超所值"的经营理念。

便宜坊在当时十分受欢迎。你听，刘宝瑞、郭全宝等人的相声《扒马褂》就是这样说的："哪儿吃的饭？便宜坊？""打便宜坊出来了。"老舍先生在作品《离婚》中也提到了便宜坊："各色的青菜瓜果，便宜坊的烧鸭，羊肉馅包子，插瓶的美人蕉与晚香玉，都奇妙的调和在一处。"作品《正红旗下》中也有相关描述："假若一定问我，有什么值得写入历史的事情，我倒必须再提一提便宜坊的老王掌柜。他也来了，并且送给我们一对猪蹄子。"

乾隆爱吃便宜坊，御膳房里设炉场

关于烤鸭的记载，目前所见最早的是《梦粱录》和《武林旧事》里杭州沿街叫卖的"炙鸭"。明成祖定都北京后，烤鸭由江南传到北方，由民间小吃变为宫廷美味，是宴席上必不可少的珍品。

关于便宜坊的历史，要从明成祖朱棣迁都北京开始说起。永乐十四年（1416），一位姓王的南京人跟随明朝官员到了北京，在北京宣武门外的菜市口米市胡同29号开了家小作坊，当时并没有字号。他们买来活鸡活鸭，宰杀洗净，然后再给饭馆、饭庄或有钱人家送去，后来又出售焖炉烤鸭和童子鸡。由于这家没有字号的小作坊的生鸡鸭收拾得非常干净，烤鸭、童子鸡做得香嫩可口、味道鲜美，而且价钱便宜，所以很受顾客欢迎。时间久了，那些老主顾们就称这个小作坊为"便宜坊"。

据档案记载，到了清代，便宜坊已发展成为著名饭庄，其经营的焖炉烤鸭美名在外，朝廷常差人将便宜坊的焖炉烤鸭送进宫内。乾隆皇帝特别爱吃便宜坊的焖炉烤鸭，传旨让御膳房专设了"包哈房"。当年教授全聚德创始人杨全仁烤鸭技术的孙师傅，就是从御膳房退休出去的，从这点看来，全聚德也算得上是便宜坊的一个分支。

不仅乾隆爱吃烤鸭，吃烤鸭似乎也是清朝一种流行的趋势。据《都

门琐记》记载，当年慈禧"席中心必以全鸭（指烤鸭）为主菜，著名者为便宜坊"。朝廷的一些官员每次宴请朋友、庆祝节日等，也大都设置有烤鸭这盘主菜。甚至一些外国人也喜欢上了这种美食。安格联在《北京杂志》中说，他在游历北京名胜风景、品尝多种美食之后，认为便宜坊之焖炉烤鸭为"京中第一"。

招牌匾额有故事，一身正气美名扬

便宜坊牌匾上的字与便宜坊的历史一样久远，据说是兵部员外郎杨继盛所写。杨继盛（1516—1555），字仲芳，号椒山，明嘉靖年间进士。他疾恶如仇、能征善战，因此被当朝皇帝委任为兵部员外郎。

奸相严嵩平日欺上瞒下、骄横跋扈、贪赃枉法，底下的官员为了保住自己的乌纱帽，敢怒不敢言。明嘉靖三十年（1551）的一天，生性耿直的杨继盛实在看不下去了，在朝堂上当众弹劾严嵩收受贿赂、欺压黎民百姓一事。当时，朝中奸臣当道，严嵩在朝中网罗了一帮人，他们为虎作伥，若是有人得罪了严嵩，那以后的日子也不会太平，即使是皇帝也要忍让严嵩三分。所以，皇帝对杨继盛的弹劾草草了事。

下朝后，心里气愤难平的杨继盛一路溜达到了菜市口米市胡同。当时正好到了吃饭时间，肚子已经开始"咕咕"叫了，这时杨继盛忽然闻到扑鼻的香气，定睛一看原来是家小饭店，于是推门而入。他发现店堂不大，却干净优雅，到处都是吃饭的客人。他随便找了个座位，点了烤鸭与些许酒菜。这时，有人认出了他，知道他是爱国名臣，便汇报给店主。店主大为震惊，亲自过来为之端酒夹菜，以表自己的钦佩之情。就这样，二人攀谈起来。结账时，杨继盛发现价钱非常便宜，就询问店名叫什么。老板连忙上前作揖说道："小店以方便宜人为宗旨，还没有取名呢！"

此时，杨继盛心中的烦闷已被烤鸭的美味冲散了，听到店主说"方便宜人"，又看服务周到，就感叹道："此店真乃方便宜人，物超所值！"于是大声叫道："拿笔来，快拿笔来！"老板喜出望外，连忙取来了文房四宝伺候着。杨继盛伏案挥笔写成了"便宜坊"三个大字，周围的人欢呼叫好。此后不久，老板精心制作了匾额，将其悬挂在门楣上。杨继盛非常喜欢这里，与众位大臣频频光顾，便宜坊的名声也被越来越多的人熟知。

到了第二年，奸相严嵩和一帮乌合之众联名以各种罪名诬陷杨继盛，皇帝也保不了这个忠臣。后来，年仅四十岁的杨继盛被害。处斩当天，晴朗的天空突然天昏地暗，四城百姓蜂拥来到西市，哭声震天。杨继盛神态安详，并没有向死亡屈服。大刀落下的那一刻，他还从容赋诗："浩气还太虚，丹心照千古。生平未报国，留作忠魂补。"这首诗表达了杨继盛未能报国的遗憾，一直为后人所传诵。

杨继盛题写的"便宜坊"在"文革"中被毁。后人仿照原来的字重新制作了一块黑漆金字匾，又把它高高悬挂在便宜坊的门楣上。在便宜坊几百年的发展过程中，戚继光、刘墉也曾在便宜坊留下墨宝，可惜早已丢失。

为保子孙店易主，连锁经营闯名堂

道光初期，便宜坊的老掌柜在去世前，将店铺交给了自己的儿子。他的儿子接手之后，一心想将父亲的事业做大，因此灵活经营，将生意打理得井井有条。由于是连家铺，很多事情都要自己做，既要早起买鸡买鸭，又要宰杀，里里外外的活怎么做也做不完，于是他找来山东荣成县的孙子久做学徒。

清道光七年（1827），在这家"便宜坊"做学徒的孙子久经过几年的努力，终于学有所成。孙子久脑筋灵活，常常帮助掌柜提高焖炉烤鸭技术，使得生意越来越好。后来王掌柜的儿子脖子上长了一个脓疮，久治不愈，命在旦夕。王掌柜因此无心打理店铺，忍痛将店铺转让给孙子久。孙子久接手之后做的第一件事情就是扩大经营规模，从老家招了十几个学徒到北京；做的第二件事情就是狠抓烤鸭的质量，专门派人负责

养鸭填鸭。孙子久派人从朝阳门、东直门一带鸡鸭房收买二三斤重的鸭子，经过便宜坊短时间的喂养，等鸭子长到四五斤时，就填了。如果到郊区农村收购鸡鸭，就会千挑万选质量上乘的。

由于孙子久经营有方，到咸丰五年（1855），这里的生意已经十分火爆，米市胡同常常人满为患。于是，掌柜面向社会发出一则招商启事：

> 本坊自明永乐十四年开设至今，向无分铺。近因敝号人手不够，难为敷用，今各宝号愿意为合作者，尚乞垂赐一面洽商。若有假冒，当经禀都察院，行文五城都衙门，一体出示严禁。
>
> 咸丰五年便宜坊老铺敬启

当时便宜坊名声在外，启事一贴出，上门商讨合作事宜的商户无数。掌柜便与有意向的商户一起商量，由便宜坊派人到各店传授焖炉技艺，以技术和字号参股联营。为强调正宗，米市胡同便宜坊在清光绪年间将店名改为"老便宜坊"。后来有人说这是中国首家以连锁形式经营的商家企业。

自此之后，便宜坊陆续推出了焖炉烤鸭、盐水鸭肝、芥末鸭掌、水晶鸭舌、葱烧海参、酒香醉鸭心、干烧鸭四宝、酥香鲫鱼、糟溜鱼片、浓汁鱼肚、烩乌鱼蛋汤等招牌菜。有些人看到便宜坊烤鸭生意红火，也挂起便宜坊的招牌，所以北京一时出现了多家便宜坊。后来一古玩商王少甫与米市胡同老号合股，在前门鲜鱼口开了一个便意坊（后来叫便宜坊）烤鸭店，虽然晚于米市胡同的老便宜坊，但后来居上，深受食客欢迎。

几经沉浮留精魂，百年老店又新生

便宜坊的客人多来自大宅门和各大商号，派头自然比较大。除了到店里吃，他们也让便宜坊送餐上门。便宜坊的伙计每天提着一种直径一尺多、两三层的红漆大盒往返于店铺与客人家中，大盒里面装着十几个小盒，烤鸭和其他饭菜就装在里面。时间一长，主顾们亲切地称其为"盒子铺"。

随着规模的壮大，便宜坊在京城饮食业中的名气大涨。1898年"戊戌变法"期间，康有为宴客便宜坊，形容二层小楼如同一艘画船上的楼阁。前门鲜鱼口便意坊店从咸丰年间开始营业至今，从未挪过地方。1914年，鲜鱼口便意坊加入北京饭庄组织"同业公会"。便宜坊的生意越做越大，很多人慕名而来。

如果没有发生战争，便宜坊会一直红火下去。1937年卢沟桥事变爆发，北平城内一片混乱与萧条，便宜坊的生意受大局影响，一夜间变得惨淡不已。在民族危亡的时刻，便宜坊表现出了老字号的深厚德义。1937年7月26日晚，老便宜坊的店门掌柜曲述文招呼店内12名伙计，持大饼、鸭肉、馒头等犒劳英勇奋战的29军某团，强烈支持他们从右安门、广安门冲进城门跟日寇作战。后来，随着日军侵入北平，日伪汉奸开始对支持过抗战的商铺进行迫害，老便宜坊的经营越来越艰难。曲述文向东家禀明了情况，认为不能在日寇的铁蹄下苟且偷生。经过商议，东家宣布便宜坊正式歇业，并最大限度地将财产捐给了北平市慈善团体联合会。

老便宜坊东家还与鲜鱼口便意坊的东家商议，在民族危难之际，为了不让具有悠久历史的中华烹饪绝技失传，两家店应该不分老号新号，一起携手共渡难关。曲述文将老号所存菜谱及焖炉烤鸭技法毫无保留地传给了鲜鱼口的便意坊，使得老号之技艺得以传承。后来，米市胡同的老便宜坊慢慢走向衰败，于1937年倒闭，鲜鱼口便意坊却走上了一条繁荣之路。

1945年抗战胜利，在艰难中苦苦挣扎了多年的便意坊终于熬出了头，重获新生。这时，店里的东家于周氏决定重树威望，花重金请来

山东荣登人、东光楼饭庄的大师傅苏德海。至此，名厨苏德海进入鲜鱼口便意坊掌厨。他不但技艺精湛，而且十分了解鲁菜的渊源与特色，把便意坊经营得有声有色。

到1949年，北京仅存的两家烤鸭店为鲜鱼口便意坊和全聚德。为了让焖炉烤鸭技法代代相传，鲜鱼口便意坊付出了不少努力。1956年，鲜鱼口便意坊公私合营，第五任东家王少甫任私方经理。"文革"期间，鲜鱼口便意坊改称"首都烤鸭店"。1978年又改名"便宜坊"，并在崇文门外大街路东开办了便宜坊新店。

便宜坊经过数百年的积淀，形成了以焖炉烤鸭为龙头、以鲁菜为基础、融合各家菜系精华为一体的便宜坊菜系。值得一提的是，很多人不知道烤鸭有焖炉和挂炉之分，便宜坊的烤鸭是焖炉烤鸭，全聚德的烤鸭最早也是焖炉烤鸭，后来改为吊炉烤鸭，而焖炉烤鸭才算得上是烤鸭的鼻祖。

便宜坊在20世纪80年代成功接待过不少中外名人用餐，也成功地向美国华盛顿和纽约两地的饭店传授技术。后来，便宜坊的焖炉烤鸭从国内走向了世界。2002年6月，北京便宜坊烤鸭集团有限公司正式挂牌成立，下有便宜坊、都一处、壹条龙等众多老字号。

便宜坊正继续凭借传世绝技，书写百年老店的辉煌历史。

表现"便宜坊"烫鸭工序的铜塑模型

果仁张
——民间的宫廷小吃

天津小食品——炸果仁，看起来亮晶晶，闻起来香喷喷，嚼在嘴里脆生生，要是再来几盅小酒，那可真是赛过活神仙啊。这炸果仁是花生制成的，不过天津的老少爷们儿可不管花生叫花生，而是叫果仁或大果仁。

在天津这类小食品行业中，做得最好的当属果仁张。有着一百多年悠久历史的果仁张在最初的时候是专门做给皇帝吃的，所以老百姓是无福享受的。

"果仁张"雕梁画栋的店面

宫廷小吃果仁张

晚清时期，英法两国狼狈为奸，赶着数万洋兵提着洋枪、拉着洋炮无耻地占领了大沽炮台，之后火烧了圆明园，还扬言要在紫禁城过过当皇帝的瘾。当时的执政者咸丰皇帝本着保命要紧的原则，于1860年仓皇逃往热河行宫也就是今天的承德避暑山庄避难，次年便在承德病逝。国不能一日无君，在这种形势下，年幼的同治帝载淳就连哭带喊地被抱上了皇帝的龙椅。

当时，集万千宠爱于一身的小皇帝还是个调皮的孩子。有一天傍晚，小同治帝饿了，向御膳房传膳。不一会儿的工夫，几十个太监——端着盘的、提着盒的、捧着杯的，浩浩荡荡地进了养生殿。可是吃惯了山珍海味的小皇帝什么也不愿吃，一挥衣袖，推碟盖碗地将桌子上的吃的打翻在地。这是为什么呢？很简单，天天山珍海味，谁能受得了？

出现这样的情况，最倒霉的就是在一旁伺候着的太监了。为了能让小皇帝吃上一口，太监们费尽唇舌："皇上，这是一道口蘑肥鸡，您就尝尝吧。"可小皇帝任凭太监们怎么劝说，就是连正眼都不看一眼，更不用说吃了。"都给朕撤了，这些朕都吃腻了，换点新花样来！"小皇帝嚷着。身旁的太监马上应答道："万岁息怒，奴才这就去御膳房吩咐！"说完，一路小跑到御膳房，对大师傅们说明了情况。大师傅们听完说明就着急了，但也只能搜肠刮肚地又做出几个新花样，让太监们端到小皇帝面前。可谁也没想到，事情更糟了，小皇帝脾气倔，生气地说："大胆奴才！你们就拿这些东西来糊弄朕，是不是？再做不出好吃的来，朕就将你们砍了！"这下可坏了，御膳房的厨师们人人自危，急得跟热锅上的蚂蚁似的。就在大家一筹莫展之时，突然听到身后有人说："我知道了！万岁爷肯定爱吃这个！"众人一看，说话的是一位叫张明纯的年轻厨师。

张明纯出生于厨师世家，是当时宫廷中比较年轻的一位厨师。虽然他的手艺不错，但清宫御膳房里人才济济，所以他并不起眼。但俗话说得好，"是金子总会发光的"。他的特殊爱好不仅在这危急关头派上了用场，而且改变了他的人生。张明纯的这个特殊爱好就是炸果仁。说来也奇怪，这位科班出身的大师傅竟然以炸果仁为乐，这可能就是我们常说的"萝卜白菜各有所爱"吧。张明纯在自家的小院里支了一口大锅，一有空就舞动着油铲炸果仁。经过长时间的锻炼、琢磨、改进，他炸出的果仁真是与众不同，放在盘子里面黄铮铮、亮晶晶的，吃在嘴里香喷喷、脆生生的。每次他炸果仁的香味都会引得街坊四邻的孩子前来讨要。孩子们吃了一个就停不住嘴了，一个接一个地吃，直到盘子里的果仁一个不剩。张明纯是个心地善良的人，他见孩子们喜欢，更加乐此不疲了，变着招炸出花样繁多的果仁给孩子们吃。他因小皇帝发怒想起了街坊四邻的孩子们缠着他要果仁的情景，于是就脱口说："各位师傅，万岁爷还是孩子，山珍海味吃腻了，不如我们做点小吃给皇上换换口味。"师傅们觉得张明纯的说法有一定的道理，于是就问："依你之见，你觉得皇上喜欢吃什么呀？"张明纯说："不如给皇上炸果仁吃吧。"

给皇上炸果仁吃，这可是大姑娘上轿头一回啊，从来没有人做过，这就意味着弄好了皆大欢喜，弄不好整个御膳房的师傅们都要卷铺盖走人，所以，听张明纯这么说，大师傅们一个个吃惊得眼珠子都快瞪出来了，但又没有其他办法，只能试试看了。张明纯不慌不忙，热锅、倒油，油开后把已经准备好的香果仁放进去，撒上特制的作料，再用铲子推、压、翻、转，没多一会儿，炸好的果仁就出锅了。小太监急着给皇上送去，端起盘子就要走，张明纯赶紧拦下："别急！还有新鲜的呢！"接着，他又麻利地做出了炸杏仁、炸核桃仁、炸枣圈。

小太监将炸果仁端走之后，御膳房所有人的心里都七上八下的，生怕小皇帝还是不肯吃。一会儿，总管太监抱着圣旨来到了御膳房，说："皇上有旨，宣炸果仁的御厨觐见。"这道圣旨让御膳房的人捏了一把汗：是福是祸就看造化了。张明纯给小皇帝请安之后，小皇帝开口了："你做的这个炸果仁，朕非常喜欢吃，以后你就专门负责给宫里炸制各种小吃和蜜供。"自此，张明纯提着的心总算是落了地，御膳房得救了，而张明纯的人生也因此发生了一百八十度的大转折。

张明纯做出的蜜供同样堪称一绝，色泽纯正、甜而不腻、清滑爽口，得了个"蜜供张"的称号。而张明纯凭借一手炸果仁的精湛技艺，在御膳房中名声大噪，也成为果仁张的创始人。

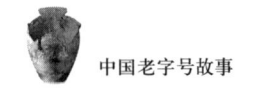

张维顺提升技艺

张明纯有一身的技艺,绝不会让它失传,他让自己的儿子张维顺从小就随他学习制作小吃。在张明纯去世之后,张维顺顶替他成为清宫炸制小吃的御厨。张维顺在宫中担当御厨的时候,正值慈禧太后当政,他做出的炸素花生仁、炸核桃仁、炸松子仁等色泽红润、甜而不腻、酥脆可口,颇受慈禧太后的喜欢。慈禧太后还经常将炸果仁当作奖品赏给有功的王公大臣。

张维顺在有生之年将炸果仁的技艺提升了一大截,这在一定程度上还多亏了慈禧太后。因为慈禧太后有着超强的占有欲和控制欲,所以谁也不敢惹她,也惹不起,但总有那么几个倒霉的人。话说有一天,慈禧太后在御花园中赏花,累了就坐下来休息,一时兴起,对身边的人说:"来人,准备棋盘,我要下棋。"棋盘准备好了,没有对手,慈禧太后就招呼身边的小太监说:"你,过来陪我下棋。"这小太监在宫中闲着无事的时候也喜欢与人切磋棋艺,所以还是有几下子的,一开始他还有所忌惮,对手可是喜怒无常的慈禧老佛爷啊,但进入状态之后,他似乎已经忘记了对手是谁,于是脱口而出:"我要杀你的马!"这话一出口,慈禧老太太就急了:"什么?你敢杀我的马?好大的胆子!我看你是活腻了!"任凭那个小太监怎样乞求,最终也没有躲过一死。

这件事情之后,不管是大臣还是奴才,对慈禧太后愈加忌惮,张维顺也不例外。他一方面是怕死,另一方面是不能死。因为他那时还

"果仁张"出品的炸果仁

没有子嗣，如果他死了，他的炸果仁技艺就会失传。张维顺决定提升炸果仁的技艺，让炸出的果仁更好吃，不能让慈禧太后找出炸果仁的弱点，否则自己不知道哪天就被斩头了。

张维顺为此练就了一身绝艺。在选料上，他选用的山东香果仁必须粒粒饱满，说是百里挑一绝不夸张。选料的方式很多，也非常严格，有时候用箩筐筛，有时候用加热、口品、指捻、掌搓等方式。料选好了，后面的每道制作工序更是精细。泡花生的水温、时间、水量都是有讲究的；泡完去皮之后的干湿度以及下油锅之前的干湿度也有一定的要求，不能太干也不能太湿；果仁下锅的油温、起的油泡，以及炸制过程中的油泡、出锅时的油泡也都有讲究；甚至晴天、阴天、一年四季中炸果仁时起的油泡、果仁的颜色都是不一样的，炸果仁四个季节有四套颜色；果仁张在炸货时讲究的手法变化是最重要的环节，包括推、翻、搨、抄、拨、托、提、压、转、挤、拢、点、撩等，为的是保证炸的果仁均匀，不能有的老、有的嫩，也不能有的沾的糖多、有的沾的糖少。

张维顺按照这些步骤和方法炸出的果仁脆中有酥、香甜适中、久放不绵，就连挑剔的慈禧老佛爷都赞不绝口。经过张明纯和张维顺两代人的努力，果仁张已经成为清宫大院中经久不衰的小吃了。那么这个宫廷的小吃是怎样传到天津的呢？在天津又有怎样的故事呢？

果仁张入驻天津卫

果仁张的第三代传人是张维顺的儿子张惠山。他不仅从父亲那里继承了炸果仁的技术，也继承了父亲在御膳房中的职位，可他就没有父亲和爷爷那么好命了。有道是"年年岁岁花相似，岁岁年年人不同"，转眼间，腐朽的清王朝气数已尽。辛亥革命爆发后，手握军政大权的袁世凯也趁机逼宫，逼迫年幼的宣统帝于1912年2月12日退位，从此清王朝便画上了句号。

清朝灭亡了，御膳房里的大师傅们也失了业，他们跟着宫里的一些

太监匆匆忙忙地从宫里逃了出来。宫里的人出了宫就是失业了，张惠山也是其中的一位。曾在御膳房里工作的他，出了宫才发现，这工作真是不好找，无奈之下，他干起了老本行——炸果仁。他虽然在御膳房里工作，但也有点积蓄，于是就先在北京东四牌楼租了一个小店铺，并做起了炸果仁的买卖。毕竟是皇城根下，老百姓们早就听说宫里有个会炸果仁的张师傅，所以，张惠山的店铺一开张，人们就蜂拥而至，争抢着买，看来这名人效应还真是管用。

张惠山从父辈那里继承来的手艺可不是光说说的，他炸出的果仁花样繁多，很快便在整个北京城中风靡起来，果仁张火起来了。可是，处于事业巅峰之际的张惠山却决定将自己的事业搬出北京、迁往天津，这又是为什么呢？

北京城自打进入民国之后，战争、骚乱不断，今天这个军阀来，明天那个军阀来，你打我，我打你。军阀混战苦的是老百姓和买卖人。张惠山看着身旁的商号被洗劫一空，心里很不是滋味，他知道如果再待在北京城，他的小店也很可能下场凄惨，于是决定迁往相对平静的天津，毕竟是在北京长大的，他不想离北京太远。

到了天津之后，张惠山在黄家花园附近开了一个小店，摆上炸货，静待客人光临。可是，以前的交通不发达，天津人很少去北京，知道果仁张的天津人很少，果仁张在天津迟迟得不到认可。张惠山左思右想："要怎样才能将自己的牌子打出去呢？"就在他思考之际，他的目光突然落到了一个青花瓷瓶上。这个瓶子是从宫里带出来的，是无价之宝。他一敲脑门，说："有了！"他想出了一个招揽生意的绝妙主意。张惠山从宫里带出来不少青花瓷器，都是御用之品，甚为珍贵。第二天，他将那些瓷器一一摆开，并把炸好的果仁放在里面。宫里的瓷器非常精致，吸引了不少人围观。张惠山这是醉翁之意不在酒，他是想让人们在看瓷器的时候，也能注意到里面的果仁。

张惠山的这个办法还真管用。人们被瓷器吸引住了，也注意到了瓷器里的炸货，渐渐地就有人买了，尝着好吃，就再来买，或者是介绍别人去买。不久之后，津门就开始盛传一首打油诗：张家小店是一宝，清宫瓷器不老少；更有御膳炸果仁，皇家味道差不了。这首打油诗传开之后，可真是了不得了，谁不想品尝一下皇家美食呢？从那之后，果仁张就在天津站稳了脚。可惜的是，张惠山用来装炸货的清宫瓷器在"文革"中被毁于一旦。

"果仁张"曾改名"真素斋"

"九一八"事变之后，隐居天津卫的孙传芳早就不是耀武扬威的五省总司令了，他对外宣称自己已放下"屠刀"，但枪杆不离手的行事作风仍不减当年。

有一天，孙传芳的下人给他买了一盘炸果仁。他随手拿起一个放在嘴里，感觉味道好极了，甜中带咸、酥脆麻辣、浓香四溢，他心里想："真没想到天津卫还有这么好吃的小吃！"于是就问下人："这是从哪里买的？"下人说："就在那家果仁张，您要觉得好吃，我再去给您买。"孙传芳急忙阻止，说："不就是炸果仁么，你让厨子给我炸一盘就行了。"

这下可难坏了孙传芳府上的厨师，要说做山珍海味，他可能还能应付，但炸出和果仁张味道一样的果仁，他还真没这手艺。但没有办法，孙大帅要吃，厨师也只能硬着头皮炸，可是费了九牛二虎之力炸出的果仁还是被孙传芳从皮到里批了一通，什么品色不正啊，味道不好啊，不够酥脆啊，等等。最后孙传芳还将厨师炸的果仁砸了，并愤怒地说："我堂堂大帅府的厨师，还顶不上一个街边卖小吃的！你给我滚！"孙府的厨师也不怎么厚道，为了能让自己脱罪，于是把果仁张拿来当垫背的。他对大帅说："那果仁张炸的果仁是用驴油炸的，我哪敢用驴油啊。"孙传芳虽然已经下野了，但还把自己当成"皇帝"，经常发脾气。他听厨师这么说，一拍桌子说："这还了得，这不是侮辱我们吗？"

于是，孙传芳就吩咐手下人说："立刻把果仁张的掌柜给我抓来！"这真是"闭门家中坐，祸从天上来"！那时，张惠山正在店里忙活着招呼客人，突然听到门口一阵骚动，还没等自己反应过来，五六个彪形大汉就破门而入，将他绑走了。到孙府之后，孙传芳不管三七二十一，就要杀了张惠山。张惠山怎么也是见过世面的，他问："我没犯法，你们为什么抓我？"孙传芳说："你知道本大帅信佛吗？你竟然用驴油炸果仁给我吃。"张惠山辩解说："这是谁散播的谣言？我们从不动荤，我们炸果仁用的油都是香油和花生油，如果大帅您不信，我当场炸给您看。"

没过多久，张惠山就炸好了一盘果仁。孙传芳吃过之后，发现还真是那个味儿。这下那个厨师可就惨了，孙传芳哪容得下别人骗他？他掏出手枪就要扣动扳机，就在这十万火急的时刻，张惠山扑通一声跪下，对孙传芳说："大帅，您饶他一命吧，他就是随口一说，您要是杀了他，我就得愧疚一辈子，那您还不如杀了我呢。"好说歹说，总算是保住了厨师的命。后来，那位厨师与张惠山成了生死之交。为了表明自己的果仁是用素油做的，张惠山还给自己的店铺起过"真素斋"这个名字。

中华人民共和国成立后，张惠山进一步研制出净香花生仁、琥珀核桃仁等新品种，受到了国内外人士的好评。1956年，他研制的虎皮花生仁、净香花生仁、琥珀核桃仁等食品在天津被评为"优良食品"，还参加了博茨瓦纳国际博览会，受到了广泛好评。

矢志不渝，再创辉煌

"文革"期间，果仁张被迫停业，张惠山去世。直到1985年，果仁张才得以恢复营业。一向被人们喜爱的宫廷食品销声匿迹了近二十年。

改革开放之后，张惠山的儿子张翼峰及妻子陈敬继承父业，不仅先后恢复了祖传的炸果仁和豆类制品，还结合现代工艺，研制出了挂霜系列产品，推出了海菜味花生仁、椰子味花生仁、荔枝味花生仁等新口味产品。陈敬在挂霜系列花生仁的基础上,还研制出了挂霜系列玉带蚕豆、青豆等,还把自己的产品命名为翡翠凉果、碧绿鲜果、麻辣酥丸、可可奶球等。

  1985年,天津市南市食品街建成,在市政府的支持下,前店后厂的果仁张恢复经营。经过不懈的努力,果仁张建起了花园式的生产基地,逐渐发展成为生产、运输、销售一条龙的现代化企业,生产效率大大提高,产品也越来越好。

狗不理
——中华第一包

"薄皮大馅的包子,一咬一兜油啊!"这是人们对天津狗不理包子的评价。

狗不理包子是天津著名小吃,以其独到的制作工艺和鲜香的口味吸引了众多大江南北慕名而来的食客。它有着"天津老字号""中华第一包""津门三绝之首"等美誉,名扬海内外。

自杀未遂重开包子铺

狗不理包子的发源地是天津的侯家后。侯家后是天津早期享誉盛名的繁华地区。明朝永乐年间,侯家后已经是比较繁华的商业街了,街上云集了各种做买卖的商贾。辛亥革命以来,凭借得天独厚的地理位置,侯家后成为繁华的餐饮娱乐区。狗不理包子正是从这个地方发迹的。

清朝咸丰年间,在武清县杨村的一户高姓人家里,一个男孩出生了。这个孩子大名叫高贵友,小名叫"狗

"狗不理"牌匾

子"。说起这个小名还是有讲究的,在以前医疗设备缺乏、卫生水平不高的条件下,为了能让孩子健康成长,孩子的父母大都会给孩子取一个粗贱的乳名,"狗娃""粪蛋"什么的,认为这样妖魔鬼怪就不会注意到自己的孩子,孩子们就能健康成长了。

高贵友也确实如其父母所期望的那样,健康地长大了,并在14岁的时候来到天津老城厢的刘记蒸食铺,当起了小伙计。他人虽小,却心灵手巧,勤奋好学,将师傅做包子的手艺都学会了。他不甘寄人篱下,仅仅两三年之后,离开了刘记,用辛苦攒下的钱在侯家后一带搭了一个包子铺,自己做起了卖包子的小本生意,希望借着生意让自己的生活变得更好,让家人也跟着自己过上好日子。可事与愿违,最初的生意并不好做,一来二去竟然赔了个底朝天。

高贵友被命运逼急了,他想,一个大男人,做点生意还赔了,人家卖包子的都做得不错,为什么偏偏就我赔了呢?这样活着还有什么意思呢?他一时想不开,决定结束自己的生命,不想再受苦了。这天晚上,他垂头丧气地溜达着,沿南运河的河边一路走下去,走到了一棵歪脖子的大柳树下。就在他将随身携带的绳子套好、刚要把脖子伸入绳套中时,有一个人在他肩膀上拍了三下。他转头一看,是一位慈眉善目、鹤发童颜的白胡子老头。这老头问:"小伙子,你这么年轻就要寻死,是为什么呢?有什么事情想不开呢?"高贵友说:"老人家,你是不知道啊,我卖包子都赔了,真是没法活了。"老头说:"你这是说的什么混账话,你有力气、有手艺,怎么会挣不到钱呢?你要好好活着。你过来,我给你样东西做本钱。"说着,老人家就将一个包袱递给了高贵友。高贵友打开一看,竟然是一张乌黑油亮的玄狐皮,这东西可是皇帝专用的无价之宝。高贵友说:"这么贵重的东西,我可不能要。"老人家说:"我说给你,你就拿着!"说完就走了。后来,高贵友用玄狐皮换了一笔钱,买下了一间门面,起名为"德聚号",还是做起卖包子的老本行,现做现蒸现卖并一直坚持下去。

"狗不理"之来源

后来，高贵友凭借着自己的聪明才智和灵巧手艺，发明了水馅，使用熬得很浓的大骨头汤调馅，用半发面的工艺来制作包子。高贵友对馅的选料也非常在意，肥瘦按比例搭配，冬天的时候肥的较多，夏天的时候肥的较少，春秋和暖，肥瘦对开，这样就能不显肥腻、软嫩适口；他把馅儿剁得细而匀，浓汤拌得润而爽，再加上葱姜配味，所以他做出的包子口感柔软、鲜香不腻。而对包子的外表，高贵友的要求也不低，包子馅不冒顶、不跑油，包子褶子密，包出的包子看上去像一朵绽放的白菊花。高贵友还要求一两面包三个，一般大小；每个包子上十八个褶，不多不少。这些都成为"狗不理"包子的特点。为了与同行竞争，高贵友还独创了一种叫卖的腔调，带着特殊的韵律。

自此，高贵友的包子一炮打响，前来买包子的人络绎不绝，他每天都忙得团团转。时间长了，高贵友发现，卖包子的时候，收钱是个挺浪费时间的活，他在收一位客官的钱时，后面买包子的所有人都要等着。于是他就开始琢磨——怎样才能又快又省事地将包子卖出去同时还不让客人久等呢？

高贵友思考良久，突然灵机一动，有了，就这么办！第二天，他拿来一把竹筷子，之后又搬来一摞粗瓷碗，然后对前来买包子的人说："您好，要是买包子，买多少就先把相应的钱放进碗里，我就直接看

狗不理包子铺门前的铜像

钱给包子，不招呼你们了，如有怠慢，请多见谅！"还真别说，这个方法真的很管用，想吃包子，就先把钱放在碗里，然后把碗递给掌柜，掌柜再用竹筷子将包子取给客人。而客人吃完包子，放下筷子就能走人了。用了这个方法之后，高贵友卖包子时自始至终一言不发，不用再多费口舌了。于是，主顾们就笑着说："哎呀，还真行，这狗子卖包子，任人不理！"日久天长喊顺了嘴，高贵友的包子就变成"狗不理"包子了，而"德聚号"反倒被人们遗忘了。

后来，几位外埠客商专程来高贵友这里品尝"狗不理"包子。他们一进门就大喊："老板，这里是'狗不理'吧？来几斤包子！"高贵友一听，急了，伸直了脖子说："这里挂着大大的招牌呢，你看不见吗？是德聚号，你们长没长眼睛？'狗不理'不是我这里，你们自己找去吧。"客商们一看，果然不是"狗不理"，但出门找了一圈，又转回来了，对高贵友说："老板，你怎么能和我们开这种玩笑呢？你这里明明就是'狗不理'。"高贵友看这情形，知道"狗不理"这个绰号是甩不掉了，叹口气说："'狗不理'就'狗不理'吧！"人们都说，什么"德聚号"啊，还是"狗不理"听着舒坦啊。从此之后，"狗不理"包子就在天津卫叫开了。

"狗不理"成贡包

话说当年"狗不理"包子铺对面有座兵营，兵营的管带一直想着给直隶总督袁世凯送礼。送点什么好呢？想来想去，突然灵机一动：有了，就送"狗不理"包子。这个管带买了几斤包子就给袁世凯送去了，袁世凯心想："这送礼送包子的还真是少见呐。"袁世凯一尝，叫道："太好吃了。想不到我吃了这么多年的包子，还是头一次吃到这么好吃的，真是名副其实的薄皮大馅啊，以前听过狗不理的叫卖，还不信，这次真的心服口服了。"袁世凯吃完狗不理包子就爱不释口了。

袁世凯尝过"狗不理"包子之后不久，正好碰上慈禧太后过大寿。

上至皇帝嫔妃，下到文武百官，纷纷前来祝寿拜贺，然而令人意想不到的是，慈禧老佛爷竟然将所有的人拒之门外，概不接见。前来祝贺的人都似丈二和尚，摸不着头脑，不知道如何是好。

原来，前一天晚上，慈禧太后做了一个噩梦，一大早就头冒冷汗、手脚冰凉。这时候，平时最得宠的太监李莲英进来请安，见到平时神气十足的老佛爷今天却垂头丧气的，换在平时可能他还不觉得有什么不妥，但今天是她的大寿，是一个值得庆祝的日子，出现这样的情形实在是有些反常，于是就上前小心翼翼地问："老佛爷是不是凤体欠安呢？见您的气色不太好啊。"慈禧太后说："要是身体欠安倒好了，比这坏多了。"

李莲英说："老佛爷不妨说出来，奴才愿意为您分忧。"慈禧太后叹了一口气说："昨天晚上我做了一个很不吉利的梦，梦见天狗在吃月亮。"听慈禧太后这么说，李莲英当时就一句话也说不出来了，也不敢说啊。为什么呢？原来，按那年头的说法，月亮代表着女性，而就在大寿的前一天晚上，慈禧太后做这样的梦，对她来说是很难接受的。

就在这节骨眼上，外边的太监来报："诸位大臣给老佛爷拜寿了。"慈禧太后生气地挥一挥手说："好了，知道了，让他们都退下吧。"接着又有人报："恭亲王前来拜寿，送来翡翠老寿星一个。"慈禧太后更是气不打一处来，说："去去去，谁稀罕他的寿星。"这气还没生完，又有人来报："北洋大臣袁世凯祝太后老佛爷福如东海、寿比南山，送上包子一盒。"包子？再稀罕的玩意都不缺，何况包子这么寒碜的东西，这不是变着法儿来气我吗？什么包子？给我的是气包吧！这时候，袁世凯在外面禀奏说："小臣特地从天津赶来给老佛爷拜寿了，给您带来了天津卫特有的'狗不理'包子，请老佛爷品尝。"慈禧太后一听，狗不理？这太好了，那我吃了狗不理，天狗不就躲得远远的、不来吃我了。于是她马上说："给我端过来尝尝。"慈禧太后品尝完包子之后，大赞包子好吃，顿时转怒为喜，连声叫好。

这袁世凯真是精明啊，给慈禧老佛爷送礼，礼太重了显得为官不廉，礼轻了显得对老佛爷不重视，用天津"狗不理"包子作为礼物，真是使小钱送大礼。袁世凯的这一宝真是押中了，慈禧太后在宫里哪吃过这个啊，慈禧太后对"狗不理"包子的评价是：山中走兽云中雁，福地牛羊海底鲜，不及狗不理香矣，食之长寿也。自从大寿之后，慈禧太后隔三岔五就会派人去天津购买"狗不理"包子。袁世凯因为这狗不理包子受到慈禧太后的赏识，慈禧太后每次吃这包子的时候都会夸赞他一番，说他体察民情，连狗不理包子都知道。从此，袁世凯更加得势，而狗不理包子也因此变成贡包了。

"狗不理"的后世之事

1916年，"狗子"高贵友病故，他的儿子继承了他的事业，并传承了他的手艺。"狗不理"包子铺经过多年的发展已经有了一定的积蓄，在第二代传人之后，又经过二十多年的发展，先后在天津北大关、南市等地设立分号同时经营，"狗不理"包子开始进入发展的鼎盛时期。

1949年，"狗不理"包子铺已经发展到了第三代，可能由于人们只对"狗不理"这个名号比较上心，以至于到了第三代，人们才知道"狗不理"的掌柜原来姓高。

在公私合营的大潮中，"狗不理"包子铺收归国营，但因做工质量一度低落，之后发还私营，质量才又逐渐上去，再次受到人们的欢迎。

1980年，"狗不理"包子铺第一家特许连锁店在北京开业，这是"狗不理"集团的一个尝试，结果证明这样做是正确的，包子铺有着良好的经营业绩。从此之后，"狗不理"集团本着稳扎稳打、适度发展、实现共赢的原则，稳步推进特许连锁店的发展。

2008年，狗不理集团股份有限公司创立，主营餐饮业。"狗不理"为继承和发展这一享誉世界的民族品牌，不断与时俱进、开拓创新，现已发展成为企业文化厚重、组织架构科学、经济技术实力雄厚、信誉良

好的多元化企业集团。近年来，"狗不理"始终追寻"诚信为本，品质经营"理念，积极倡导健康理念，推崇绿色消费，倡导亲情服务，积极探索、引进先进的餐饮经营理念，使集团综合水平和协调发展能力快速提高，深受各界好评。

楼外楼
——佳肴与美景共飨

杭州楼外楼菜馆坐落在美丽西湖的孤山脚下，是一家名闻中外、历史悠久的餐馆。

落第秀才开菜馆

清道光二十八年（1848），绍兴一个叫洪瑞堂的秀才到杭州参加科举考试，但最终榜上无名。失落的洪瑞堂回到家中，听到了令他更加悲痛的消息：身体本就不好的双亲在瘟疫中去世。洪瑞堂面对这样的噩耗非常伤心，在为父母办理完丧事之后，对妻子说："我苦读多年，最终还是没能实现获取功名的愿望，我已经失去信心了，我们离开这个让人伤心的地方，去一个新的地方重新开始生活吧。"

妻子陶氏秀英赞同他的想法，其实她早就不希望自己的相公再苦读下去，家里已是一贫如洗，她也快撑不下去了。就这

百年老字号——杭州"楼外楼"菜馆

样,洪瑞堂夫妇由绍兴东湖迁至钱塘,定居在孤山脚下的西泠桥畔,以划船捕鱼谋生。最初,他们只是卖些打来的活鱼鲜虾,虽然时间不长,但他们也逐渐积累了一些资金。

洪瑞堂毕竟是读过书的人,他知道加工过的东西价值会更高。这天,吃过晚饭,他和妻子商议:"我们在绍兴生活那么久了,烹制的鲜虾活鱼味道鲜美,我们为何不精心打造一番,然后开家餐馆呢?"

"相公,这是个好主意,可是,我们家乡的菜在这个地方会受到欢迎吗?"

"娘子,这样吧,我们明天先做一些送给邻居们吃,如果他们说好吃,我们就开家饭馆,我早就看好了,西泠桥一带居然一家饭馆都没有。"

次日,洪瑞堂夫妇早早地到钱塘江里打来了鱼虾,将近中午的时候,已经做好了香喷喷的几盘菜。

"相公,你看这些饭菜要怎样分呢?老王家给哪盘?老张家又给哪盘?"

对啊,妻子说的话不是没有道理,这样送不是办法,劳神费力事倍功半啊。洪瑞堂抬头看看太阳,已经将近中午了,在地里干活和江里打鱼的人都要回来了,而自家又是他们回家的必经之路,他眼珠一转,计上心来。

夫妻俩找了张桌子,将菜都摆在自家门口,见到有经过的人就请他们品尝。吃过的人都伸出大拇指说:"洪家媳妇,你好手艺啊,没想到你烧的菜这么好吃啊!"

洪瑞堂的媳妇是个机灵人,马上说:"这菜是我家相公跟我一块做的,我们打算在西泠桥一带开家小菜馆,到时候大家多来光顾啊。"洪瑞堂没想到自己的媳妇提前打起广告了。

众人一听,马上附和:"哎呀,这是喜事啊,等你们菜馆开张的那天,我们一定会去捧场的!"

菜肴吃完，众人散去。洪瑞堂夫妇高兴地拥抱在一起说："看来，我们的菜馆是非开不可了。"

后来，洪瑞堂便拿着所有的积蓄去西泠桥附近寻觅未来菜馆的合适地址，最终选择了一处位于俞楼与西泠印社之间、地处六一泉旁的闲置平房。洪瑞堂将房子盘租下来，找人装修了一番，就择吉日开张了。开张之后，小菜馆门前的牌匾上写着"楼外楼"三个字。

在平房上挂"楼外楼"的字号实属罕见，大家都开玩笑说："洪掌柜，你家菜馆可不是楼房啊。"众人都笑了。

洪瑞堂微笑着说："大家知道南宋诗人林升的《题临安邸》吗？'山外青山楼外楼，西湖歌舞几时休。暖风熏得游人醉，直把杭州作汴州。'我家菜馆的名字就取自这里。当然取这个名字也是寄予了我的心愿，我一定会逐渐把我的菜馆做大，把经营规模扩大到二层楼、三层楼！"

洪瑞堂说完，大家都拍手叫好。"洪掌柜好志气！这名字取得好！来，我们大家都进去尝尝他的手艺去。"开张第一天，楼外楼就赢得了满堂彩。

这"楼外楼"还有一种说法。相传，洪瑞堂最初一直为菜馆字号的事情发愁，因为他想不出合适的，风雅的又不够响亮，响亮的又不够大气。后来，他去找俞楼里的著名学者俞曲园（俞樾）先生帮忙取名。曲园先生说："你的菜馆在我俞楼外侧，那就取南宋林升'山外青山楼外楼'的名句，叫作'楼外楼'吧。"洪瑞堂很喜欢这个名字，千恩万谢地离开了。不管"楼外楼"是洪瑞堂所取还是俞曲园先生所取，都已经不重要了，总之，这三个字为菜馆增添了不少文化情趣，使得许多附庸风雅的文人墨客慕名而来。

楼外楼步步登高

洪瑞堂读过书，他给菜馆的每道菜都取了一个好听的名字，客人们

都说:"没想到这个小店的菜谱看上去这么有文化内涵。"楼外楼的特色让人们更深刻地记住了它。洪瑞堂很重视与文人来往。那时候,杭州是政治、经济、文化中心,很多文人都聚集在这里,楼外楼刚刚开张就已经小有名气,文人雅士们常冲着"楼外楼"这三个字来这里小酌。最主要的是,楼外楼离西湖很近,很多游客来这里游玩一番后累了、饿了,通常首选到这里就餐。

楼外楼占尽了天时、地利、人和的因素,生意一天比一天好,名声远播,洪瑞堂的腰包也逐渐鼓了起来。几年后,楼外楼在一个夏末停业了,当然不是真的关门大吉,而是洪掌柜准备给平房加盖第二层,实现他当初的愿望。

两个月之后,楼外楼门前锣鼓喧天、鞭炮齐鸣,再次喜庆开张。"洪掌柜,恭喜恭喜,你当初的愿望真的实现了!""洪老板,恭喜发财!"前来祝贺的老主顾们纷纷祝贺楼外楼重新开张。

重新开张的楼外楼装修比以前提高了一个档次,不仅楼外楼的匾额装饰更加大气,门口还多了专门形容菜馆的诗句:"一楼风月当酣饮,十里湖山豁醉眸。"的确,楼外楼坐落在景色清幽的孤山南麓,面对着佳山丽水,光是风景已经醉人了。看来,当时洪瑞堂的选择是有眼光的。

楼外楼有文人雅士、西湖游客以及街坊四邻的支持,一直平稳地发展着,一代传一代,洪瑞堂将它传给了自己的儿子,儿子又传给了孙子。虽然楼外楼也受到了战争等的影响,但它还是顽强地生存了下来。

1926年,楼外楼经过几代人的努力,已经颇具财力,掌管楼外楼的洪瑞堂传人洪顺森又对楼外楼做了扩建,将一楼一底两层楼改建成有屋顶平台的"三层洋楼"。装修时,洪顺森让人在菜馆中安上了当时很流行的电扇、电话,让这个有着古典文化气息的菜馆增加了不少现代气息,这中西合璧让楼外楼的生意更加兴隆。那个时代的文人如章太炎、鲁迅、郁达夫、余绍宋、马寅初、竺可桢、曹聚仁、楼适夷等都到楼外楼小酌过。

楼外楼虽然在战争中存活了下来，但是也没少受其影响。1949年5月，杭州终于迎来了解放，楼外楼迎来了新的发展时期。虽比战争时期好了许多，但直到1952年下半年，楼外楼的员工也只有14人，生意远远没有洪瑞堂那个时代好。在1955年的公私合营大潮中，楼外楼像许多其他的老字号一样，申请了公私合营。没多久，申请就被批准了，这家有着百年历史的私人菜馆改变了性质。公私合营之后，楼外楼的发展得到了政府的大力扶持，各方面的工作都大有起色，尤其是在恢复菜名上。西湖醋鱼、排面、叫花童鸡、油爆虾、干炸响铃、番茄锅巴、火腿蚕豆、鱼头汤、西湖莼菜汤……这些自古就传下来的菜名都被印到了菜谱上。顾客们都说："来楼外楼吃饭，光是看菜名就是一种享受啊。"1956年，浙江省人民政府确定杭州名菜36个，以上我们提到的西湖醋鱼、排面等十个楼外楼的菜全在其中，对楼外楼而言，这不能不说是一个莫大的荣誉。

在历史发展中，楼外楼没有止步而是不断探索前行。1980年，楼外楼被列入杭州市体制改革试点单位；1983年，实行了承包；1984年，民主选举经理；1999年，由全民所有制改制成国有法人和企业职工共同持股的多元投资主体的实业有限公司。

自20世纪90年代中期开始，杭州加快了建设楼外楼附近西湖名胜的步伐。经过设计，西湖看上去更美了，来西湖游玩的人络绎不绝，这就给楼外楼创造了大量的商机。在西湖被整治的同时，楼外楼也先后六次进行了大规模的装修，从餐厅的包厢、大堂的门面，从里到外，无不粉饰一新。既然楼外楼是依托西湖而存在，西湖整治了，楼外楼当然要配合其变化。经过装修的楼外楼从整体布局到细部结构都更加协调，而且更能体现西湖的历史、文化内涵。顾客们在这里既能享受到美食、欣赏到美景，又能很自然地感受到浓浓的文化氛围和情调。

除此之外，此次装修还有一个亮点是楼外楼请东阳木雕大师陆光正

被誉为杭州三大名楼之冠的"楼外楼",古典文雅,气势磅礴

为他们设计创作了一幅大型壁雕《东坡浚湖图》。据说这幅壁雕的画面部分有50平方米,一共有5个场景、85个人物,生动地记录和反映了北宋时期苏东坡率众疏浚西湖、筑苏堤、架六桥的全过程。《东坡浚湖图》是东阳木雕中罕见的精品巨作,气势恢宏,精美绝伦,让每位来楼外楼就餐的宾客在大饱口福之前先大饱眼福。

　　回顾楼外楼的历史,在它存在和发展的一百多年中,西湖的盛衰与它盛衰密切相关,西湖游人如织时,也是楼外楼宾客盈门刻。一个商号的地理区位是非常重要的,洪氏的传人应该感谢祖辈洪瑞堂的远见卓识。

东来顺
——百年诚信东来顺，一品清真冠京城

一提起涮羊肉，居住在北京的人们就会非常自然地想到东来顺。每到秋冬季节，东来顺门前车水马龙，排队"拿号"的人站成一条长龙，一片繁忙的景象。

东来顺饭庄是北京饮食业老字号中一个享

北京东来顺饭庄

有盛誉的历史名店。东来顺的发展与历史可划分为两个阶段，以中华人民共和国成立为界线。在中华人民共和国成立前的近半个世纪里，从某种意义上讲，东来顺的创业史、发展史也是北京近代民族饮食业发展演变的一个缩影。

东来顺的名字缘起

东来顺的创始人叫丁德山，字子清，河北沧州人。全家住在东直门外二里庄的破寒窑里。丁德山和两个弟弟靠专门给城里的各煤场送黄土为生，日子过得很艰难。那个时候，冬天没有暖气等先进设施，取暖、

烧饭全靠煤球做燃料，而做煤球离不开黏合剂——黄土。

丁德山每日从城外拉黄土往城里送，途中经常路过老东安市场。东安市场以前曾是皇宫的马场。清朝时，皇帝上朝，文武百官都要由午门进殿，但朝中有规定不能骑马或坐轿进宫。于是，朝廷就专门在东华门那儿为文官下轿、武官下马放了一块下马石。这老东安市场是武官下马后存马的地方，后来慢慢地变成了交易市场，车来人往，非常热闹。

1903年，丁德山看准了东安市场北门这块风水宝地，在这里搭了一个棚子，用干苦力攒下的积蓄摆起了一个专卖玉米面贴饼子、小米粥的小摊，专门招待车夫、马夫。他就这样迈出了创业的第一步。

由于生意日渐兴隆，1906年挂上了"东来顺粥摊"的招牌。东安市场在东华门外，属内城的东城；丁德山住在东直门外二里庄，这一连串的"东"，搭上"旭日东升""紫气东来"蕴含的大吉大利，这块招牌便蕴含有"来自京东，一切顺利"的意思。

丁德山出身贫寒，摆摊创业凭力气挣钱，又善于诚信经营，把小饭摊的生意越做越大。于是丁德山扩大规模，还特地请了一个抻面师傅招揽顾客。当时，东安市场由一个叫魏延的太监主管，他特别爱吃粥摊的抻面，经常光顾丁德山的粥摊。每次魏延来，这丁德山都格外殷勤，非常周到地招待、奉承，博得了老太监的欢心。魏延看这丁德山不但人机灵，还特有眼力见儿，一来二去的熟了，就认丁德山当自己的干儿子。1912年，一把火把东安市场烧为灰烬，东来顺粥棚也未能幸免。丁德山苦心经营的粥棚遭到了致命的打击，但这场劫难并未使丁德山灰心丧气。之后，魏太监出面张罗，拿出了若干银两，帮助丁德山在原粥棚地址重建了三间瓦房。1914年，店铺重新开张，丁德山将店名更为"东来顺羊肉馆"。重开张的东来顺以经营爆、烤羊肉为主，后来又把"涮羊肉"引进了店堂。

涮肉驰名京城

涮羊肉也称羊肉火锅,相传已有数百年历史。据说,涮羊肉这一吃法是忽必烈手下的厨师急中生智创制出来的。当时在打仗途中,行军作战非常紧急,恰逢寒冷的冬季,又断了军粮。这厨师如热锅上的蚂蚁,着急坏了,就将冻羊肉切成片,往烧好的一锅开水里一倒,然后捞上来拌上作料给大家吃,这样就解决了一时的进食问题。也许是饥不择食,从来没有这么吃过羊肉的忽必烈觉得味道还不错,重赏了这位厨师,并把这种做羊肉的方法在全军做了推广。后来经过几代厨师的潜心钻研,逐渐形成了后来的独特风味。

而据明代《宋氏养生部》《清稗类钞》的记载,涮羊肉原为宫廷菜肴,清末民初渐流传入市,成为大众喜爱的冬日菜肴。

民国初年,京城最负盛名的涮羊肉馆有正阳楼、元兴堂、两益轩等,都集中在商业繁华的前门大街一带。王府井大街的东安市场自清末形成市场后,逐渐成为东西内城达官富商贾娱乐的集中地。"戏场三面敞园庭,豪竹哀丝一曲听。欲识黄金挥洒客,但看上座几雏伶。"随着吉祥戏院、丹桂茶园和中华舞台三个戏院的相继开张,东安市场呈现出一片繁荣的景象。

丁德山看准这类"高消费者"的需求,觉得有如此天时、地利、人和的条件,大把大把赚钱的时机到了。后来东来顺涮肉蜚声中外,可究竟好在哪儿呢?当年丁德山经过细心琢磨,发现涮羊肉要好,必须做到"选肉精、刀工细、调料绝、食具讲究"这四点要求。

选肉精

京城有歇后语流传——"东来顺的涮肉真叫嫩"。东来顺涮羊肉对羊肉的质量要求很高,从羊的产地、种类、羊龄到用肉部位都有严格的规定,吃起来不腥不膻、鲜嫩味美、肥瘦相宜。

为保证肉质瘦而不"柴",丁德山选用了内蒙古地区锡林郭勒盟产

羊区所产的大尾巴绵羊，而且只用二至三年的阉割公羊或仅产过一胎的母羊。一只羊只有后腿、羊尾部和脊背骨几个部位的肉细嫩可口，出肉率仅为一只羊净肉的40%。

除了买来现成的羊，他还从内蒙古买来小羊，放在自家菜园中喂养，等羊长大后，随时供饭馆宰杀。到1921年，东直门外的丁家菜园已发展到二三百亩，成为东来顺饭馆的大菜库和羊栏。

刀工细

东来顺的羊肉好，刀功更好。当时，京城刀工师傅中最有名气的是正阳楼的一位切肉师傅。丁德山想方设法以高报酬把这位师傅请来，又传帮带培养出一批徒弟。这位切涮羊肉的高手对羊的产地、用肉的部位、切肉的手法做了规范性的整治。东来顺的切肉师傅刀工精湛，切出的肉片以薄、匀、齐、美著称，将肉片铺在青花瓷盘里，盘上的花纹透过肉片隐约可见。

羊肉切出来形如帕、薄如纸、软如棉，这就是东来顺的羊肉涮起来肥而不油、瘦而不柴、一涮即熟、久涮不老、吃起来不膻不腻且味道鲜美的秘诀。来看东来顺的师傅切肉是赏景，吃东来顺涮肉则成了一种享受。这一传统保持至今。

调料绝

肉好、刀工好，涮肉的作料更要好。从某种意义上说，吃涮羊肉吃的是作料。东来顺用的调料精细讲究。

早先东来顺所用的油盐酱醋和涮肉作料都是从对门的百年老店天义成酱园买的。这家老字号酱园的小菜早在清咸丰年间就被宫内的御膳房选用，传说慈禧太后特别爱吃天义成做的桂花甜疙瘩。天义成与六必居、天源齐名，被誉为"京城三大酱园"。

后来因天义成资金周转不灵，1932年，丁德山买下了"天义成酱园"，自产天然酱油。1940年，他又在朝阳门内开设了"永昌顺"酱园，此后又开设了磨面、榨油、副食、干鲜五味调料等店铺，形成了产、供、销一条龙的产业链，保证了东来顺涮羊肉的特色。

东来顺涮羊肉的作料中最有特色的是糖蒜。东来顺的糖蒜是秘制的。东来顺腌制的桂花糖蒜在产地、个头、瓣数、起蒜时间等方面都有严格的要求，经过去皮、盐卤水泡、装坛倒坛、放气等工序，前后要3个月，检验合格才能出售，与别家出品的确有不同。

食具讲究

在涮羊肉使用的器具上，东来顺也很考究。一是坚守"清真"特色，

"东来顺"的招牌名菜——涮羊肉

从店堂布置到一碗一具，全给人以素雅洁净、清新大方的感受。二是用具独特，不同一般。涮羊肉用的铜火锅均为专门特制，锅身高，炉膛大，火力旺。锅中的汤总是能保持沸腾不滴落，使羊肉片入汤即熟。所用碗盘均系景德镇定做的青花细瓷，个个精美如工艺品。十余种调料分别放置在十多个小碗中，五色纷呈，色、香、味各具其美。

经过几代厨师博采众家之长、苦心钻研羊肉菜品的制作技艺，东来顺在爆、烤、涮的基础上逐渐总结出一套具有独家风味的熘、炸、炒等烹调技法，经营的菜品日益精美。到20世纪三四十年代，东来顺的涮羊肉已驰名京城。据20世纪30年代的一些账面记载，东来顺每年旺季销出的羊肉在五万公斤以上。

与众不同的广告

由于丁德山以诚信为本，讲求货真价实，又善于学习借鉴别人的经营之道和制作技艺，所以，没出几年，东来顺的涮羊肉便与当时闻名京城的"正阳楼"齐名了。

丁德山的精明之处不仅在于瞄准了一批"高消费者"，提高了涮羊肉的档次，使东来顺终日贵客盈门，还在于不忘平民百姓这些"低消费者"。除了涮肉，该店还经营二百余种清真炒菜和丁德山以前的粥摊生意。有些"老主顾"说，"丁掌柜到底是摆摊出身，发了财还不忘咱穷苦人。"

丁德山有自己的经营诀窍。他曾非常得意地讲起自己的生意经："穷人身上赔点本，阔人身上往回找。"他这么做自有他自己的用意，东来顺以较便宜的价格供给贫苦人饮食，这便吸引了很多车夫、马夫等苦力人常来光顾，而这些人平常到处奔走，于是也就将东来顺的名声传播开去，有利于为东来顺招来新的顾客。有时外地旅客下了火车找饭馆，拉车的便主动把他拉到东来顺。可以说，丁德山的这一做法使得那些贫苦人成了东来顺典型的"活广告"，起到了宣传东来顺名号的广告作用。店员们说："老掌柜的'招'真使绝了！"而事实上，丁德山的这个做法并没有让东来顺赔本，因为东来顺所卖的除了面食，肉和作料几乎都是楼上雅座的下脚料。比如涮肉桌上的一斤羊肉片要卖到二三斤羊肉的价钱，剩下的下脚料能再卖一次钱，成本便微乎其微了。这样既赢得了名声，又赚了钱，一举两得，东来顺何乐而不为呢！丁德山的这一经营诀窍使得东来顺羊肉馆不仅成为一些达官贵人、文人墨客前来品尝特色涮羊肉的场所，也成为寻常百姓常去的地方。

说到丁德山的"活广告"，那可真是花样繁多、层出不穷。为了招揽更多的顾客，他曾在店门前搭起炉灶，架一口大锅，请一位师傅当众表演绝活——不使用笊篱而直接用手从开水里捞面条。到了寒冷的冬天，他在门前摆开一排肉案，让十几位切羊肉片的师傅一字排开，在街头切肉片，吸引了很多人前来围观。这些"活广告"确实抓住了人们的猎奇心理，达到了宣传的目的。

东来顺对面有一家会元楼饭馆，两家是竞争对手。据说为了争夺顾客，丁德山也使用了一些手段来压制对手。经过几年的较量，会元楼饭馆由于经营不善倒闭了。于是，丁德山先抢购到手，自己不用，把店面租出，并且约定不得开羊肉馆。

东来顺羊肉馆的规模越来越大，名声也得到进一步远播。到20世纪30年代，东来顺已建成三层楼房，可容纳四五百人同时就餐，已成为京城数一数二的清真大饭庄，后来干脆更名为"东来顺饭庄"。

东来顺今昔

1937年北平沦陷后，由于战乱频繁、社会动荡，东来顺的生意也大不如前。1942年，竞争对手正阳楼倒闭，东来顺从此首屈一指、独占鳌头。而在中华人民共和国成立前后的半个多世纪中，东来顺更是获得了长足的发展。

1945年，丁德山把东来顺传给其子丁福亭。中华人民共和国成立以后，党和政府为了发展民族事业，为了发扬少数民族饮食文化传统，大力扶持和帮助东来顺，使东来顺又恢复营业。1955年，东来顺成功地实现了公私合营。

"文革"期间，"东来顺饭庄"的牌匾被毁坏，曾一度更名为"民族饭庄"。1977年，在党和政府的关怀下，东来顺又恢复了"北京东来顺饭庄"的名称。

此后，东来顺饭庄不仅成为广大人民群众品尝清真风味佳肴的就餐场所，也成为社会名流荟萃的风雅之地。著名作家老舍先生和夫人胡絜青、国画大师齐白石、京剧大师马连良等前辈名人生前经常在东来顺宴请宾朋，并为东来顺留下墨宝。

从一定意义上来说，东来顺还曾是国家的一个外事活动场所，为国家开展外交活动、增进与世界人民的友谊做出过不小的贡献。不仅如此，东来顺的师傅还被邀请到人民大会堂、国宾馆等地献艺。

现在，京城涮羊肉馆已遍地开花，仅西城太平桥大街上就有许多家，号称"涮肉一条街"。来东来顺饭庄品尝涮肉的客人在肉尚未入口时，就已经被那薄如蝉翼、如花朵般的肉片吸引。东来顺给人们留下了难以忘怀的美好记忆。

稻香村
——南味北卖自繁荣

"中药同仁堂，糕饼稻香村"，提起稻香村，北京人无人不知、无人不晓，它是与同仁堂齐名的老字号。每逢元宵、端午和中秋，来稻香村买元宵、粽子和月饼的人就排起了长龙，这是北京节日的一景。

身处北方的稻香村主营南味食品，却能在京城百年不老，这是为什么呢？这其中有着怎样的缘由呢？

稻香村名考

曹雪芹在《红楼梦》中描写李纨的住所："倐尔青山斜阻。转过山怀中，隐隐露出一带黄泥筑就矮墙，墙头皆用稻茎掩护。有几百株杏花，如喷火蒸霞一般。里面数楹茅屋。外面却是桑、榆、槿、柘、各色树稚新条，随其曲折，编就两溜青篱。篱外山坡之下，有一土井，旁有桔槔辘轳之属。下面分畦列亩，佳蔬菜花，漫然无际。"原本这个住所叫"杏花村"。而在一次诗会上，宝玉却说："村名若用'杏花'二字，则俗陋不堪了……何不就用'稻香村'的妙？"大家都觉得不错，于是将"杏花村"改名为"稻香村"。

"稻香村"这个字号在清代是长江中下游地区常见的字号，多用在食品店上。由于《红楼梦》中曾出现过此名称，许多人说"稻香村"出自《红楼梦》。"稻香"二字用在食品糕点上实在是妙。食品是用田间的粮食做成的，"稻香"二字顿时让食品形色味兼具。

"稻香村"这个字号的来源还有一种说法，颇具神话色彩。

相传，几百年前，江浙一带有一家卖熟食的小店，生意惨淡，老板整日愁眉苦脸。这天，他做出了一个决定，如果生意再无起色，他就关掉店铺，再寻出路。就在他下

旧时，稻香村门前车水马龙的景象

决定的这天晚上，店里来了一个讨饭的人，他是个瘸子，衣着破烂，一身臭气。"老板，你行行好，我好几天都没吃过东西了，赏我点东西吃吧！"讨饭的瘸子伸着手，一副可怜的眼神。

或许是这个瘸子交到了好运，遇到了一个心善之人，若是他去别的店铺，老板定会不管三七二十一就将他赶出去。而这位善良的老板叹了一口气说："哎，店里空的座位多的是，你坐下吧。我给你端肉吃去，反正都这个时辰了，应该不会有人来买了。"讨饭的瘸子听到有肉吃，千恩万谢地说了一堆什么"恭喜发财""财源滚滚""好人好报"的吉利话。老板苦笑一声："希望你的话能应验吧！"

讨饭的瘸子一口气吃了三大碗肉，吃完之后抹抹嘴对老板说："我说老板，我瘸子虽是个讨饭之人，以前山珍海味也吃过一些，你这肉的味道实在不怎么样。"这时候，店小二忍不住了："哎，你这个讨饭的，给你肉吃就不错了，还挑三拣四的，会不会说话啊。"

"哎，算了，你也别说他了，肉的味道确实不好，要不店里怎么会没有客人呢。这天色也不早了，你安排这个要饭的在这里住一晚吧。"老板对店小二交代完之后，便叹着气歇息去了。店小二在厨房的灶台旁给讨饭的瘸子收拾一个容身之地，铺上了稻草，让他凑合睡一晚上。瘸子感激地说："这已经很好了，谢谢小哥你了。"

第二天一大清早，瘸子已经不辞而别。厨师拿他睡过的稻草烧火煮肉，令人没有想到的是，那天煮出的肉非常鲜嫩、香味扑鼻，香味传遍了相邻的几条街巷。聪明的老板借此大肆宣扬，对外称昨夜进店乞讨的是"八仙"之一的铁拐李下凡，还将店名改为"稻香村"。从此之后，他的生意逐渐兴旺，而当时没有申请专利这一说，于是"稻香村"这个字号被人争相使用。

南味北卖，自创经营

清光绪二十一年（1895），金陵人郭玉生领着几个熟悉南味食品制作工艺的伙计来到北京。郭玉生一直有个愿望，那就是开个店铺将南方的糕点引进北方。这次来北京，他发誓要完成这个心愿。

郭玉生在来北京之前就已经想好了店铺的名字——稻香村，他对这个名字情有独钟，因为家乡有家稻香村的生意非常好，他希望这个名字能给他带来好运。他和几个伙计商议后，将店址选在了繁华的前门外观音寺（现在的大栅栏西街东口路北），店铺是个二层小楼，坐东朝西，一共三间门脸，左边是青盐店，右边是茶食柜，中间是稻香村。开张这天，门楣上的黑漆金字匾额——"稻香村南货店"被红色绸缎包围着，显得格外耀眼，吸引了不少过路的行人。看着店内门庭若市、生意兴隆，郭玉生看在眼里，喜在心头。稻香村采用的是前店后厂的模式，当时这种形式叫"连家铺"，在京城糕点铺中是一朵奇葩。后来这种模式逐渐被饽饽铺、食品铺等效仿。

厂里自制的各种糕点和肉食形色味兼具，不仅好吃，而且花样繁多、重油重糖，即使是在天气干燥的北京也是数日不干。冬瓜饼、姑苏椒盐饼、猪油夹沙蒸蛋糕、杏仁酥、南腿饼等南式糕点首次在北京亮相，让吃惯了"大饽饽"的京城人眼前一亮。他们大呼，原来饽饽可以做得这么好看。

刚开始郭玉生还担忧南味在北方不受欢迎，没多久他就发现自己的担忧是多余的。正宗南方美食让这家店铺没多久就火了,大街小巷一传十、十传百,前来品尝的食客络绎不绝,不仅有平民百姓,更有达官贵人。稻香村入驻北京以来,北京当地的点心铺受其"压迫",丢掉了大半"江山",人们逢年过节走亲访友都忘不了进稻香村买几件场面上往来的礼物。

稻香村的经营讲究"四时三节",端午卖粽子,中秋售月饼,春节供年糕,上元有元宵。郭玉生心里明白,像他这种做字号的商铺,走的是长久之路,产品的质量一定要好,料要用最好的。稻香村的核桃仁要用山西汾阳的,色白肉厚,香味浓郁,嚼在嘴里甜丝丝的;玫瑰花要用京西妙峰山上太阳没有出来前带着露水采摘的,花大瓣厚,气味芬芳;龙眼要用福建莆田的;火腿要用浙江金华的,等等。

稻香村的做工更是讲究,熬糖要"凭眼""凭手"。"凭眼"是说,什么时候糖熬好了,全凭师傅的经验来看,早一分钟没到火候,晚一分钟火候又过了。"凭手"是说,将熬好的糖剪成各种形状,这是纯正的手艺活。

逢年过节打"连班"的时候,郭玉生都要亲自到油面间去查看,油是不是少放了,火候是不是到家了。因为郭掌柜深知顾客才是店铺的衣食父母,只要是顾客的合理要求,他都会尽量满足。郭掌柜更懂得主顾是衣食父母,买东西没带现钱的,他就赊给人家;留下订单的,不管有多远,他都会让人按时送上门,没有一次延误。

为了打响"稻香村"这块牌子,郭玉生和几个合伙人努力开发南味食品。他们花重金从上海、南京、苏州、杭州、镇江请来有名的师傅,开发新产品。肉松饼、鲜肉饺、枣泥麻饼、云片糕、寸金糖等风味独特的糕点出现在了稻香村的柜台上。产品多了,来光顾的人也越来越多,渐渐地,稻香村的食品在京城成了敬父母、送朋友的馈赠佳品。只要看到有人拎着印有"上品官礼"字样的礼盒,就知道他光顾了稻香村。

稻香村名声在外,成为许多文化名人光顾的地方。1912年5月,鲁

迅先生来到北京，住在宣武区南半截胡同的绍兴会馆。那里离观音寺稻香村很近，他就经常光顾稻香村。在1913—1915年短短两年多的时间里，鲁迅先生仅在《鲁迅日记》中就记录了15次去稻香村购买食品的经历。

有一次，冰心和吴文藻来稻香村买了一些熟食和南糖，在结账的时候，冰心夫妇才发现没有带钱，可这时候他们正要去探望亲戚。为难的伙计上二楼请出了掌柜。掌柜了解情况后，满脸笑意地说："东西您先拿走，下次一块算就行了。"许多年之后，冰心老人提起这件事情仍然对稻香村赞不绝口。

由鼎盛到分立至歇业

"稻香村"的生意红火，有人向汪荣清和朱有清建议道："你们的生意这么好，为什么不多开几家店呢？让全北京的人都来这里买糕点。"两人一听，这是个办法。他们在稻香村多年，已拥有良好的技艺，完全可以独当一面。于是两人商议，"咱们的手艺已经能自立门户了，我们为什么不自己出去做呢？""这倒是，可是，不知道掌柜的同不同意。""掌柜的通情达理，应该不会阻止我们的。"掌柜的听了他们的想法后表示支持。于是汪荣清和朱有清在观音寺街稻香村的对面，开起了一个与"稻香村"口味、品种一模一样的南味糕点铺"桂香村"。这是1911年的事情。

五年之后，在稻香村学做南味食品的张森隆也从稻香村独立出来，在东安市场自立门户，取字号为"稻香春"。由于稻香村的良好开始，南味食品铺在京城遍地开花，一时间"南店北开"之风愈演愈烈。

20世纪20年代前后，南味食品在北京有稻香村、稻香春、桂香村，而天津也有明记稻香村、何记稻香村、森记稻香村，此外还有保定稻香村、石家庄稻香村、太原老乡村。由于店铺的增多，最早的北京稻香村的生意受到了极大的影响。再加上当时时局动荡、军阀混战，稻香村终于支撑不住了。1926年，曾经名震京城的稻香村南货店被迫关张，这一关张就长达半个多世纪。

稻香村南货店虽然关张，但是它开创的南味食品派系并未中断，从稻香村分支出来的"桂香村""稻香春"一直沿袭着"稻香村"的传统工艺和经营风格，并代代相传。

百年老店重出江湖

与其他老字号不同的是，由于稻香村半个多世纪的关张，它没有遇到20世纪五六十年代的社会主义改造，没有经过计划经济这段历史。

1983年，中国民主建国会和中华全国工商业联合会在北京召开传统食品咨询工作座谈会。这个座谈会让稻香村的发展出现了转折。第五代传人刘振英积极筹划，请回了稻香村的老技师、老职工，准备重开老店。

刘振英当时是北京东城区工商联副主任。他在复兴稻香村的同时，也不忘解决待业青年的就业问题。那时候，北新桥街道有许多待业青年，稻香村将他们招揽过来，教给他们制作食品糕点的技术，使他们拥有一技之长。

老店重开将店址选在了东直门里北工匠营胡同的一间街道缝纫厂的旧址上。1984年1月22日，稻香村重新开张，离正式开门还有一个多小时，虽然当时寒风凛冽，但已经有许多顾客排起长队等候。大家蜂拥而至，让稻香村的员工们十分忙碌，一直到晚上仍有很多顾客进店买糕点。

稻香村重新开张的消息很快就传遍了北京城，不仅有很多顾客慕名而来，很多远郊和外地人也纷纷托人帮忙买糕点带回去品尝。重新

"稻香村"出产的月饼

开张的"稻香村"继承了南味食品的传统工艺，坚持"诚信为本、顾客为先"的服务理念。优质的产品和服务让稻香村在北京迅速打开了局面。

1994年9月，北京稻香村食品集团公司正式组建。2005年，稻香村改制为食品有限责任公司。截止2018年7月，北京稻香村已经拥有近二百家连锁店、一个物流配送中心、几百个销售网点。另外，稻香村在昌平区建立了现代化生产基地，工厂占地二百亩，生产的节令产品有六百多个品种。

今天，如果你走进稻香村，映入眼帘的是精细考究的各式糕点、新鲜的熟肉、用豆制品做成的全素宫廷菜、各种干果炒货，还有在别处难得一见的江米酒酿、年糕、炒红果等传统美食，光看就让人垂涎欲滴。

稻香村在收钱时专用不锈钢小盘小夹，还有专门的人找兑零钱，营业员一年到头都是白大褂、白帽子，包熟食用油纸，装糕点用纸袋……这些别具特色的"老讲究"让老北京人倍感亲切。每天门庭若市的稻香村早已成为北京商业中最热闹的一景。

从1984年初重新开张到现在已经走过了三十多个年头，在历经千辛万苦、克服了重重困难之后，稻香村取得了令人瞩目的成绩，建立了高科技工业园，将原来低科技含量、劳动密集型、半手工操作的传统生产方式转变为机械化、自动化、工业化程度较高的现代生产模式。

在发展过程中，稻香村形成了属于自己的企业文化，以"发展传统的民族食品工业，为社会创造价值"为历史使命，无论是老板还是员工，都始终秉承着先做人后做事的理念，正是因为始终坚持这些高贵的品格，稻香村的发展才会一帆风顺。

杏花楼
——粤食之精华

月饼在中国人心中的意义绝不是普通的食品那么简单，与月饼有关的传说也不可胜数，做月饼的品牌同样多如天上的星星。这些星星中有一颗最大最亮的，那就是上海杏花楼。那滋味，尝过后让人三月不知肉味。

"杏花楼"店面

徐阿润"留洋"回来开甜品店

说杏花楼有一百六十余年的历史，一点不掺水分。清咸丰元年，也就是1851年，在沪广东人徐阿润于福州路和山东路转角处创立了杏花楼。说起徐阿润还有点来头。那个年代，洋人刚刚进入中国，很多洋船也开到了中国的沿海地区，广东当然也不例外。洋人在当地烧杀抢掠，无恶不作，还抓了大量华人卖到南洋或者欧美国家去干活。这就是历史上罪恶累累的"华工买卖"。徐阿润在这场"华工买卖"中被卖到一艘洋人的军舰上。

"嗨，那边那个中国人，你到厨房去帮忙吧。"一个胡子拉碴、卷

着袖子的洋人对蜷缩在角落里的徐阿润说。这时的徐阿润已经在这艘军舰上停留了半年，也渐渐适应了海上的生活。他的工作很简单，就是做服务生，照顾军舰上人的生活起居。生活方面的艰辛不说，最让人难以忍受的就是经常挨骂挨打，成为洋人的出气筒。在洋人眼里，华工根本就不算人，好几次看到同胞被打得死去活来，虽然徐阿润愤愤不平，但他势单力薄，也不敢表现出来。

一个偶然的机会，一个洋人军官想吃一道典型的中国菜——鱼香肉丝，据说这个军官参加了第一次鸦片战争，在抢夺一家酒楼时，看到桌子上有一盘刚做好的菜，饥肠辘辘的他就大快朵颐起来。他吃完以后才知道这道菜叫"鱼香肉丝"，但里面根本没有鱼，有的只是胡萝卜、青椒和肉丝。他尝过之后一直念念不忘，但是整个舰队上的人都不会做。无奈之下，军官想起了徐阿润。

做菜？哼哼，那可是徐阿润的拿手活。洗菜、切菜、烧菜，不一会儿的工夫，香喷喷的鱼香肉丝就端上了桌子。军官一闻，那真是一个香啊，很快被一扫而空。大伙看着丑态尽显的军官，又看看徐阿润，"有那么好吃吗？"大伙心里都有这个疑惑。随后，应众人要求，徐阿润又下厨做了几盘同样的菜。

从此，徐阿润做菜的手艺算是传开了。洋人也很公平，他们知道让徐阿润做侍应生实在太浪费他的才能，于是就有了上文的一出，徐阿润被调到厨房，专门烧制中国菜。

就这样，在日复一日单调而枯燥的生活中，徐阿润渐渐老迈，他教的徒弟可以在军舰上接替他的工作了。他跟舰长求情，准他回广东养老。舰长感念徐阿润多年为他们烧菜，答应他可以回国。不过他们只能在上海将徐阿润送上岸。这几年，徐阿润因为烧的菜好吃，军舰上的人也都慷慨，给了他不少赏钱。徐阿润长了个心眼，把钱都存了起来，就等着有朝一日能带回家去。

这一天终于等到了。下舰艇的那一刻，上海黄浦江边的风徐徐吹来，吹起了徐阿润头上的几缕头发，也吹来了另一番味道——故乡的味道！他已经记不起自己多少年没有回来了，这一刻，他太激动了，激动得顾不得路人异样的眼光，情不自禁地大哭起来。这个正在遭受列强欺凌的故土在那一刻是那么可爱、那么亲近。

下船后，徐阿润决定留在上海。因为离开故乡——广东太久，徐阿润对广东已经没有多少印象了，反正上海也是中国，既然落在这里，也是天意，那就在这里开始自己新的人生吧。徐阿润考虑良久，决定利用这几年攒的钱，置办一处房产，再利用自己的手艺开个店。1851年，徐阿润的广东甜品夜宵店正式开始营业。

从探花楼到杏花楼

徐阿润的店开得小，也简单，本也只是做个糊口的小买卖。据史料记载，徐阿润的店白天主要供应广州风味的腊饭，晚上供应五香粥、鸭子粥、云吞等。这样风平浪静的日子过了20年，到了1872年，徐阿润老迈的身体再也干不动活了。他年纪大了，又膝下无子，于是就想把店转手。

这个时候的福州路已经成为上海的繁华之地。徐阿润的店面所处的位置不错，是个财源广进的好门面。店面要转让的消息一出，很多商家都来打听。卖给谁呢？徐阿润心里也有盘算。因为自己年迈，后继无人，这样结束小店，他舍不得。所以即使转手，他也希望能找一个适合继承他买卖的人。他经过千挑万选，终于看上了两个广东老乡，一个叫洪吉如，一个叫陈胜芳。徐阿润希望由广东人来继承他的小店，或许这正是他对少小离家再也没回去过的故乡的一点纪念吧。

这洪吉如和陈胜芳也确实没辜负徐阿润的托付。这小店到了他们手里以后，生意也算蒸蒸日上。他们给小店起名"探花楼"，缘于当年一位曾经在这里吃过饭的秀才后来进京考上了探花，于是他们就借着这个机会，给小店改了这个更有文化的名字。因为生意好，这两人就想着扩

大店面。后来到了民国初期,"探花楼"就在原先的基础上扩建成一座中式楼房。

但是好景不长,民国初年,军阀混战,经营小本生意的商人成了官僚和军阀盘剥的对象。官老爷随时过来吃霸王餐不说,还要时不时地交这个税、那个税,洪吉如他们实在经营不下去了,就转手将探花楼卖给了一个姓欧的外地老板。这个老板本想利用一家小店在上海有个安身立命的地方,不过,他对经营之道并不精通,又是外乡人,对上海的地方风俗和民情不太了解,跟店里伙计的关系也比较紧张。眼看着小店的经营每况愈下,伙计们都很着急,再这样下去,他们估计很快就要失业了。正好,这位欧老板深感时局维艰,经营困难,决定再次将小店转手,举家迁往别处。这怎么办呢?大伙一合计,小店转来转去也不是个办法,最好能推举一个人,既懂粤菜又懂经营,还要有威信、能服众。这时候有人提议大厨李金海,大伙一致赞同。

这个李金海是什么人呢?他也是广东人,祖籍番禺。李金海的家庭背景因时代久远已无可考证,只知道从1888年开始,他就在探花楼里当学徒。他这人特别好学,而且做人做事都没得挑,很快就成为探花楼里首屈一指的大厨,人送外号"探花楼厨神"。很多客人不远千里慕名而来,就为尝一尝他做的菜。在洪吉如时代,探花楼之所以能发展得那么好,与李金海的厨艺是密不可分的。

所以在这次推举大会上,李金海很快就获得了广泛支持。他们不但钦佩李金海的厨艺,更对他多年来的敬业精神和在这一行的威望表示信服。让李金海当家,应该是再好不过的选择了。那么,李金海呢?其实,自从他走进探花楼开始,他就把探花楼当作自己的家了。他在这里工作,在这里学习,在这里长大,还在这里成家立业,他打心眼里希望探花楼好。但是眼看着探花楼一天不如一天,他看在眼里,急在心里。今天,大伙儿信任他,那他也应该为探花楼尽点力。

李金海在大家的簇拥下站到了桌子上,他双手抱拳,对在场的人说:"各位都是我李金海的师兄师弟,都是一家人。今天,大伙儿信任我,推举我出来主持探花楼,我李金海接下了,义不容辞。大伙儿放心,只要有我李金海在,就有各位的一口饭吃。"这之后,李金海用自己多年的积蓄盘下了小店。因为时局不好,加上经营不善,欧老板向李金海出售小店时,其实是半卖半送。李金海用剩下的钱,又从银行借了一些钱,翻新了探花楼。翻新后的探花楼再也不能叫小店了,而是一座七开间、四层高的酒楼,全店可同时开宴席将近百桌,成为当时沪上最大的粤菜馆。

重新开张的那天,李金海动用自己的人脉,请了当时上海几乎所有有头有脸的人来品菜。一时间高朋云集、门庭若市,在舞狮队和鞭炮声中,探花楼又开启了另一个辉煌时代。

探花楼的设计很现代,既有雅间,又有举行大型宴会的大厅,因而一些官方的大型宴会也选在探花楼里举办。这其中很有名的一次是20世纪30年代举办的上海市教育局国联教育考察团抵沪的欢迎晚宴,国联教育考察团中有法国著名物理学家保罗·朗之万,探花楼在上海的名气可见一斑。

随着时间的推移,探花楼的名气越来越大,有人觉得探花楼这个名字落伍了,毕竟已经民国了,状元、探花的称号已经不用。那时候,人们都提倡破旧立新,舍弃一切与封建有关系的东西才算是赶潮流。李金海觉得这一提议有道理,就决定更改店名。那么改成什么好呢?探花楼要改名字的消息一放出就在坊间引起热议,很多人毛遂自荐向李金海献名,因为给当时上海最大最气派最有名气的酒楼起名字,一旦中标,那荣耀不在小。

短短时间内,新的名字起了一大堆,但是李金海总觉得缺了点什么,没有十分满意的。直到有一天,一个姓苏的中学教师路过上海,途经探花楼,听说店家要改名字,又听说了探花楼从徐阿润时一路走来的故事,随口说道:"不如改成'杏花楼',取唐朝大诗人杜牧的诗句

'牧童遥指杏花村'之意。"他这么一说,李金海仔细品味:杏花楼,杏花村,少小离家,他们都是离家的游子……这个名字起到他心里去了。李金海决定将探花楼改名为"杏花楼",并且重金聘请同为粤人的清末榜眼、知名书法家朱汝珍题写了"杏花楼"三个字作为招牌。

做好月饼,留名后世

新名字富含浓浓的思乡味儿,那杏花楼的出品需不需要名副其实呢?那是当然!那月饼就是不二之选了。李金海决定将杏花楼的月饼品牌打造出来。

在探花楼时代,他们出品的月饼只是作为一般的点心出售,中秋节时也包装出售,虽然味道非常不错,在坊间的口碑也不错,但终究没有将其作为自己的品牌。李金海打定主意后,从1927年开始,就从各家的酒楼和作坊里物色做面点的高手,请到杏花楼来给自己的师傅做培训。遇到确实不错的、与自己的理念相符的,他干脆直接把人留下。李金海把别家的长处与广式月饼的特点相结合,加上自己多年来做点心的经验,反复试验,不断改进,努力将月饼做到最好。

在杏花楼做月饼的过程中,每天都有大量的月饼成为"废弃物"。这些总不能拿给客人吃吧,但浪费了也挺可惜。虽说是下脚料,但对普通人家来说,也是难能可贵的上品。每天中午饭后到晚饭开始的一段时间,杏花楼里比较清闲,李金海就安排在杏花楼旁边开一个摊子,组织伙计把当天或者前一天用下脚料做好的月饼拿出来,以非常便宜的价格卖给百姓。寻常人家哪儿吃得起杏花楼里的点心,从摊子开始的那一天,杏花楼周围总是排起长队,就为了买一点月饼。因为人太多,杏花楼附近一度交通拥堵。为了限

"杏花楼"月饼

制人流，后来杏花楼再出新招，每日限量，用每人限购的方式来限制顾客数量。

　　这种做法不仅让杏花楼落下个"乐善好施"的名声，还让杏花楼月饼声名鹊起。杏花楼月饼还没出世，就已经备受推崇与期待。经过长期摸索和试验，李金海终于研制出了让自己满意的月饼。此时，杏花楼月饼的名声和礼盒早已深入人心。人们只知道杏花楼出品的月饼有三大特点：一是选料精，馅多；二是式样新颖，外形漂亮；三是花式品种丰富，适合自己的需要。但究竟哪种是李金海最满意的月饼，他们不得而知。李金海也不得而知，因为杏花楼出品的月饼，每块都是最好的。

　　在杏花楼老顾客的心目中，"杏花楼"这三个字代表的不仅是一块月饼，更是一种沉淀在心底的甜甜蜜蜜的思绪，代表着一种积淀在心中、挥之不去的美好记忆。每年的中秋节，有了杏花楼月饼的陪伴，就如同多了一个亲密的老朋友。

　　杏花楼月饼"集三千宠爱于一身"，逐渐茁壮成长。数据显示，杏花楼月饼的产值和销量连续多年在全国月饼行业中占领先地位。杏花楼月饼还是唯一入选"国饼十佳"的上海月饼。小小月饼带动了"杏花楼"的发展壮大，让"杏花楼"成为国内月饼食品行业的龙头企业。

　　所以，当"上海市名牌产品""最具影响力的上海老商标""中国驰名商标""中国商业服务名牌""中国名牌产品"等桂冠一个接着一个地落在杏花楼的头上时，我们并不惊讶，因为在我们的心目中，再多的荣耀、再多的辉煌，杏花楼都当之无愧。百余年的老字号，百余年的金字招牌，杏花楼做的就是名副其实！

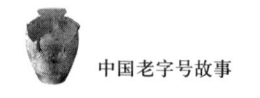

老鼎丰
——乾隆亲题的金字招牌

老鼎丰的糕点配方考究，口味独特。老鼎丰糕点厂创下了国有企业几十年来从未亏损的商业奇迹。

乾隆钦赐"老鼎丰"

相传，乾隆皇帝曾微服南下。按照乾隆皇帝的意愿，一行人来到了古城绍兴。刚进城，就听到了各种叫卖声，"冰糖葫芦……又甜又脆的冰糖葫芦……""包子……热乎乎的大包子""胭脂……""好玩的面具……"中午时分，他们个个走得又累又饿，立刻就找了家餐馆休息就餐。

"老鼎丰"辉煌气派的大楼

酒足饭饱，众人起行，路过一家南味点心铺，乾隆吩咐说："去买几块点心尝尝，绍兴的酒菜不错，不知道这点心的味道如何。"

尝过之后，乾隆赞不绝口："这是朕吃过的最好吃的点心，风味独特，清香味美，真是想不到，比御膳房做的点心还好吃！我要去见见这家店铺的老板。"

老板是个聪明人，一见到乾隆气宇轩昂，就知道他一定不是平凡人，马上好生招呼："这位老爷，请上座！"

"老板，你店里的点心真是一绝！我非常喜欢。"乾隆直奔主题。

"老爷您过奖了，我只知道做生意要讲究诚信，店里的点心都是用上好的材料做成的，没有一点假。"

"好！好东西一尝就知道，不知道贵店的字号是……"乾隆要问清楚字号，目的是方便以后寻找。

"不怕老爷笑话，小店没有字号，如果老爷不嫌弃，就给取个吧。"

"好！那我就献丑了！"乾隆兴致大发。

老板立刻高喊："小二，笔墨伺候！"

乾隆提笔，沉思片刻，挥笔写下"老鼎丰"三个大字。这三个字的含义是："锅里总是有许多好吃的。"

乾隆南下巡访结束，回到京城就立即拟旨，让老鼎丰成为贡品，并给其"南味正宗名点"的评价。从此，老鼎丰声名鹊起，"老鼎丰"分号的果匠铺如雨后春笋般出现在中华大地上。

1911年，绍兴人王阿大、许欣庭二人背井离乡，闯关东来到松花江边谋生活。"老鼎丰"成为他们的选择。他们合伙在沈阳道外正阳三道街创办了一个糕点作坊——老鼎丰南味点心货栈。他们一边卖南味干鲜食品，一边卖自制自销的南味点心。开张之初，老鼎丰没有那么受人欢迎。

几载沉浮后兴盛

哈尔滨的老鼎丰在成立后的四十多年时间里，一直采用"前店后厂"的小本经营模式，小批量生产，出炉后直接销售，因为制作精良，诚信经营，老鼎丰的月饼、长白糕渐渐被人知晓，小有名气。

在20世纪30年代，老鼎丰渐渐兴旺起来，每天来这里买糕点的人排起了长队，店里生产的产品很快就会销售一空，而且这里的糕点还成为人们节日馈赠亲友不可或缺的礼品。但是这样令人欢心的形势没持续几年就结束了。日本侵占东北之后，受战争的影响，老鼎丰的经营异常艰难。

这天，沈阳又响起了爆炸的声音，年过半百的王阿大、许欣庭坐在一起唉声叹气。"你说这战争什么时候才能结束呢？这兵荒马乱的，不要说店铺，我们自己的命都快保不住了。""是啊，老哥，咱们都一把年纪了，哪儿受得起这样的折腾，我看咱们辛苦建起的店铺就要没了。""本想着我们的店铺会一代一代地传下去，现在看来是有些难了。"

"岳父、大伯，您两位老人家不要这么悲观，战争会结束的，我们中国这么多人，还怕打不过一个弹丸之国吗？"王阿大的女婿张毓岩听到两位掌柜的对话，忍不住上前接话。

"毓岩啊，难得你还这么乐观啊。"许欣庭说。

王阿大叹了口气，也说："女婿啊，希望你说的会应验吧。"

"哎，兄弟，既然你的女婿这么有志气，就把店铺交给他吧。我们的手艺他也学的差不多了，我们俩就退出吧，说不定哪天小鬼子来捣乱，我们俩应付不来啊。"许欣庭对王阿大说。

王阿大想了想，问张毓岩："毓岩，你觉得呢，你愿意吗？"

"岳父大人，毓岩同意，您两位老人家就放心吧！"

就这样张毓岩接手了老鼎丰，王阿大、许欣庭叹息着离开了。最初，张毓岩信心十足，要将老鼎丰经营好，可是还是因为经营不善使老鼎丰很快陷入倒闭的困境。商人张启滨是张毓岩的朋友，他知道老鼎丰的情况，也曾帮助过张毓岩，经过反复思量，决定将老鼎丰买下。

张启滨找了个借口请张毓岩吃饭。酒过三巡，他开口说："毓岩兄弟，如果实在不行，就把老鼎丰转让给我吧，我看你这样死撑着，挺吃力的，等哪天你再想经营了，我再还给你。"张毓岩知道这个朋友说得对，但是心里还是有些舍不得，老鼎丰虽然现在经营不善，但其中也包含了他的心血，可当下，这也是没有办法的办法了，他只得答应。

张启滨经营期间，老鼎丰也没有很大的起色，毕竟在战争年代。抗日战争结束后，老鼎丰逐渐走出困境，获得发展。

老鼎丰的历史见证人

在老鼎丰的历史上，有一个人是不得不提的，他就是徐玉铎——"老鼎丰"名副其实的见证人。

徐玉铎的祖籍是山东，生于1932年，10岁时逃荒至哈尔滨，在哈尔滨的前四年辗转换了几份工作。1946年，经人介绍进入老鼎丰糕点厂当学徒。

学徒进厂按程序都要经过一番考察，类似于今天的"面试"。负责考察徐玉铎的师傅问："你为什么要到这里当学徒？"徐玉铎答："听闻'老鼎丰'制作的糕点有名，人人喜欢，我很愿意来，听说这里要招学徒，我找了好多人，才有一个肯介绍我来。"

"嗯，学徒要从最基本的做起，你吃得了苦吗？"师傅又问。

"我年纪小，理应多吃点苦，我知道'吃得苦中苦，方为人上人'的道理。"徐玉铎坚定地回答。

师傅见他诚实又机灵，就叫他认了老鼎丰的第二代传人石金宝为师父。徐玉铎跟着石金宝虚心、勤奋学习，做糕点的手艺日渐娴熟，而他对老鼎丰也有了深刻的感情，一直为老鼎丰的发展无私奉献着。

1972年，徐玉铎出任老鼎丰糕点厂厂长。老鼎丰在1956年公私合营之后，产值一直徘徊在50万元左右。直到徐玉铎走马上任，这个局面才发生了翻天覆地的变化。徐玉铎可称得上是老鼎丰的第三代传人。他出任老鼎丰糕点厂厂长之后，发扬老店的传统，从原材料采购到成品出厂的全过程，都十分注意卫生及科学配置。从优选料是徐玉铎强调再强调

的规矩。

拿老鼎丰的月饼来说，原料的产地轻易不会改变，徐玉铎每年按季节派专人外出收购，如果月饼有滞销的情况，他也不允许工人将剩月饼弄成馅重新利用。在我国还没有出台《食品卫生法》的时候，徐玉铎就在老鼎丰糕点厂中执行了自己的"土标准"：自己敢吃、敢给自己的孩子吃的糕点才能对外卖。因此，每到中秋，老鼎丰的月饼都供不应求。

除了发扬传统，徐玉铎还坚持创新，他带领技术人员开发了富有现代特点的新品种。在1980年前，老鼎丰的糕点品种仅有140多种，在徐玉铎创新观念的带领下，发展成为500多个品种、1000多个花样。徐玉铎经常挂在嘴边的一句话是，"产品必须常改常新，要靠创新求发展。"

1997年10月1日，徐玉铎来到北京参加国庆观礼，并代表食品行业去美国六大城市考察、到日本讲学。讲学时，他在两千人的大课堂内，将中式糕点的多品种、多口味、多造型一一展现出来。在场的人都惊叹："妙极了！妙极了！这就是中国人常说的色香味俱全吧！"

"糖是骨头面是肉，油是血液其中流。"这是徐玉铎形容老鼎丰糕点的一句话。我们从这句话能看出他对产品的高标准和严要求。

为了提升老鼎丰的质量和水平，徐玉铎不仅博采京帮、广帮、苏帮之精华，研制出川酥月饼、蜜制百果月饼等新产品，也不忘在传授给别人知识的时候学习当地先进的制作工艺，并将其用在老鼎丰产品的创新上。

由于老鼎丰的不断创新，老鼎丰的糕点技艺、风格自成流派，在市场上享有"糕点之花"的盛誉。

在老鼎丰糕点厂中，没有人管徐玉铎叫"厂长"，大家都亲切地称他为"师傅"。徐玉铎在糕点厂度过了自己的一生，他见证了老鼎丰的成长，也对老鼎丰贡献了自己的全部。鉴于此，国家有关部门特批，只要徐玉铎愿意干、身体状况允许干，他可以永远不退休，永远是老鼎丰糕点厂厂长。

改制迎来新局面

随着社会的进步和市场竞争的日渐激烈，老鼎丰身上的不足逐渐显现。老鼎丰虽然没有亏损，但是规模较小、厂房陈旧、设备简陋，加工工艺逐渐落后；经营模式没有创新，没有形成独立的专卖销售渠道，品牌价值一直没有得到体现。

这些不足使得老鼎丰的发展一度停滞不前。就在稻香村、冠生园等一批老字号糕点企业相继改制成为集团的时候，老鼎丰还是原来的那个"小作坊"，迟迟没有得到发展。如果再没有进一步的行动，老鼎丰就会在竞争中被击垮。

工作了半个多世纪的厂子要易主了，徐玉铎的心中百般不舍，厂里的职工也百般困惑，一般情况下，实行改制的老国企基本上都是负债累累的亏损企业，而老鼎丰从未亏损过且利润年年递增，这实施改制到底是为什么。

辽宁省社科院经济所副所长、研究员蒋立东曾表示，小型食品加工行业是一个竞争十分激烈的行业，比较适合实行股份制，比较适合由机制活、管理好的民营资本来经营，国有资本应该从这样的行业中撤离出来。看来，不能仅从盈亏上来衡量一个企业的发展。改制是形势发展的需要，能帮助老鼎丰扩大规模、把品牌做大做强。

2004年6月，老鼎丰实施改制，退出国有，转为民企，组建哈尔滨老鼎丰食品公司。徐

"老鼎丰"制作的糕点

玉铎被聘为副总经理兼厂长。

虽然改制了,但老鼎丰的创新一直没有停止。2006年,老鼎丰用希腊进口的纯正橄榄油代替传统的色拉油制作月饼,在全国首创推出橄榄油系列月饼。这个系列的口味主要有川酥、五仁、百果、椰蓉、加州樱桃、葡萄干、蓝山咖啡等。此外,这个系列还有针对糖尿病患者制作的以木糖醇为原料的无糖月饼。对于各种顾客的需求,老鼎丰可谓是细致又周到。

改制之后的民营体制运作让徐玉铎感受颇深。他颇有感触地说:"我记得当年当学徒的时候,酥皮儿点心上的红点儿歪了,就会被师傅用木板打手心,我们的技术是被'打'出来的。现在不一样了,厂里有有奖有罚,当然这个'罚'不是'打',关系到一个人的饭碗。这种危机意识让大家都自觉起来,这种无形的约束真的是一种进步啊。我这老骨头赶不上时代的发展喽!"

老鼎丰虽然改制了,但民营企业家们对老字号的热爱一点也不逊于老一代们,老鼎丰的优良传统依旧保持着。即使厂里的设备先进了,技术进步了,但玫瑰花酱仍要自己酿,枣泥仍要自己炒,不使用添加剂,原有的生产工艺一点也没有变。

老鼎丰保留传统的精华,吸取现代技术的精华,其产值突飞猛进地增长,知名度和品牌效应也不可同日而语。

现如今的沈阳靖宇南二道街上建起了"老鼎丰商贸城",形成了中华老字号一条街。老鼎丰用自己的优势将民间传世的"中华老字号"食品集合起来,不仅加速了自身的发展,也为其他食品老字号的发展提供了契机。

六必居
——美味酱菜香飘数百年

提到六必居，我们就会想到咸甜适口的酱菜。六必居的酱菜在北京是出了名的，至今，到北京出差、访友的人还不忘买一些六必居的酱菜带回去。

六必居酱园创建于明朝嘉靖九年（1530），至今已

六必居

有四百八十多年的历史。六必居老酱园坐落在前门外粮食店街路西，房子是古式的木结构建筑，虽在1994年翻建过，但仍古香古色。酱园的大堂内挂着写有"六必居"三个大字的横匾。据说，这三个字是明代严嵩书写的，结构匀称、苍劲有力。

"六必居"的字号来历

自古以来，商人给自己的店铺起字号都是图个吉利和叫得响亮，可是六必居的掌柜为什么给自己的店铺起个"六必"的字号呢？这"六必"两个字要做何解释呢？后人对"六必居"这个字号的来历有多种解释，这反倒让六必居真正的来历成为一个谜。

相传，六必居的发源地是山西临汾西社村，创始人是村里的赵存仁、赵存义、赵存礼三兄弟。赵家有一大家子人要养活，仅靠种地产出的那点粮食，家人的温饱都无法满足，于是他们决定开一家小店铺，卖点杂货维持生计。可是卖什么杂货好呢？三兄弟在这方面的意见很一致，他们觉得卖与生活息息相关的货物最好，俗话说"开门七件事：柴、米、油、盐、酱、醋、茶"，只要人活着，就要吃饭，吃饭就需要这些东西。

想法是好的，可进货需要资金，家里没有钱，怎么办？借！七凑八借之后，他们凑足了开张的资金，进了些米、油、盐、酱、醋，为了节约资金，他们自己上山砍柴，也没有进茶，因为他们觉得即使没有茶，生活也可以继续。

赵氏兄弟的小商铺最初有六个人入股，所以就取名为"六心居"。"六心居"又怎么演变成后来的"六必居"呢，这还跟严嵩有点关系。

话说后来这"六心居"发展壮大之后，赵氏三兄弟就想找个书法很好的人来题匾以提高小店的名气，于是他们便找到了严嵩。

那时的严嵩虽说字写得已经很好，但还不曾发达，所以一请就答应了。"拿笔来！"严嵩充满自信地说。一只大笔送上前来，他挥手提笔写下"六心居"三个字，但写完之后他总觉得不舒服，转身对赵氏兄弟说："'六心居'这个名字不好，一起做生意有六条心，生意怎么可能做好呢？"

"严先生，那您给出个主意！"赵氏三兄弟觉得严嵩说得很有道理，心理暗叹，"真不愧是读书人啊！"

严嵩又转身提笔，在"心"字上加了一撇，于是就成了今天的"六必居"。

这是"六必居"店名来历的一种说法。还有一种说法是，六必居原是一家酿酒的作坊。老板为保证酒的质量，就定下了六个"必须"的规定：黍稻必齐，曲蘖必实，湛之必洁，陶瓷必良，火候必得，水泉必香。这六个"必须"的意思是：酿酒的粮食原料必须齐全，必须要严格按照配方投料，酒曲必须干净，酿酒的瓷器必须是上品，火候必须把握好，必须用香甜的泉水酿酒。

按这六个"必须"酿出的酒醇香浓郁，名满京城。后来酒坊改为酱园，因"六必居"这个字号已经打响，酱园就一直沿用下来。

但是根据考证，历代关于酿酒的资料中并没有六必居酿酒的记载。曾在六必居担任经理的贺永昌曾向外界透露六必居的真正来历。他说，六必居确实卖过酒，但是不产酒。六必居从崇文门外八家酒店中趸来酒，将其加工制成"伏酒"和"蒸酒"。六必居深知陈酒香醇，就将买来的酒放在老缸内封好，经过三伏天，等半年后才开缸，让酒的味道增色不少。所以，六必居的酒即使价格高，也很受欢迎。而六必居之所以有这个名字是因为六必居除了不卖日常用的茶叶，人们"开门七件事"中的其他六件都卖，所以叫"六必居"。

六必居的百年牌匾

六必居老酱园的大堂内悬挂着写有"六必居"三个大字的匾额。它随着六必居沉浮几百年之久，至今仍保留完好，是六必居店铺的宝贝之一，然而与"六必居"字号的来历一样，牌匾的来历也是一个传说。

牌匾的来历与"六必居"字号的来历有很大的关联。相传，六必居开张时，店内并没有挂招牌，当时还没有做官闲居北京的严嵩常到六必居喝酒，掌柜知道他写得一手好字，就请他题写匾额。

严嵩当时还是一个小人物，没有架子，见老板如此看得起他，就十分爽快地答应了。当时还未得志的严嵩觉得没有必要在匾额上落上自己的名字。

还有一种说法是，据说严嵩做官之后特别喜欢喝六必居的酒，时常派人到六必居买酒喝。虽然当时六必居名声响亮，其牌匾却寒酸得很。店掌柜想让严嵩代为写匾，以抬高六必居的身价，于是就托经常来为严

嵩买酒的严府男仆帮忙。

男仆和掌柜相熟,不好推辞,就答应了,但是他不敢向大人开口,就去求相熟的女仆,女仆又去求严夫人。严夫人深知丈夫不会为一个普通的店铺写匾。于是就想了一个办法,她天天在严嵩面前反复练写"六必居"三个字。严嵩见夫人写得难看,就说:"我给夫人写个样子,夫人照写就是了。"严夫人的计谋成功了,严嵩书写的"六必居"大匾就这样生成了,这样迂回生成的匾额当然不会有严嵩的落款。

有关六必居匾额的来历,一直被京城中的老百姓津津乐道,渐渐地就引起了学者们的兴趣。北京市原市委书记邓拓曾在1965年对六必居匾额的传说做了专门的考证。

某天下午,邓拓到前门外六必居酱园的支店六珍号,从原六必居酱园经理贺永昌那里借走了六必居多年的大量房契和账本。经过仔细对比和考证,邓拓说,六必居不是创建于明朝而是清朝康熙十九年到康熙五十九年间,因为从账本所记来看,雍正六年(1728)时,酱园还不叫"六必居",而是叫"源升号";到乾隆六年(1741)时,账本上才第一次出现"六必居"的名字。

如此,明朝的严嵩便不可能给六必居题写匾额。那么为什么民间有这么多关于"六必居与严嵩"的传说呢?

其实仔细想来,这应该是六必居的经营策略。"六必居"三个字写得苍劲浑润,与严嵩的笔迹相似,但也不过是相似而已,如果能与名人攀上关系,掌柜的便将这种相似当作一种等同,堂而皇之地大肆宣传:匾额是祖传,"六必居"三字是严嵩的真迹。

为了让人们相信他的话,他还煞费苦心地将创店的日期上溯到明朝,编出一段有趣的传说。只是这口口相传定有出入,所以就出现了几种不同的版本。即使这样,这个传说的效果仍然是好的。这个传说使慕名而来者逐渐增多,使得"六必居"的生意越来越好。

六必居经营数代之后,民间关于严嵩的传说仍层出不穷。经过岁月洗礼的"六必居"老牌匾也变得古色古香，甚为珍贵。不管严嵩题匾的传说是不是真的，它都给"六必居"带来了人气，为店铺打响了名号。传说也能成为一种"广告"，利用好了，好处也是非常显著的。

"六必居"虽然盛极一时，但也历经沧桑。1900年，八国联军进攻北京时，义和团对洋人、洋货痛恨至极，火烧卖洋货的商店。"六必居"所在的前门外粮食店街遍地火海，大火无情吞噬的不仅有洋货店，还有国人的店铺，六必居就在其中。在大火来临的时候，店里的伙计张夺标深知匾额对店铺的重要性，他不顾生命危险，冲进浓烟滚滚的店铺中，将匾额抢救出来，藏于崇文门外一带的临汾会馆。在一切归于平静之后，六必居的东家返回，得知大匾幸存，喜极而泣。店号还在，生意就会有，六必居不能因为一场火就在历史中消失，于是老店重开。东家特意提拔了张夺标，让他负责六必居的日常运营。

"文革"期间，六必居的店名曾被改为"红旗酱菜厂门市部"。"文革"结束后，六必居的字号得以恢复。

六必居长盛不衰

六必居最有名的就是酱菜。其酱菜在产生之初就备受人们的欢迎。在清代，六必居酱菜被选为宫廷御用食品，为了方便给宫中送货，朝廷还特意赐给六必居一顶红缨帽和一件黄马褂。宫中的人只要见到有人穿着它们，就知道六必居的酱菜送来了。

民国时期，六必居参加了在青岛召开的铁路沿线出产货品展览会，获得了优等奖。此外，六必居还参加了日本名古屋举办的展览会，干黄酱、铺淋酱油和罐头酱菜受到广泛好评。

中华人民共和国成立后，六必居不断发展，在北京受到极大的欢迎。后来，其产品也走出了国门，远销美国、日本、澳大利亚等国。

那么是什么使得六必居长盛不衰呢？我们不妨探究一下。

一种食品之所以受到人们的欢迎，首先是因为它的质量好，六必居

在这方面做得极好。

旧时,为了保证产品的质量,六必居每年前半年进货,后半年制作、销售,虽然销售的时间很短,但是供不应求,六必居依然能从中获得巨大的收益。

六必居的老工人说,六必居酱菜几百年风味不减,主要是因为选料精良、制作天然。六必居酱菜在出售时间上有严格的要求,酱菜存放在酱缸内,卖多少出缸多少,从出缸到顾客手中最多不超过3小时。所以六必居的酱菜颜色鲜亮、香味十足,令人垂涎。行人走到京城大栅栏商业街的粮食店街的北口,很远就能闻到六必居酱菜的香味,忍不住去买上一些带回家品尝。

六必居有十二种传统产品:甜酱黑菜、甜酱八宝菜、甜酱八宝瓜、甜酱黄瓜、甜酱甜露、甜酱姜芽、甜酱什香菜、甜酱萝卜、甜酱瓜、白糖蒜、稀黄酱、铺淋酱油。

腌制这些酱菜的主要原料是黄酱和甜面酱,而这些酱也是六必居自

"六必居"制作的酱菜

己生产的。六必居的黄酱是用精选的河北省润县马驹桥和通县永乐店等地颗粒饱满、油性大的黄豆制成的。甜面酱则是用专门从河北涞水县购进的黏性大的小麦制成的。

在酱菜原料及其产地的选择上，六必居有着严格的要求，如：蒜是高价购买的长辛店李恩家或赵辛店范祥家中的六瓣白皮蒜，每一头都重一两二三，夏至前三天从地里挖出来，买的时候是带泥的，为的是保持鲜嫩。六必居对黄瓜的选择更是令人咋舌，黄瓜的上下粗细要一样，每斤黄瓜不能超过六根，而且黄瓜长相要直，不能弯曲大肚的。

六必居酱菜的制作要求也非常严格。在制作过程中，要先将豆子洗净、泡透，蒸熟，拌上白面，在碾子上压；再放到模子里，垫上布，用脚踩实，要踩10—15天；然后拉成三条，剁成块，放到架子上整齐排好，用席子封严，让其发酵；发酵后期，还要不断用刷子刷去酱料上的白毛，经过21天，酱料才能发酵好。

正是这种严格的、绝不含糊的制作流程才保证了六必居酱菜的质量。

六必居独特的管理

一个好的企业能长时间在市场上站住脚，通常会有一套严格的管理体制。六必居的管理体制不仅严格，而且独特。

在六必居几百年的经营过程中，店铺内任何人都不准超支或占用店内资金，这里的任何人也包括掌柜。这个规定的严格执行保证了店铺资金的周转和不必要的浪费，而六必居也从不对外欠债。

在中华人民共和国成立前物价高涨之时，六必居只存货不存钱。这独特的方法使得店铺的经营没有像其他店铺一样惨淡中断。

六必居还不能雇用"三爷"，即少爷、姑爷和舅爷，绝不养只吃饭不干活的人。不管是店内的销售人员还是后面生产场地中的工作人员，大多是从山西临汾、襄汾雇来的外姓人。这项规定真可谓是铁面

无私啊。

此外，为了增强店铺管理者和伙计之间的沟通，六必居的掌柜在每晚打烊之后，会和伙计们喝"栏柜酒"，就是一边喝酒，一边谈论当天的经营情况，如果伙计遇到了什么问题，可以当即提出，以最快解决问题。六必居的这个喝"栏柜酒"一直被长期贯彻执行，不仅增加了伙计和掌柜的团结力，还及时解决了遇到的问题，使得六必居始终保持着蓬勃的生命力。

六必居的这些独特之处是它的优势，也是其他店铺望尘莫及的。也正是因为这些优势，六必居才一直坚持四百多年屹立不倒。

六味斋
——唇齿留香两百年的中华熟食

六味斋,一个有着两百多年历史的老字号;六味斋,一个历经数次危机仍然屹立不倒、顽强存活、焕发勃勃生机的企业。

落榜举人开山立派

清朝乾隆三年(1738),北京城异常热闹,全国各地的举人都汇聚于此备战这年的大考。北京城的各个客栈都住满了人。在一家普通的客栈中,一个山东人和一个山西人正坐在一起喝酒畅谈。他们两人所住的房间紧挨着,经常在一起研究诗文,两人一来二去熟悉起来,亲如兄弟。

"贤弟,对今年的大考,你有几分把握?"山东举人端着酒杯问山西举人。

"大哥,我们寒窗苦读这么多年,谁不想一举成名呢,可是,现如今如果我说有十分的把握,那就是真的在吹牛了。"山西举人如实回答。

"贤弟你说得很对啊,为兄也是这么想的,哎,我们就尽力而为吧。来,我们饮尽此杯,各自看书去吧。"

"好!我听大哥的!"二人一饮而尽之后就各自读书去了。

大考没多久就开始了,二人带着各自的心思,紧张地进入了考场。

"六味斋"宏伟的店面

一番苦答交卷之后,接下来就等待放榜了。等待放榜的日子是难熬的,幸亏他俩还能做伴,这样感觉时间过得也快一些。

终于,金榜张贴出来了。两人带着复杂的心情,结伴去看榜。在路上,山西举人说:"大哥,小弟自知才能不及你,若金榜上有你的名字,他日步入官场,可不要忘了小弟。"

"贤弟,你这是说的何话!大哥的才能怎及得上贤弟?总之一句话,我们不管谁榜上有名,都要照顾另一个人。"

"这个是当然的,大哥!"

两个人说着说着已经到了张榜的地方。金榜前围满了看榜的举人,两人好不容易才挤到金榜前。可令人失望的是,金榜上并没有他们两个人的名字。

名落孙山的两位举人失落地回到客栈。按说,他们应该收拾行装,各自告辞回家去,可是他们都皱着眉头没有收拾的意思。原来,他们家境本就不宽裕,来京时身上没带多少盘缠,在京城待的时间太长,即使省吃俭用，银子也已经用得差不多了。

"贤弟，咱们现在已经名落孙山，盘缠又不够，即使能勉强回家，也是狼狈不堪，我实在不想这样回去，让家人伤心。"

"大哥，我也是这样想的，你有什么好建议吗？"

"贤弟，我们将各自剩余的盘缠凑一块，在京城做点小生意，赚点钱，也好体面地回家乡。"

"大哥，你已经有主意了吗？你想做什么生意？"

"我这也是一时的想法，只是做什么生意，我还没想好。"就在山东举人说话的时候，客栈外面飘来了一阵肉香，山东举人灵机一动，"要不我们开一家熟肉店吧，我家中的老母亲做得特别好吃，我也掌握了一点手艺。"

"好啊！大哥，我在家乡时也吃过买来的熟肉，知道里面有什么作料，我们将两个地方的长处结合，一定会让肉更好吃的！"

两人一拍即合，当即就将身上的盘缠凑到一起，租了一个小摊子，买来上好的肉，做起了熟肉生意。两人将熟肉做得味好量足，虽然开始时来买的人很少，但是吃过的人都说好，客人的评论是最好的广告，一传十，十传百，两人的买卖越做越红火，由小摊子发展成正式的店面，并取了个"天福号"的店名。

那时候，两人还没有请伙计，晚上两人守在灶旁煮肉，为明天的生意做准备。这天，两人高兴，就多喝了点，不知不觉竟睡着了。

山西举人率先醒来，见天已微亮，顿时一拍大腿，"坏了！"见大哥还睡着，他马上拍醒他，"大哥，大哥！快醒醒！我们把肉给忘了！"

两人掀开肉锅一看，顿时傻眼了，肉已烂在锅中，起出锅来，肉已软烂如泥。两人看着已成了"汁"的肉汤，一时间不知道该怎么办好。这肉已经不能再大口吃了，可是如果把这么多肉倒掉真是浪费。

这时候，山西的举人想到了一个好办法，"大哥，我们再煮一锅

肉,然后将'肉汁'涂到肉上,然后绑好放到盘子里放凉后再卖给客人,肉汁的味足,一定会为肉增加味道的!"

"好!这是个好主意!"山东举人大哥拍手叫好。

肉做好之后,两人先尝了一下,这样做出的酱肉比以前的好吃多了。他们立即将肉拿到外面叫卖。路人没见过绑起来卖的肉,都驻足停留,开口品尝,尝过的人无人不夸。酱肉被一抢而空。

从此之后,两位掌柜就将这种煮肉的方法固定下来,成为他们店铺的一大特色。

有一天,一位刑部大官路经他们的店铺,很远就闻到了酱肉的香味,忍不住买了一块。回家一吃,觉得香嫩熟烂、肥而不腻、瘦而不柴,不由得大呼"好吃"。

这位刑部大人为了讨好乾隆帝,将酱肉献到了宫里。乾隆吃后拍案叫绝。从此之后,天福号就经常接到往宫里送酱肉、酱肘子等的命令。后来,慈禧太后为了能经常吃到鲜美的酱肘子,特赐给送肘人"腰牌"一枚,作为进宫的通行证。酱肘子成为皇宫御用食品,至此,天福号的酱肉身价倍增。

福记六味斋

天福号的酱肉之所以受到世人的欢迎,在于它的酱肉美味独特,在于它独有的手工技艺。

这里说的手工技艺不只是将肉汁浇在肉上这么简单,而是一种复杂的制法。首先在肉的选择上,六味斋历代掌柜的要求都非常高,选作酱肉的肉不仅要新鲜,更要质量上乘。酱肉的具体制作过程则由卤制、酱制、刷酱几个步骤组成。其中,酱肉的酱汁中有多种药材和调味料,是卤制酱肉的老汤经滤渣熬制而成的,没有任何添加剂和人工合成制剂。而刷酱更是六味斋酱肉加工独有的制作工艺,这项工艺不仅保护了肉皮,还让外形更加美观,更能改善口感。此外,肉装锅的时候,层次、顺序都有严格要求。煮制时，武火、文火要掌握准确，有"一闻二看三摸四听"之规：一闻是闻肉的气味，二看是看肉的色泽，三摸是摸肉的软硬，四听是听汤的浓度。汤的浓度之所以要用"听"的方法辨别，是因为在煮制肉的过程中严禁掀锅盖。

经过多年的发展，"天福号"开始在京城外建立分号。1938年，"天福号"盛荣广师傅来到太原，选择在达达巷27号开设分店。这个分店或许注定不平凡，取名号时，分店的掌柜和伙计煞费苦心地思量了一番。

店里的一个伙计说："咱们吃的东西不就是酸、甜、苦、辣、咸五味吗，五味俱全，店号就叫五味坊如何，掌柜？"

掌柜若有所思，没有说话。这时候，另一个伙计也开口了："咱们卖的是肉，如果肉没有香味的话，那还有什么吃头呢？我看不是五味，而应再加上一个'香'味，加起来就是六味，我看应该叫六味坊。"

另一个读了点书的伙计马上插嘴说："这个'坊'字不好听，我看还是'斋'字雅一点。"

这时掌柜捋着胡须，微笑着说："六味斋，嗯，这个名字确实不错，就这个了。"

就这样，"福记六味斋酱肘鸡鸭店"这个店号就诞生了。从此，誉满京师的宫廷贡品"天福号"酱肘子落户太原，开始进入寻常百姓家。逢年过节，太原的人们总要到六味斋去买点酱肘子和猪耳朵，招待亲戚朋友。

自从"六味斋"这个店号出现后，"天福号"这个名号似乎就不再那么响亮了，并逐渐被"六味斋"取代。现在，太原六味斋公司在山西已经有许多家分店，产品也已经在传统酱肉的基础上增加了豆制品和速冻食品。

老店发展多坎坷

1956年，公私合营浪潮兴起，"天福号"改名为"六味斋酱肉

店"，实现公私合营。当时的六味斋在一幢二层小楼上，采用的是前店后厂式的经营模式，并在门前打起了"六味斋"字样的霓虹灯作为标识，以吸引顾客。

1963年，国家注资"六味斋酱肉店"，六味斋从此完全公有化。不管是公有还是私有，六味斋一直都经营得很好，经济效益也不错，这种情况一直持续到1966年。

在"文革"时期，六味斋被当作"四旧"遭到打砸，连店名都被改成了"太原酱肉店"，店长和多数员工都辞职回乡，六味斋的经营陷入了困境。

1973年，六味斋恢复了店名，逐渐开始恢复元气。重开之后，六味斋的加工地点搬迁至太原的新建路47号。十几年之后，六味斋又搬迁至桃园南路，本以为会这样一直经营下去的老店却又一次遭受打击。

搬迁至桃园南路的六味斋与同位于桃园南路的太原化工机械修造厂合并，两个毫不相干的企业结成了"亲家"，不正确的结合带来了严重的后果——营业亏损，已经到了濒临破产的地步。加上其他竞争对手乘虚而入，六味斋在重开之后，其市场份额早就被其他字号占据大半。自此，六味斋开始走下坡路。

在1989—1992年期间，六味斋一直亏损，上级管理部门心急如焚。为了挽救六味斋，1992年，公司领导大换血，"太原市六味斋肉制品厂"成立。新鲜血液的注入并没有让六味斋出现新的气象，亏损仍然在继续。一年之后，走投无路的六味斋接到停产的命令。这个命令对这个老字号来说无疑是雪上加霜。

即使这样，六味斋的领导班子也不想放弃这个百年字号。当时风行合资潮，六味斋与台商、港商合作，成立了百味香食品有限公司和顺杰饮料公司。

百味香公司是与台商合资的，台商资产占公司总资产的60%，但生产的产品仍然用六味斋的商标。当时台商入的是设备股，虽说是从境外引进的"新设备",但后来的事实证明,那些所谓的新设备都是翻新的。六味斋的厂房、地皮等资产却被变相纳入了台商的腰包。而顺杰公司是与港商合作的,说是合作,实则一天都没有经营过。

合资成立的百味香公司实际上对六味斋进行了一次大清洗,新公司规定只留下原六味斋35岁以下的员工,而且留下的这些员工还要进入劳务市场重新返聘,这让许多老员工不得不离开。

可惜的是两年之后公司还是不能正常开出工资,连续5个月拖欠员工工资,老字号六味斋到了崩溃的边缘。

励精图治,重获重生

濒临崩溃的六味斋怎样才能重生呢?说到这里就不得不提一个人,那就是闫继红。她原本是六味斋一名普通工人,1993年4月,六味斋宣布停产的时候,闫继红担任柳巷销售店经理,虽然大局势让人担忧,但是闫继红和柳巷店的员工们并不甘心老字号就此终结,于是重开六味斋柳巷店,恢复了前店后厂的经营模式。

六味斋总厂和百味香公司江河日下,闫继红却将六味斋柳巷店经营得有声有色。1995年10月,就在六味斋几近崩溃之时,太原市食品公司找到了闫继红,强烈要求她出任六味斋厂长。

闫继红这时候接下的六味斋是个烂摊子,厂房、设备归了百味香,企业资不抵债,亏损已达几百万元,员工们拿不到工资,养家糊口都成了问题。面对如此巨大的考验,闫继红一边组织老员工们在厂里的职工食堂、澡堂里生产自救,靠卖面皮、羊肉串度日;另一边和台商谈判,要求台商撤资,归还地皮和厂房。

闫继红与台商的谈判是艰苦的。最初,两方各不相让,谈判室中的气氛非常紧张。闫继红毫不畏惧,寸土不让,终于逼着台商答应撤资。最终,台商拉走了带来的设备,归还了地皮和厂房。

虽然,台商的撤走给闫继红带来的是千万元的债务,但是凭着一股拼劲，六味斋厂的状况逐渐好转，不过闫继红的日子仍不好过。在最初接手六味斋厂的日子里，闫继红每天都出去借钱、求人，为的就是给工人发工资、给公司还债。不仅这样，由于闫继红的经营理念和当时董事会的经营理念相悖，双方起了冲突，还多次短兵相接。尽管困难重重，但闫继红坚持了下来，逐渐让六味斋成长为一个遍地开花的蓬勃企业，但很少有人能体会到闫继红拼搏中的辛酸。在残忍的商界，我们通常看到的是笑到最后的王者，而看不到成功背后的挣扎，也没有人去关心和理会成功背后的付出。

甩掉包袱的六味斋在1997年11月进行了股份制改革，成立了太原六味斋实业有限公司，实现了高速发展。次年，扭亏为盈。到2005年，六味斋的销售额就已达到一亿四千万元。

闫继红说，"六味斋"是良心企业。有人会说，哪个企业的老板不是这样说，我们熟悉的三鹿不就是这样，说得信誓旦旦，但做起来又是一套。但闫继红表现出了她的真诚，在"六味斋"的生产车间里，谁也不能触碰的就是添加剂。在选择与清华大学合作时，闫继红提出的唯一一个条件就是不能使用添加剂。她的家人都是六味斋的老顾客，他们很放心。

六味斋发展至今，已经成为一个连锁品牌。闫继红还发展了"好助妇"快餐。为了保证这两个品牌的食品质量，闫继红全部实行企业直营。今天，"六味斋"的食品只卖一天，卖不出去的，第二天全部回收处理，绝不会再卖。想必，这就是六味斋重生的秘密。

三珍斋
——香飘百年味更美的酱鸡

乌镇之风味独特的三珍斋,独领肉食美味之风骚,让很多人垂涎三尺。"三珍斋"这个品牌已有一百多年的悠久历史了,延续至今,长盛不衰,为乌镇书写了永不磨灭的辉煌画卷。

酱鸡之乡——桐乡乌镇

说起三珍斋,不能不提起它的产地桐乡乌镇。乌镇是典型的江南水乡古镇,迄今已有一千多年的历史,是中国首批十大历史文化名镇之一,素有"鱼米之乡,丝绸之府"之称。

一样的古镇,不一样的乌镇,乌镇有着一种与生俱来的美:淳朴秀美的水乡风景、风味独特的美食佳肴、缤纷多彩的民俗节日、深厚的人文积淀……

乌镇自古"人才之盛,甲于一郡"。这块肥沃的土地上,名人荟萃,学子辈出。据记载,在宋至清的千年时间里,乌镇出贡生160人、举人161人、进士64人,另有荫封者136人。

由于历史和地理形势的关系,乌镇在相当长的一段时间里曾是文化和经济中心。这里深厚的文化沉淀和人文景观令人着迷,饮食文化更是源远流长。嘉兴三珍斋食品有限公司的前身"三珍斋"酱鸡店就创立于这座繁华古镇的应家桥堍,主要加工、销售江浙沪一带特有的传统酱卤

肉禽制品。

乌镇建镇日久,饮食文化自有其独到之处。三珍斋酱鸡是桐乡的传统食品,据《乌程县志》等记载,早在清初,乌镇的五香酱鸡已"骨亦有味"。志书原文充分表明了"三珍斋"烹制的酱鸡尤其出色,也说明那时的"三珍斋"酱卤制品制作技艺已经很精湛了。

传说中的三珍斋

三珍斋的创始人是谁?这个无从考证,不过民间流传的一些故事可以让我们一探究竟。

据传,清道光年间,乌镇有一王姓人家,夫妻俩非常勤快,开了一家熟食小店维持生计。为了省钱,男的经常独自去乡下的农户家里收购鸡和猪等,回家后自己加工,做些猪头肉、白斩鸡等下酒熟食,出售给当地老百姓。

后来,他专门做起了酱鸡生意。在售卖的过程中,他发现人们不光买酱鸡自己吃,还买了送给亲朋好友。如果包装华丽,拿出去送人也会更有面子呀!于是,他又在包装上动脑筋,以荷叶包裹,装进黄篮,再用红纸盖面。这样包装既美观大方,又扩大了酱鸡的影响力。

买酱鸡的回头客越来越多,酱鸡一下子成为逢年过节时人们送礼的佳品。王姓店主想,既然是送礼的名品,这红纸上就得印上店名,这样别人一看就知道是在什么地方购买的。可是取个什么名字比较好呢?

中华老字号"三珍斋"

店主左思右想,终于有了主意,过去的吃食店一般都叫什么"斋",王姓店主根据自家王姓的堂名——"三槐堂",便将店名取名"三珍斋",从此三珍斋酱鸡就出了名。

关于三珍斋酱鸡的来历，还流传有这样的传说。话说清朝初年，有名厨师姓许，他最擅长的就是做酱鸡、熏肠和烤肠。那味道，怎一个"香"字了得。当时人们就把这三样命名为"乌镇三珍"。据说，附近的百姓为吃这三样，每天会排几十米长的队。

后来，许厨师觉得给别人打工还不如自己单干，这样来钱也快，还可以将自己的手艺全部发挥出来，于是开了一家无名小店，取名为"许官酱鸡店"，将所售酱鸡称为"许鸡"。

吴语里"许"和"死"同音，那"许鸡"岂不就是"死鸡"了。"许鸡"如此畅销，招来很多同行嫉妒的目光。他们开始大肆拿"死鸡"做文章，硬说店主为了牟利，常贪图便宜收购病鸡或死鸡，以次充好，欺骗顾客。

明人不做暗事，许厨师可不买账，自己没做亏心事，也没有必要担心什么。因所开的作坊和店堂设在应家桥北塄下岸，宰杀活鸡时都在隔壁"大桥洞"上操作，有很多人围观。谣言传开后，他依然如故，谣言也就不攻自破了。

发生这件事后，许厨师觉得品牌形象很重要，就将"许鸡"改为"五香酱鸡"，将店号改名"三珍斋"。习惯成自然，大家叫惯了两个字，觉得"五香酱鸡"非常拗口，于是就简称为"酱鸡"。所以，在乌镇，你说其中一个词，大伙都知道，三珍斋有酱鸡，酱鸡就是三珍斋的。

传说故事是真是假，我们不做定论，不过有一点不可否认，三珍斋的创始人在乌镇一千多年饮食文化传统的基础上，吸取前人的经验，经过不断摸索，逐步创新形成了自己的独特风味。

跌宕起伏的风云历史

乌镇三珍斋酱鸡店历史悠久，但是由于天灾人祸，也是几起几落，所以其历史跌宕起伏，令人感慨。

咸丰十年（1860），太平军与清军在乌镇开战，人们为了躲避战火，纷纷举家逃离。在这场战争中，三珍斋所有的家业毁于一旦，传家老膏也荡然无存。"老膏"是什么东西？"老膏"就是常年用来烧鸡的卤汁，这种浓汁极其珍贵。内行人称之为"老膏"。

战乱平定之后，店主许天珍觉得自己已经年迈，身体也不行了，苦心经营的事业也被毁了。他垂头丧气，觉得家业不兴可能缘于杀生太多，一想到此，许天珍便丧失了继续经营的勇气，无意再操祖业，无论别人怎么劝说都无济于事。

这怎么可以？乌镇及其周边的百姓吃惯了"三珍斋"，一下子吃不到了，觉得很可惜，还有人专门跑来乌镇打探"三珍斋"的下落。

许天珍的徒弟黄阿五看在眼里，急在心上。他觉得师傅顽固执拗，如果这样的独特风味丢了，真是太可惜了，便一再说服师傅重新开业。后来，经不住徒弟的"死缠烂打"，许天珍妥协了。但他提出一个条件，自己不经营，由黄阿五接手，在原址上复业，仍用"三珍斋"这一店名。

由于老膏丢失了，黄阿五做出来的卤味与以前的味道大不相同。好在老顾客们比较认"三珍斋"的牌子，新顾客不明原因，所以口味问题就被忽略掉了。老店新开后，生意依然火红。

许天珍的另一个李姓徒弟，看见师兄得了师傅的真传发了大财，也有些心痒痒，就跟师傅商量，自己也开一家店。得到师傅的同意后，他在三珍斋北首上岸也开设了一家卤味店，取名"凤珍斋"。

虽说"三珍斋"和"凤珍斋"好比同母异父的亲兄妹，可是人们在心里依然更认可"三珍斋"这个老字号。

经过数年的不断尝试和潜心研究，黄阿五带领众人熬制出了老膏。因为老膏的数量并不是很多，所以用老膏烧制的酱鸡尤为珍贵，价格要比一般烧制的酱鸡贵。

又过了十多年，经过众人的不断努力，三珍斋的酱鸡全部实现了用老膏烧制，但产量还是有限。为了维护品牌形象和多年形成的良好声誉，三珍斋的主人决定以后所有的酱鸡都用老膏烧制。

20世纪二三十年代，随着交通和信息的日益发达，三珍斋酱鸡的名声越传越远。此时三珍斋的生产规模也扩大了，逐步丰富了产品品种，有酱鸡、酱鸭、叫花鸡、烧鸡、八宝鸭、腊鸭、盐水鸡、盐水鸭、醉鸡等十多种。三珍斋的产品成为当地及附近地区的一大特产。

20世纪30年代，"三珍斋"进入鼎盛时期。到过上海的乌镇人都觉得上海这个市场很大，应该把家乡的一些东西拿出来卖。当时三珍斋的店主黄昌贵在朋友的怂恿和支持下，在上海的一个商场租了几个柜台，开设了上海经销处，专门出售三珍斋酱卤肉禽制品，以满足四面八方顾客的需求。

乌镇与上海之间交通便利，每天傍晚在乌镇加工生产的酱卤禽制品通过客轮运往上海。第二天一早，上海的顾客便可以在市场上买到新鲜的酱卤禽制品了。三珍斋的产品在当年的上海卤味品中极受欢迎。

当时的三珍斋影响颇大，可以说是街头巷尾妇孺皆知，很多人送礼指明要三珍斋的酱卤禽制品。在当时，凡是外来的客商达官，均以能买到、尝到三珍斋酱鸡为荣，好似买到了酱鸡就跟去了乌镇一样。

可惜好景不长，抗日战争全面爆发，市道萧条。乌镇沦陷后，乌镇连接上海的轮船停航，交通极为不便，三珍斋老店陷入困顿，艰难度日。刚尝到甜头的上海店主黄昌贵迫于时局不稳，只好忍痛割爱，关闭了上海经销处。

抗战胜利之后，乌镇老店逐渐兴旺起来，而上海经销处却因为种种原因再也没有恢复。

香飘百年味更美

三珍斋一直沿用祖传老工艺烧制酱鸡，用的作料就是老祖宗留下来的陈酒（黄酒）、酱油和香料，做出的卤味色泽红亮、肉嫩味鲜、酥香

不腻，色香味俱全；包装则选用竹篮、荷叶等，古朴、别致、精美。三珍斋卤味成为名副其实的盘中珍品。

据传说，三珍斋酱卤制品最关键的地方在于汤，味道鲜美与否取决于汤是否鲜美。民间流传"三珍斋"当时的老板有几个儿子，老板去世后，几个儿子分家，谁都不想要万贯家财，都想要那一锅鲜美的汤。既然是传言，大家就不必当真。不过，这也说明"三珍斋"的酱卤制品确有其独到之处。

盛夏不馊、严寒不冻、保质期较长是三珍斋酱卤制品的三大特点。人们通常也会把它的这三个特点称为"三珍"。

三珍斋酱卤产品可谓是乌镇本土饮食文化中集情感交流和品尝美味于一体的特殊载体。乌镇人、京沪人士甚至是国外友人都对其喜爱有加。

文学巨匠茅盾是浙江桐乡人，在上海居住，逢年过节都要从上海回乡探亲或扫墓。每次回家，他总是很早起来去三珍斋老店买酱卤品，并且一定要乘当天快班轮船回上海，送给亲戚朋友。

茅盾在一生的写作过程中曾用过二百多个笔名，其中有个"四珍"的笔名，这是不是跟三珍斋有关呢？在茅盾的文章中，我们发现了这样的描述："家乡中彼之'三珍'沿可名之于海上，我今为之'四珍'当亦名序其后而相袭之也。"看来，茅盾对三珍斋的感情非同一般。

茅盾的表叔是著名的银行家卢鉴泉。他也非常喜欢三珍斋。每次从家乡回北京，他总要带些"三珍斋"的食品作为礼物馈赠给亲朋。

中华人民共和国成立后，历经工商业改造等，三珍斋并入乌镇食品公司。至"文革"时期，"三珍斋"店号因属"四旧"之列而被取消。20世纪80年代初，乌镇又开始生产酱鸡，也恢复了"三珍斋"的店号。1993年，三珍斋被授予"中华老字号"的荣誉称号。

随着人们生活水平的不断提高，小规模烧制酱鸡已不能满足市场的需求。三珍斋在发扬传统的基础上融入现代科技，开发了酱鸭、八宝鸭、酱羊肉等系列产品,并采用真空包装等先进技术,很受顾客欢迎。

"三珍斋"在风风雨雨的坎坷中顽强地走了过来,驰誉江南一百多年,必定会将老字号的历史续写下去!

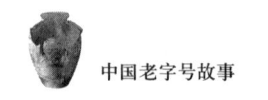

五芳斋
——百年粽子，传奇美味

五芳斋的粽子可能人人皆知，可是有关五芳斋的故事并非人人都知道。事实上，每一个百年老字号发展到今天，可能都有一段悲喜参半的历程，五芳斋当然也不例外。

苏州"五芳"街巷闻，入赘女婿来发扬

说到"五芳斋"的粽子，可能无人不知。每到端午时节，人们总要买上一些，或自己食用，或送于亲友。而我们在品尝美味粽子的时候，是不是偶尔也想去了解一下"五芳斋"名称的由来呢？事实上，"五芳斋"三个字的由来可以追溯到清道光年间，不过那会儿这三个字可跟粽子没什么关系。

"五芳斋"门面店

话说清道光年间，苏州吴县陆墓镇有一户姓沈的人家。这老沈家在苏州齐门外有个甜食铺，以玫瑰、桂花、莲心、薄荷、芝麻五种苏州人爱吃的东西为原料，制作桂花圆子、莲心羹、冰雪酥、玫瑰糕等甜食小吃。

这沈老爷特别想要个儿子，可惜命中无子，夫人一连生了五胎都是女儿。沈老爷不高兴，也不上心给女儿们起名字，打算将家中甜食店的材料玫瑰、桂花、莲心、薄荷、芝麻用在五个女儿身上。但是沈夫人不乐意，好好的大姑娘，用食料做名字，太糙，于是慧心一动，将五个女儿的名字改成玫芳、桂芳、莲芳、荷芳、芝芳。

后来，沈家五个千金纷纷长大，出落得亭亭玉立，街坊邻居们都称她们为"五芳"。提起这几个姑娘，苏州城里谁都竖大拇指，沈老爷也觉得脸上有光，索性将自家的甜食店改名为"五芳斋"。

五芳斋也随着"五芳"的传说，流传开去。清咸丰四年（1854），五芳斋的老板将老店迁到玄妙观三清殿西侧，在原有基础上增设面食点心、五香排骨、小笼馒头（一种灌汤包子，苏州人将包子也统称为馒头）。两面黄成为其拳头产品。逢年过节时还有豆糕、松糕等米食糕点丰富应市，逐渐形成了五芳斋甜食品系列。就这样，不知道是"五芳"给"五芳斋"做代言人，还是"五芳斋"孕育出落落大方的"五芳"，总之，五芳斋不仅名声越来越大，更创出了自己的品牌特色。

随着"五芳"年龄渐长，提亲的人几乎踏破了沈家的大门，玫芳、桂芳、莲芳、荷芳陆续出嫁，只剩下小女儿芝芳了。沈家的生意越做越大，沈老爷在开心之余却又感到分外烦扰。

一天，小女儿芝芳见沈老爷坐在书房里唉声叹气。她莲步款款，推门而入。"爹爹，在为何事烦心？"芝芳素来与沈老爷亲近，而且小小年纪又善解人意、聪明伶俐，还经常帮助沈老爷打理生意。

沈老爷抬头看着芝芳，面露难色，沉思了一会儿，说道："女儿，爹爹这么大的家业，总要有个人继承，家里就剩你一个待字闺中，虽说你对做生意尚有灵性，但终归不是男儿，力有不逮。"

芝芳听了爹爹的话，自觉不能为其分担，甚是忧心。但她转念一想，随即对沈老爷说："爹爹以为糕点师傅沈敬洲如何？此人踏实勤奋、忠厚老实，有一手好技术，又相貌堂堂。如果招他入赘……爹爹

意下如何？"沈老爷一听，一拍大腿："芝儿，你真是太了解爹爹的心思了。"

这个沈敬洲是沈老爷的嫡传弟子，虽然家世清贫，但勤学苦练又有天分，一直深得沈老爷的器重，如今听女儿一说，顿觉是个好主意，立马把这事定了下来。

沈敬洲与沈家女儿成亲后，沈老爷就将大部分产业交给了他。沈敬洲和沈芝芳夫妻二人夫唱妇随，生意越做越火。清咸丰八年（1858），沈敬洲发现当时正在迅猛发展的上海还没有一家正宗的苏式糕团店，他深感这里面潜藏着巨大的商机，与沈芝芳商量后，他决定到上海开疆辟土。

沈敬洲先是在上海大马路盆汤弄附近开设了一个小糕团店。为了突出地方特色，他给店铺取名为"姑苏五芳斋"，而平常卖的正是依照苏州糕团的传统方法制作的桂花赤豆糕、玫瑰方糕、汤团等。地道的苏州口味立刻吸引了大量食客，开上海食风之先，不久就名声大振，生意兴隆。1933年，"姑苏五芳斋"迁到南京东路山西路附近，扩大营业，终成为上海规模最大、名气最响的糕团店之一。

保护商标没意识，满城尽是"五芳斋"

当初"五芳斋"搬到苏州玄妙观后，虽说临近繁华闹市，但是五芳斋做的是家族生意，类似于今天的小作坊、私房菜，尽管生意红火，但规模不大，再加上当时并没有注册商标和保护知识产权的概念，自"五芳斋"走红后，"大芳斋""六芳斋""七芳斋"等饮食店如雨后春笋般涌出，互相竞争。

1926年的一天，来自浙江兰溪的弹棉花手艺人张锦泉干了一天的活，又累又饿，路过玄妙观时心想："我弹了一天棉花，却也没挣到几个钱，不如去观里祈求祈求，兴许能有个新出路。"还没进观，观前街上浓郁的点心香气就勾起了他肚子里的馋虫。张锦泉不知不觉跟着香味走到了"五芳斋"门前。他发现人们在"五芳斋"门口排起了长队,都在等着伙计出售点心。"什么东西这么好吃?"张锦泉心里琢磨着,捏了捏手里弹棉花刚挣来的一点银子,狠狠心加入排队的人潮中。

"伙计,我的钱就这么多,你看着每样都给来几个。"尽管饥肠辘辘,但是张锦泉细嚼慢咽,仔细品味其中的奥妙。

半年后,张锦泉回到老家嘉兴。这会儿是春夏季,正是弹棉花的淡季。张锦泉打算利用省吃俭用攒下的一点钱制售糕点。不过他攒的钱实在太少,只够买一点做糕点的材料,根本负担不起租用店面的费用,于是他索性在路边摆了个小地摊,向过路人出售。

由于资金紧张,张锦泉首先选择制作最简单也是嘉兴家家户户都爱吃的糕点——粽子。不过他制作的粽子不同于平常人家吃的样子。在外形上,他沿用了兰溪一带四角交叉立体长方枕头形;在口味上,他采用的是苏州五芳斋的选料、制作工艺,这使得他制作出来的粽子外形别致、风味独特。当地人先是来看新鲜,吃了以后更觉味道一绝,于是一传十,十传百,招徕了很多顾客。顾客也将好的口碑带出去,口口相传,张锦泉的粽子就这样走红了。

有了资金以后,张锦泉决定安定下来,便在嘉兴北大街孩儿桥堍附近设了一个专门卖粽子的摊点,取名为"荣记五芳斋"。现在算来,这应该是嘉兴地区"五芳斋"最早的专卖店了。过了几年,生意越做越大,张锦泉一个人忙不过来了,于是从兰溪老家找了一个家乡人来当帮手。

"五芳斋"大门口的铜像,诉说着"五芳斋"曾经的故事

所谓"酒香不怕巷子深",但粽香招来的不单是客户,还有虎视眈眈的竞争者。时隔数年,在与"荣记五芳斋"隔几条街的地方,一个叫冯昌年的嘉兴人开了一家"合记五芳斋"。这一消息让独霸嘉兴粽子市场这么多年的"荣记五芳斋"头一次有了竞争对手,而且这个竞争对手用的也是"五芳斋"的牌子,这让张锦泉心里很不爽。但是人家用的是"合记",不是"荣记",张锦泉也说不出什么来。

张锦泉听说对方的粽子做工精细,用料也很考究,而且像是在苏州学习过,粽子的模样与他家的有几分相似又不太像。于是,他决定去"合记"探查"敌情"。张锦泉在路上边走边想,不知不觉走进了"合记五芳斋",要了几个粽子,准备回家研究。但是他的这一行为恰巧被店里的掌柜看到了。掌柜便告诉了老板冯昌年。冯昌年觉得蹊跷,心想总不会是自家粽子的香气将他引来的吧,后来总算想清楚了张锦泉买其粽子的用意。自此,两家的梁子算是结下了。两家明争暗斗,而每年的端午节前后是竞争最激烈的时候。

就在荣合两家竞争激烈的时候,又有一家粽子店开张了,取名为"庆记五芳斋",店铺就设在荣合两家粽子店的斜对过。"庆记五芳斋"的主人是朱庆棠,也是嘉兴人。自此,三家"五芳斋"粽子店呈品字形鼎立,各店每天都有穿着蓝底白花水布、头扎方巾的江南女子,站在各自的店门口吆喝叫卖自家正宗的五芳斋粽子。这种情景一时成了嘉兴这座江南古城的独特风景。每到端午时分,三家老板更是使出浑身解数,在粽子的用料、配方、包裹、烧煮等方面动足脑筋,以制作出最好的粽子,情形好不热闹。慢慢地,这"斗粽子"演变成当地每年的一大盛事。

粽子"机械化",走出嘉兴走向世界

1956年,公私合营改造逐渐兴起,"荣记五芳斋""合记五芳斋""庆记五芳斋"三家粽子店加上嘉兴东门宣公桥堍的"香味斋"粽

子店，四家合成一家，新的嘉兴粽子店诞生了。但这时的五芳斋做的不再是关于粽子的买卖了，它与一般饮食行业没有差别，只供应一般的面点，不再制作生产传统的粽子产品。

十一届三中全会以后，改革开放的春风也吹进了五芳斋，"荣记五芳斋""合记五芳斋""庆记五芳斋"三家的后人一合计，觉得五芳斋应"重出江湖"了。但是，"重出江湖"没有过硬的技术和实力是不行的。而当时的嘉兴，经过新时代一轮又一轮的建设，环境也发生了变化，水不是原来的水了，包粽子的叶子也遍寻不到。这可怎么办？

五芳斋的老人还是见多识广，他们想起老板们在世的时候，曾提起过一种独特的箬叶，这种叶子源于一种野生阔叶箬竹。这种竹子一般生长在植被丰富、雨量充沛的山林中。其叶片厚薄适中，柔韧性强，清香度高。用这样的箬叶包粽子，既能保证粽子的外形和质量，又能使粽子别具山野的清香，令人回味无穷。而各地所产的箬叶尤以江西靖安的箬叶为优。

当时的老板听了老人们介绍，随即派人连同专家到靖安考察：那里生态好，空气中有害细菌的含量几乎为零，负离子含量极高，被誉为"天然氧吧"，出产的箬叶品质极高，能达到公司要求的标准。而且靖安纯天然野生箬叶资源丰富，拥有180万亩山林，周边地区的箬叶产量供应也十分充足。不久，五芳斋农业发展公司成立了，公司引导农民对野生箬叶按标准采摘、加工，保证箬叶的质量和数量。

但是有了好的材料，手工制作还是满足不了市场的需求，五芳斋不得不做出全面机械化的选择。公司花大力气进行了大规模的技术改造，使生产工艺装备发生了巨大变化，真正实现了生产器具"不锈钢化"，实现了粽子入锅、搬运和拌肉"机械化"，实现了煮粽炉子"煤气化"。在进行技术改造的同时，也重新定位了店面风格，实现了营业店堂的"民族化"。

1992年，五芳斋粽子店组建了嘉兴五芳斋粽子公司，传统的制作技

术加上现代化的生产和管理使五芳斋粽子很快重获新生。1997年，其产品品种也从原来的几种发展到近百种，远销日本、东南亚等地。

舍房地产做粽子，五芳斋迈向集团化

1998年，嘉兴的房地产业如日中天，民营企业家厉建平经营着当地一家知名度颇高的房地产公司，这几年着实发了些财。但与别的房地产商不一样，厉建平一直抱有一种理念：民以食为天，跟风险性较高的房地产业相比，食品加工业显然更稳定且有着良好的发展前景。

"南门大粽子，北门米贩子，西门大靴子，东门叫花子。"儿时传唱的嘉兴古老民谣又在厉建平的脑中浮现。"我爱吃粽子，粽子在嘉兴人生活中的分量也是举足轻重的。投资粽子产业一定是个好选择。"深思熟虑后，他做了一个让所有人吃惊的决定——收购当地知名粽子企业"五芳斋"。自此，五芳斋成了百分之百的民营企业，走上了股份公司的发展道路。五芳斋终于走出了它的发祥地，开始进军全国大市场。

2004年，五芳斋荣获"中国驰名商标"，同年底，五芳斋集团成立，成为一家以食品产业为核心的民营企业集团。

厉建平认为"五芳斋"的品牌只做粽子有点单一，应该回归到老沈家时代，吸取"五芳"飘香的精髓，将"五芳斋"打造成全国知名的米制品生产企业，将来除了生产粽子，还要生产年糕、米粉等系列米制品，在米制品行业中独领风骚。他还要改变传统前店后坊式的经营模式，致力于打造中式快餐连锁的著名品牌。

"我们一直比较明确的一点是，房地产、金融等行业，我们只是作为项目来运作，不会成为集团的主业。它们只是我们在主业之外有闲钱的时候选择的投资项目。投资赚来的利润，我们将悉数用于发展主业。"厉建平是这么说的，也是这么做的。经过十年的发展，厉建平逐渐弱化自己的房地产主业，而将更多的精力投入五芳斋，借助这家老字号企业，实现着自己的转型。

2018年，五芳斋集团全面推进"轻、快、互联网化"战略，转型升级进入新阶段。一个拥有悠久历史的老字号真正创造了一个不老传奇，并展现出一股鲜活的生命力。这股生命力将支撑这个百年老字号越走越远。

皇上皇
——粤式腊味很经典

来自广东的百年老字号——"皇上皇"

广东的腊味很出名,这主要源于广东人对吃的讲究。随着现代生活节奏的加快,腌制腊味的烦琐工序逐渐被终日奔波劳碌的人们遗忘。但味道独特的腊味总是让人垂涎三尺、念念不忘。有家企业不单照顾到消费者的这种需求,还逐渐将腊味做成了老字号,它就是广式经典腊味品牌——"皇上皇"。皇上皇在半个多世纪里生产的腊味一直称得起"最正宗"三个字,而这正是它一直追求的宗旨。

穷则思变,腊味出名堂

广东有句俗语流传很广:"秋风起,食腊味。"意思是说,秋冬季节正是家家户户将腊味摆上桌子的时候。那个时候,每家一般会先准备好上好的香米,放在砂锅中煮个半熟,在香米尚存水蒸气时,将切好的腊肉片码上去。残留的水蒸气滋润了有点干硬的腊味,而腊味中富含的油水也经过水蒸气的滋润渗透到香米中。如果想要味道更重一些,可以加点橄榄油，用文火蒸半个小时，腊味的油脂和香米就能很好交融在一起，相得益彰。这是最适合秋冬的味道，咀嚼在嘴中，感受油滋滋的香糯，生活就是这么美好！

20世纪30年代末，广州刚刚沦陷，百姓处在水深火热之中，但生活仍要继续。这一天，一个叫谢昌的年轻人天还没亮就挑着担子沿街叫卖："咸鱼……上好的咸鱼，快来买啊！腊肉……自家腌制的腊肉，想吃的尽快买！"谢昌穿着粗布麻衣，挽着袖子，挑着担子，担子里有咸鱼、茶叶蛋等，还有自家腌制的腊味。

这个时候，天刚蒙蒙亮，很多人还在睡觉，只有零星的几户人家家里冒出炊烟。谢昌叫卖了一阵子，并没有人应答。他不禁有点沮丧，暗想可能今天又没什么收获了。

正在他心情郁闷的时候，突然一个老人家叫住他："小伙子，经常看你沿街叫卖，生意如何？"见到有人搭讪，谢昌停下脚步。按照以往的习惯，他是断然不会浪费时间跟陌生人聊天的，有这个工夫他更愿意多走点路，多叫卖会儿。但是这几天的生意实在很差，他心里着实烦闷，听到有人搭讪，也想一解心中烦闷，给自己放一会儿假。

"老人家，说真的，这几天的生意确实不好，我从早上叫卖到现在，一桩生意都没做成。"听了谢昌的话，老人家笑了笑："时局这么差，人们只求能吃顿安生饭，像咸鱼、腊味的，想吃也没钱吃呀。"听了老人家的话，谢昌也跟着摇头。老人家接着说："但是你说也奇怪了，镇上有个地方的生意很火，不知道你听说过没有，叫'八百载太上皇'。""或许呀，是你家的东西不吸引人，要我说，你可以去人家那里看看有啥门道没有。总比自己这么吃苦受累却没有点成绩的好呀。"老人家语重心长地跟谢昌说。

跟老人家道了别，谢昌就挑着担子继续沿街叫卖。不过，此时的他心里有了心事，思绪也不由自主地飘到了几年前。

那时候，谢昌还有个哥哥，叫谢柏。他们生活在广东一个很普通的

山村里。母亲一个人拉扯他们兄弟二人，很吃力，但是尽管如此，母亲还是尽自己所能为两个儿子遮风挡雨。两兄弟都非常喜欢母亲做的腊味。每年到了秋冬季节，母亲都会把积攒了一年的钱拿出一部分来，给儿子们做点腊味过年的时候吃。每到了大年夜，她却总推说胃口不好，把腊味全让给两个儿子吃。渐渐地，两个孩子长大了，能帮着母亲分担点生活压力。这天，谢柏跟谢昌说："我是家里的老大，打算出去找点活儿干。"谢昌对哥哥说："哥，你放心出去吧，母亲就交给我了。"但是没料到的是，谢柏这一走，从此就杳无音信。

后来，谢昌又听说镇上"八百载太上皇"腊味店的主人也姓谢，因为机缘巧合，认识了一位大户人家的小姐。后来小姐的父亲出资，他自己又有做腊味的手艺，就开了这家店。

谢昌听了好奇，打算去店里看看，顺便买点腊味尝尝：母亲年老多病，而且自己也很久没吃到腊味了，一来孝敬一下母亲，二来自己也解解馋。但是这一去，结果出人意料，买腊味的他远远看到那个老板正是自己多年来杳无音信的哥哥——谢柏。

谢昌当时既惊又喜，他想上前跟哥哥相认，但是转念一想：他已经回到了镇上，为什么不回家看望我们？而且这么多年，为什么杳无音信？他现在发达了，会认我们吗？谢昌是个自尊心很强的人，他犹豫再三，最终没去跟哥哥相认。

谢昌尝过哥哥店里的腊味，知道他做的腊味跟母亲做的相似，但又不完全像。谢昌想如果自己也学着做这样的腊味，会不会也有市场呢？如果有市场，那岂不是在和哥哥抢生意？谢昌思量过后，决定不管那么多了，母亲的身体越来越不好，他总要想办法赚钱给她老人家治病，以让她安享晚年。谢昌跟邻居朋友借了点钱，做起了腊味的小生意。

做小生意走街串巷终究不是个长久之计。自己要想有一番成绩，还得有个门面，这样既能免去终日劳碌之苦，又能有时间照顾母亲，而且谢昌当初做生意也不单是为了赚钱，而是要超过谢柏的"八百载太上皇"。

"皇上皇"胜"太上皇"

谢昌回去把自己想开个门面的想法告诉了母亲,母亲很是赞成。她一直为自己老迈的身体拖累儿子感到内疚,这次儿子想自己创业,她一定要全力支持。她将自己做腊味的经验全部告诉谢昌,并且指导他一遍遍试验。

谢昌想,谢柏卖的腊味为什么那么受欢迎呢?除了得到母亲的真传,还有别的什么门道吗?另外,开门面就是要经营一门生意。他在这方面一点经验也没有,他应该怎么做呢?要不要请教自己的大哥呢?左右思量,他最终还是不愿意去求那个忘记母亲和弟弟的大哥。那他要怎么做呢?他只好"偷师学艺"了。

谢昌做出决定之后,一边跟母亲学习,一边去谢柏那边"偷师学艺"。他每天都去谢柏的店门口偷偷观察,看他待人接物,看他的经营门道,看他进货出货的技巧。每天晚上回去的时候,还买点腊味,拿回去一点点咀嚼,一点点品尝滋味,以改良自己产品的口味。

日积月累,谢昌做的腊味得到了邻居朋友的好评,但是他自己还是觉得少了点什么,不太满意。一次,他用酒、酱油、糖等调成汁,把肉浸泡两三天后,再挂起来晒干、烘干。肉慢慢地变成金黄色,油灿灿的,质地却很红润。谢昌将这一次做的腊肉取下来,打算给母亲做一顿腊肉煲饭。

他把腊肉覆盖在米饭上,估摸着米饭和腊肉都熟透了,就打开了盖子,一股子香气扑面而来,腊肉的香气混合着大米的香气,那味道甜而不腻、香而温润,惹得人味蕾大动。谢昌开心地大喊母亲和邻居过来品尝。大家一致夸赞这次做的腊肉饭简直是天上才有的美味佳肴。谢昌仔细回忆自己做这次腊肉的过程,记下每个步骤,再加上自己此前的经验,心里的腊肉秘籍总算有谱了。

"皇上皇"出品的腊肠

街坊四邻知道谢昌要开门面做生意时，都非常支持他，因为大家都信任他的人品和技术。知道他的资金不足，大家还热心地借钱给他。很快，谢昌在谢柏铺子的隔壁租了一家门面，取名叫"东昌腊味店"。

当时因为时局不好，很多做食品生意的商家纷纷倒闭或者破产。这其中当然也包括做腊味生意的商家。虽然谢柏的店生意火爆，但时局维艰，难免遭受各方压力，所以店铺发展缓慢。这也给谢昌的"东昌腊味店"提供了生存和发展的空间。谢昌有过硬的技术，待人接物也很和善，所以"东昌腊味店"前很快就排起了长队。但是谢昌并不就此满足，他一心想超过大哥的腊味店，甚至想打垮他的店，以消心中的怒气。

谢昌天生是个做生意的料，做生意的点子一个接一个。第一招，他要更改店名。他既然以超越"八百载太上皇"为目标，就索性将店名改作"皇上皇"。1943年，"东昌腊味店"正式改为"东昌皇上皇腊味店"。

第二招，谢昌不像谢柏那么死板，他的店铺不单纯以做腊味为主，而是在秋冬两季以卖腊味为主，春夏则卖最热销的冷饮。这样，他的店一年四季都可以客似云来、日进斗金了。

第三招，除了腊味，他寻思做点腊味的衍生品。

为了开发新产品，谢昌左思右想，但想破了脑袋也没有结果。这天，掌管店铺财政大权的老婆又开始跟他唠叨、抱怨用来腌制腊味的原材料又涨价了："这什么世道啊，天天涨价，还让不让人活了！"老婆的抱怨声提醒了谢昌。他心想，我的腊味受欢迎，那是多亏了酱油好呀，如果我自己找人做酱油，这样就省了中间的环节，就少了一份开支，还可以找懂买卖的人给我做推销，这样店里就又多了一份生意。

打定主意，谢昌就着手干。他把做腊味的酱油与腊味一起组合着卖，效果果然不错。喜欢吃他腊味的人，多对他的酱油情有独钟，大都腊味、酱油一块买。

更让人欣喜的是，谢昌在思考衍生产品的过程中，无意中发现腊味剩余的残渣还能用来制造肥皂。他又多了一项赚钱的技术。

而谢昌招聘来的卖手也很能干。他们懂得怎样为"皇上皇"打响品牌，把"皇上皇"店里的产品通过电台、报纸广做宣传，还编成儿歌在大街上传唱。"皇上皇"很快成为当地家喻户晓的知名品牌，风头一时无二。

这天，谢昌特地在"八百载太上皇"店门口晃悠。尽管现在还有很多客人光顾"太上皇"，但已经大不如前了。此时的谢昌已不是那个趴在店门口前偷望谢柏的毛头小子了，也不是那个"偷师学艺"的满腔愤怒的谢昌了，而是一个改头换面、踌躇满志、以胜利者的姿态来告诉谢柏"他是谁"的谢昌。他成功了，也许真应了那句话——功夫不负有心人！但是，他的成功也预示着兄弟俩必然要走分庭抗礼的路，兄弟之间的嫌隙越来越大。

半百风雨半百辉煌

谢昌已在生意上小有成就了，但他绝不满足于现状，一直在思考怎样才能做得更好。腊味饭好像一直只是寻常老百姓家的家常便饭，如何才能让自己的产品上一个档次呢？有了这个想法后，"八百载太上皇"已经不再是谢昌的目标。他战胜了"太上皇"后，需要向更高、更远的目标前进了。

这天，谢昌在店里沉思。"谢老板，看戏去？"一直光临他腊味

店的老张朝谢昌喊。这一喊差点把沉思中的谢昌吓掉了魂。他回过神，刚想骂回去，突然想到了什么，"你是说近来十分火的海珠大戏院吗？"谢昌追着老张问。"那还有第二家？最近他们来了两个名角，听说是京里来的，那个身段儿，那个嗓子，啧啧……好多达官贵人都去捧场呢。"老张说得眉飞色舞，看谢昌又陷入沉思，觉得没趣，先行离开了。

找明星给自己宣传？亏这个谢昌想得出来！半个世纪前的中国民族商人已有请明星代言的想法，这不能不说是文明古国的经商智慧在近代的再一次辉煌亮相。

谢昌也去了海珠大戏院，不过不是跟老张去的，而是备好了礼物，等着戏散场后到后台，找到海珠大戏院的老板和戏班子的老板，与他们商量代言的事情。

谢昌重金买断了戏院的冠名权，从此，海珠大戏院的前幕多了几个字——用金丝线绣上的"东昌皇上皇腊味店"。看客们觉得很新鲜，这是绝无仅有的创意。一时间，坊间处处在议论谢昌的天才头脑，而达官贵人们也对这"皇上皇"腊味起了兴趣。

而这个时候，常在电台、报纸做的腊肠、肥皂广告也在日积月累的努力下，深入人心。腊肠告白："想、想、想，皇上皇风肠一年一仗，任君选尝。"肥皂告白："阿伯阿伯乜（为什么）你件衫赣邋遢（这么脏）？买件'皇上皇'擦几擦，包你雪赣白。"亲切的方言广告在广州大街上被男女老少广为传唱。

借着这股风潮，谢昌开设了太平路"为记"分店及下九路"下东昌"分店，并在大新路、石公祠开设了3个工厂，制造肥皂和冰棍。除此之外，谢昌还置有15间房产，成为广州腊味行业中发展较快的商家之一。

这之后，"皇上皇"虽然经历了动荡、迷茫的岁月，但始终昂首阔步，昔日的一个小手工作坊积淀了深厚的历史文化内涵，凭借着不断创新的产品逐渐享誉大江南北，最终发展成为行业龙头。

今天，皇上皇在发展中不断蜕变，在新老机制的交替中不断求索，创出了一条更加适合自己发展的品牌之路。现在，皇上皇肉食制品厂是广州岭南国际集团下属的一个子公司，形成了以腊制品为龙头且以休闲食品、粮油制品、即食及微波食品、月饼为特色补充的多元产品结构，品种和产品规格多达一百余种。皇上皇凭借产品选料纯正、工艺精细、安全卫生的特点，获得了首届"中华老字号品牌价值百强单位"的荣誉称号。

王致和
——致君美味传千里,和我天机养寸心

"王致和"商标

提起王致和的臭豆腐,想必无人不知、无人不晓,一个臭字名扬天下。有句顺口溜叫"窝窝头就臭豆腐,吃起来没个够"。这话说起来真有点像美国人都以"可口可乐"为"国饮"一样自豪。

"王致和"与"同仁堂"同龄,一臭至今,已有三百多年的历史。这臭从何而来,又香飘何方呢?其创始人王致和身上又发生了怎样戏剧性的故事呢?

前程无量的王举人

臭豆腐的首创者乃清朝的一位"文化人"——王致和。王致和出生于明朝灭亡、清军入关那年(1644),老家在安徽仙源,上面有一个哥哥、一个姐姐。父亲王怀巨半商半农,既经商又种地,因此家境在当地还算殷实,但经济上富裕不代表有社会地位。中国自古就讲究"刑不上大夫""书中自有黄金屋,书中自有颜如玉"。思想保守的王怀巨对读书至上的观念更是推崇,觉得家里有再多的钱也比不上一个功名,于是拿出大把的钱供王致和读书。

明清一代,科举应试的大致流程是:童生→秀才→举人→贡生→进士。根据有限的史料记载,王致和没有辜负父辈的期待,而且还学有所成。康熙八年(1669),王致和25岁,中了举人的他第三次赴京赶考。

按一般规律,在北京举办的会试三年一次,且在乡试后的次年举行。如此推算,王致和在15岁时就考中了举人,可见其自有聪慧过人之处。

事实上,考中了举人,日后就有机会当县一级的小官了,王致和的面前似乎有两条路可走:一是回家候补,从最底层的小官做起;一是继续攻读,等待下一次考试。一心想着光宗耀祖的王致和觉得自己的志向远不在此,他渴望成功,渴望成为人上人。可是在科举取士的年代,万人争过独木桥,实在太残酷了,官运不济的王致和连续三次进京参加会试,又连续三次被挤了下来。难道除此之外,就没有别的道路可走吗?非也。王致和就走上了一条一般读书人不屑于走的道路——创立"王致和",做小商贾。

美丽传说话来历

关于王致和臭豆腐的来历,虽说已无从考证,却有两段广为人知的美丽传说。

第一个传说是这样的:"文化人"王致和并非一开始就想做臭豆腐,也曾一心想金榜题名,可万万没想到会名落孙山。仕途无望的王致和起初欲返归故里,因交通不便,所带的盘缠又所剩无几,于是决定留京继续攻读,准备再次应试。既然留下,总得找点谋生的营生,这样才能维持生活。

王致和的父亲以前在家乡开设豆腐坊,幼年的王致和跟从父亲学过做豆腐的手艺,于是便在安徽会馆附近租赁了几间房,购置了一些简单的用具,每天做上几斗黄豆豆腐,沿街叫卖。他一边刻苦读书,一边干活维持生计,用咱们现在的话说就是"勤工俭学"。

一次,做出的豆腐没卖完,剩下的较多,时至盛夏,如不妥善处

理，很快就会发霉、无法食用，这可怎么办？他苦思对策，忽然想起家乡有用豆腐做腐乳的方法，便决定试试。王致和将这些白豆腐切成小块，稍加晾晒，配上盐、花椒等作料，放在一口小缸里腌上。而此后，他也就歇伏停业，一心攻读，渐渐地便把此事忘了。

转眼秋风送爽，王致和又想重操旧业，再做豆腐来卖。他蓦地想起那一小缸腌制的豆腐，赶忙打开缸盖，一股臭气扑鼻而来，取出一看，豆腐已呈青灰色。看来只能倒掉了，不过他觉得可惜，于是试着蘸了一点送入口中，一尝觉得臭味之余却蕴藏着一股浓郁的香气，虽非美味佳肴，却也耐人寻味。于是他又送给邻居品尝，大家品尝后都称赞不已，一时传扬开来。

俗话说："退一步，海阔天空。"而对王致和来说，是"转过身，海阔天空"。王致和考场失意，其臭豆腐生意却越做越兴隆。他经过深思熟虑，终于决定放弃科考，走经商之路。1670年，王致和雇了几个人，开起制作臭豆腐的小作坊，驴拉磨代替了小拐磨，以经营臭豆腐为主，兼营酱豆腐、豆腐干及一些酱菜。

臭豆腐价格低廉，能开胃、促进食欲，适合收入低的百姓食用。吃过臭豆腐的人一传十，十传百，没用多长时间，王致和臭豆腐就打开了销路。京城的人只要一提起臭豆腐，便无人不知它的主人是王致和。"王致和臭豆腐"由此诞生。

关于王致和臭豆腐还有另外一个传说。虽是传说，却可以从《武清县志》中得到一些佐证。大概意思如下：

王致和不是安徽人，而是潞河畔的西河务村人。他虽然自幼机智聪颖，非常喜欢读书，到了中年还有些小小的成就，深受乡民称道，但家境十分贫寒，以卖豆腐为生。

一年炎夏的清晨，一位远地亲戚闯进王致和的家门，说家里娶媳妇需要帮忙，将正要外出卖豆腐的王致和给拽走了。离家数日回来，王致和推开屋门就闻到冲天奇臭。待他打开蒙豆腐的包布一看，豆腐已经变馊。王致和自幼以勤俭为本，实在不忍心扔掉，拿起一块，放到嘴里一尝便惊呆了。做了多年豆腐的王致和还从来没有尝过这样的美味！

王致和喜出望外，立刻发动老婆孩子，把豆腐全部搬出店外摆摊叫卖。就这样，王致和的豆腐买卖越做越大，而且白豆腐、臭豆腐兼营，而臭豆腐由此渐渐出了名。

到了清光绪八年（1882），王致和应试顺天府。因考题为“知味下车”，王致和想起了自己发明制作的美味臭豆腐，便吟诗一首：

明言臭豆腐，名实正相当。自古不钓誉，于今无伪装。
扑鼻生奇臭，入口发异香。素醇饶回味，黑臭蕴芬芳。
珍馐富人趣，野味穷者光。既能饫饕餮，更可佐酒浆。
餐馔若有你，宴饮亦无双。省钱得实惠，赏心乐未央。

主考官看后大怒，说王致和玩世不恭、玷污考场，应予治罪。此时，张之洞正好经过，对主考官说，考生千篇一律论“酒”，特别乏味，而王致和写的臭豆腐一诗别开生面，应重新裁定。

因祸得福，巧遇贵人的王致和中了第一百零七名举人，放任铁岭县，后升任卫辉知府。后来，洞悉官场黑暗的王致和愤而辞官，在北京延寿街开办了一家臭豆腐铺。其大门对联：“可与松花相媲美，敢同虾酱做竞争。”横批：“臭名远扬。”

时至今日，武清一带民间一直以制作豆制品出名，不光是臭豆腐，白豆腐、酱豆腐、豆浆、豆腐脑、五香豆腐丝都别有风味。

与其他商业奇才一样，王致和发家致富的故事只能靠民间的口口相传传承下来。据王致和厂内负责人介绍，其实多年来没有见到官方关于王致和其人其事的历史考证。而这样的传说一直流传下来，让王致和有了“无心插柳柳成荫”的意境，增添了传奇色彩。

慈禧太后赐名"青方"

随着臭豆腐日益受欢迎,单靠一家臭豆腐铺已经无法满足人们的需求了。康熙十七年(1678),王致和索性在京城前门外延寿寺街购置了一个铺面,以经营臭豆腐为主,兼营酱豆腐、豆腐干及各种酱菜,自产自销,挂上"王致和南酱园"的牌匾开了业。王致和的臭豆腐生意越做越大,代代相传,其产品的销路扩大到东北、西北、华北各地。

如果你觉得臭豆腐因为气味特殊而难登大雅之堂的话,那你就大错特错了。

王致和的臭豆腐经过多次改进,质量更好,声望更大,在清末时传入宫廷。传说有个太监听说王致和的臭豆腐十分出名,很是好奇,就买回一些品尝,发现果然名不虚传,好吃极了!他立即奉献给慈禧太后。而慈禧太后一尝,顿时勾起她肚中的馋虫来,胃口大开,即传旨将"臭豆腐"列为"御膳坊"小菜之一。不过慈禧嫌臭豆腐名称不雅,便按其青色方正的特点赐名"青方"。

传说慈禧太后对臭豆腐有特别的嗜好,在秋末冬初喜欢吃它,每天都得吃一碟用炸好的花椒油浇过的臭豆腐,而且必须是当天从王致和南酱园买回的新做的臭豆腐。因此,主管太监经常到王致和南酱园购货。有时来晚了,赶上闭户停业,侍奉慈禧太后的太监只好用剩余的臭豆腐顶替。

骄奢享乐的慈禧太后岂能吃剩食!有一次,她刚尝一口就起了疑心,暗地把一枚花椒埋在臭豆腐之中。到了次日,拨开一看,慈禧太后见自己放的那粒花椒果然还在其中,不禁大怒,于是严厉处罚了主管太监。太监们吃了这顿苦头以后,就同王致和南酱园商量,夜间也开窗售货,以保证不误"上用"。从光绪年间起,王致和南酱园除白天营业,夜间也开窗售货。

把一种最民间、最底层的食品送到皇宫中,并使之成为御膳之一,王致和也算是做到极致了。臭豆腐一经"上用"便身价百倍，上至皇亲国戚，下至黎民百姓，都把臭豆腐当作美味食品。后来，许多豆腐店都效法王致和，做起臭豆腐来，但生意终不及王致和豆腐店，于是纷纷打起"王致和"的字号，以假冒真。解放以前，北京遍地都是的"王致和豆腐店"就是这样形成的。

王致和店门前的三块立匾配上了绘彩龙头，象征着"大内上用"。"王致和南酱园"这六个字分为两块匾，分别由状元孙家鼐、鲁琪兴书题。孙家鼐还写了两副藏头门对：一曰"致君美味传千里，和我天机养寸心"，一曰"酱配龙蹯调芍药，园开鸡跖种芙蓉"，雕刻在四块门板上，冠顶横读四个字为"致和酱园"。

王致和起初万万没想到，这种"中吃不中闻"的东西竟然会在以后进贡宫廷，成为慈禧太后每日必吃的御食，而且还得到了状元的亲笔手书，真可说是出尽风头。只可惜，这些珍贵的牌匾后来被烧毁了。幸运的是，王致和将四句藏头诗永远地印在了商品包装上，作为王致和历史文化的象征流传至今。

特殊的营养价值

清光绪年间，人们在宣武门外、延寿寺街等地相继开设了王政和、王芝和、致中和等酱园。1956年，实行公私合营。1958年3月，王致和、王政和、王芝和、致中和四家私营作坊合并，成立了国营田村酿造厂。1972年，更名为"北京王致和腐乳厂"。1991年，更名为"北京市王致和腐乳厂"。1999年，经过改制后，该厂更名为"北京王致和食品集团有限公司王致和食品厂"。

俗话说："外行看热闹，内行看门道。"在清朝到中华人民共和国成立的数百年时间里，王致和酱园虽更换了几代人，却始终保留着"王致和"这个老字号。"王致和"臭豆腐臭中有香，"王致和"酱豆腐"细、香、鲜"，独具风味。别看这一小小豆腐块，其加工过程可是非

常讲究的。以质取胜使得这平凡的小方块充满了神奇的魅力。

圈内人都知道，"王致和"取胜的关键在于精良的选料、精湛的工艺、祖传的秘方以及上百年的制作经验。做臭豆腐要用上等的黄豆和别致的辅料，经过泡豆、磨浆、滤浆、点卤、前发酵、腌制、后发酵等几十道工序，生产周期长，工序复杂。其中腌制是关键，盐和作料的多少将直接影响臭豆腐质量的好坏。盐多了，豆腐不臭；盐少了，豆腐则过臭。

掌握这些诀窍与获取"可口可乐"的配方一样难。难怪自从王致和臭豆腐创制的那天起，一些厂家就想仿制"王致和臭豆腐"，可是仿了300年也没能成功。

如今，小小的"红方""青方"味道鲜美，醇香可口，富有营养，老幼皆宜。较高的营养价值和保健功效使王致和臭豆腐已经不仅仅是餐桌上的调味品，而且渐渐成为人们调理身体、促进健康的佳品。

王致和臭豆腐"臭"中有奇香，得益于一种产生蛋白酶的真菌。它分解了蛋白质，形成了极丰富的氨基酸。而其中的臭味主要是蛋白质在分解过程中产生的硫化氢气体造成的。据古医书记载，臭豆腐可以寒中益气、和脾胃、消胀痛、清热散血、下大肠浊气，常食能增强体质、健美肌肤。据说，中国人民解放军某军团战士正是因为每年夏季食用王致和公司赠送的臭豆腐，才摆脱了"夏练三伏"造成的腋下、股下皮肤溃烂的困扰，才不再受脚气的侵袭。经常吃些臭豆腐对预防老年痴呆也有积极作用。

被中国老百姓推崇为老字号、被外国人叫作"东方奶酪"的王致和腐乳方寸虽小却浓缩了万千精华。经检测，100克王致和腐乳中的氨基酸含量可满足成年人一天的需要，其钙、铁、锌含量高于一般食品，还含有维生素，具有很高的营养价值。

买了臭豆腐，哪怕装在玻璃瓶里，把盖子拧紧，那奇特的臭味仍能散发出来，如果你是在公共汽车上，肯定会遭到大家的埋怨。可这臭豆腐却以特殊的魅力迷倒了一大片群众。老北京人爱吃臭豆腐都吃出了名堂，臭豆腐就玉米面、贴饼子、拌面条，一吃就是三大碗。现在，许多"新北京人"也迷上了"王致和"，就连一些年轻人和知识分子也犯起吃臭豆腐的瘾。大家都夸："闻起来臭，吃起来香，真是外臭内香啊！"

王致和臭豆腐也引起了一部分外国人的兴趣。日本冈山先生曾赞美说："腐乳是含有高植物蛋白的食品，其中以王致和臭豆腐为上。"朝鲜的商务参赞还曾带领数名食品专家专程到王致和腐乳厂"取经"。

据一位王致和的老顾客回忆，1947年，北京燕京大学的几位美国教授慕名参观了臭豆腐的整个制作过程。当时他们拍了许多照片，品尝了一番，最后还买走了一些，以便回校进行分析化验。过了一段时间，他们又来到王致和酱园，声称"味道不错，而且还含有蛋白质和多种维生素"云云，可见王致和臭豆腐营养丰富不是虚传。

方寸之间，流芳百世

王致和，从一介书生的名字变成誉满大江南北的"中华老字号"。王致和食品厂正门矗立着一座王致和像：长脸形、小毡帽、大长辫。厂内也随处可见这个王致和的商标头像。王致和怎么也不会想到，几百年后，千千万万人家的饭桌上都放着贴有自己头像的瓶子，里面放的，正是方寸大小的臭豆腐和腐乳。

现在的腐乳大都是瓶装，但很少有人知道，用瓶分装也是王致和开创的先河。解放初期，王致和的腐乳是搁在大缸里发酵，然后装在小篮子里上街卖。后来用小一些的坛子盛，卖的时候用钳子夹或用手抓。20世纪90年代初，随着人们对食品卫生要求的提高，王致和在业内率先使用玻璃瓶直接发酵。这是腐乳行业发展史上的一次变革。

从清朝书生王致和"意外"制成的臭豆腐到慈禧太后赞不绝口的"青方"，从京城满街吆喝的调味品到热销全国的传统风味食品，王致

"王致和"系列产品

和没有想到,由他奠基的致和生意会历经三百多年而不衰,而且越来越红火。

现如今,王致和这三个字已经不再是一种食品的代名词,而是一种属于全社会的宝贵财富。王致和腐乳有青方、红方、白方三大类二十多个品种,其产品和品牌不仅享誉国内市场,而且走向了世界。2007年,王致和的"腐乳酿造技艺"被列为北京市非物质文化遗产。

"一臭万年,香遍万家"是众多消费者对王致和产品的幽默赞美。"方寸集美味,点滴汇真情","王致和"正传承与创新着老字号,调生活滋味,造百姓口福。

王老吉
——传奇凉茶首一家

"怕上火喝王老吉",这句耳熟能详的广告语让王老吉红遍了大江南北。我们在尽情享受"辛辣""煎炸"美食或加班熬夜时,总会想着来一罐王老吉。

王老吉凉茶因其天然健康防上火的作用,已经深深进入消费者的心里,成为人们日常生活中不可或缺的健康饮品。

寻根"王老吉"

在江苏等地方的方言中,开水被称为"茶",那么,"凉茶"就是"凉白开"。所以你去这些地方时,如果有人问你"你的茶要不要加茶叶",不必惊讶,淡定地点点头或者摇摇头就行了。

而在广东、广西地区,凉茶是一种由中草药熬制的"药茶",具有清热祛湿等功效。

广东凉茶有上千年的历史,全省有四十多家凉茶铺。幽深小巷里飘来的叫卖声和那随时随地可见的"王老吉"招牌,构成了人们对广州人和广州日常生活的独特印象。在南方地区,听到的频率极高的两个字就是"上火",而这就是凉茶这种颜色不养眼并混杂着苦涩、清香、微甘的液体为什么会在南方享有如此地位的原因。

在广东，因凉茶祛火功效显著，人们普遍把凉茶当成"药"服用，自家可以煲制，凉茶铺也有煲制出售的，还有药店卖的颗粒冲剂。凉茶可谓妇孺皆知、随处可见。然而对于一般人来说，他们通常会看到王老吉和饮料摆放在一起，感觉它好像是凉茶，又好像是饮料，容易让人陷入认知的混乱之中。在众多的凉茶种类中，王老吉是最有名气的，这个具有上百年历史的品牌成了凉茶的代名词。真可谓说起凉茶就想到王老吉，说起王老吉就想到凉茶。

清热祛湿王老吉

广东凉茶确切的发明人是谁，已经无从考证了。可以考证的王老吉凉茶的最早发明人是王泽邦。王老吉凉茶创立于清道光八年（1828），至今已有一百多年的历史，被公认为凉茶始祖，有"凉茶王"之称。

坊间流传的关于"王老吉"的故事很多，其中流传最广的是创始人王泽邦的故事。他乳名阿吉，清朝嘉庆年间出生于鹤山古劳水乡，是位采药行医的药农。王泽邦的家乡在古劳水乡，那里除了冬天好点，其余的时间夏日炎热、春天湿热、秋日燥热，这样的天气让人感觉非常不舒服。

有问题就会有对策。人们为了预防和治疗上火，用尽了各种方法。慢慢地，他们发现喝凉茶对预防上火极有功效，再者夏日喝上几杯凉茶十分惬意。因此，乡民们养成了用草药煲凉茶喝的习惯。

王泽邦通晓医道，经常带着儿子上山采药，给乡民治病。为了解决上火的问题，他以身试药，用采来的岗梅根、山芝麻、海金沙藤、金钱草、千层纸、火炭毛、五指柑等10种草药，研制出一种凉茶配方。用这个配方熬出的凉茶苦中

"王老吉"创始人王泽邦

带甜,喝到嘴里余香绕舌,更重要的是能够消除南方郁热气候导致的湿毒,因此大受乡亲们欢迎。

1828年,为了谋生,王泽邦来到广州,在西关开设了一家药店。他不仅医术高、医德好,看病不计较钱多钱少,还经常给没钱的穷人免费抓药,在街坊邻居中获得了较高的口碑。大家都当他是自己人,亲切地称呼他的乳名"阿吉"。

曾经有一段时间,来药店抓下火药的人特别多。王泽邦一想:"这里的天气和家乡差不多,都容易上火,为何不熬制自己研制的凉茶卖呢?既能解渴治病,又能给自己带来收入,一举两得。"王泽邦把熬制的凉茶放在诊所大堂,旁边放一排青花粗瓷大碗,过往路人只要丢下几个铜钱就可以端起一碗凉茶尽情享用。为了方便那些偏远地区的老百姓购买,王泽邦依照配方将草药包成一包一包卖给他们,他们只需要回家煎服就可以了。

没过多久,当地突发瘟疫,疫症蔓延很迅速,不少人都病倒了。"为什么经常喝王泽邦卖的凉茶的人不见被传染呢?"人们发现了这个秘密之后,消息很快传开,很多人慕名来王泽邦的店里买凉茶。喝了王泽邦的凉茶,人们不仅不上火了,还躲过了瘟疫等灾难。于是,这种凉茶在广州火了起来。

王泽邦做梦也没有想到自己的凉茶会这么受欢迎。有人说:"阿吉,来你药铺光顾的人多是买凉茶或者凉茶药包的,我看你干脆开家凉茶铺子吧!"

王泽邦也觉得这是一个好主意。道光十七年(1837),他在广州选址开设凉茶店,取名为"王老吉"。"王老吉"这个名叫着朗朗上口,叫久了,人们就把他的原名"王泽邦"渐渐遗忘了,直接用店名称呼他。

1840年,随着经营规模的扩大,王老吉凉茶铺开始以前店后厂的形式生产和销售凉茶包。随着产量的增加,王老吉凉茶的销量也大幅

增长。王老吉凉茶不仅畅销两广，在湖南、湖北、江西、上海、北京也有销售。看到自己的凉茶这么受欢迎，王泽邦就给了自己的三个儿子一些银两，让他们在广州另设三间分店，使王老吉凉茶店的规模再次得到扩张。

那时，有许多广东人到东南亚等地谋生，他们临走时会特意带上一些王老吉凉茶药包，以备不时之需。据说有一年，南洋群岛发生流行性感冒，很多人捎信回来让家里的亲人寄一些王老吉凉茶药包。王泽邦听到这个消息后，慷慨地献出自己精心研制的凉茶药方，使许多病人恢复了健康。

中国拥有几千年的中医文化，王老吉凉茶药包深受华侨欢迎。随着华人的足迹遍及世界各个角落，"王老吉"也逐渐传入东南亚各国乃至美国。后来，王老吉第三代孙分别在香港、澳门设立王老吉凉茶店分号，至今历久不衰。

传奇故事增添神秘

在一百多年漫长的历史中，王老吉与历史名人发生的一系列很有趣的故事为其增添了几分神秘与传奇色彩。

道光十九年（1839），林则徐受命来广东禁烟。他到任后，全身心投入军务，昼夜操劳，急火攻心患了风热感冒，喉咙肿痛得说不出话来。过了一段时间，病情加重，他只能在家卧床休息。

兵不可一日无将，这可如何是好？随从人员自然心急，但也没有良方救急。俗话说"病急乱投医"，随从就把当地最有名的医生都请来了，命他们几日之内把林大人的病治好，否则小命不保。这些医生都被吓坏了，但诊断后悬着的心终于落地了：不就是感冒嘛，没什么大不了的。他们开了几副处方药，便急匆匆地离去了。

林则徐服完药后感觉有些效果。一天，他觉得连日来待在屋里憋得慌，加上听厨房的师傅说当地有一王老吉凉茶，治风热非常有效。他想，这凉茶就真这么神？于是，他决定去尝试一下。

林则徐一人来到了十三行王老吉的药铺。王泽邦哪知道林则徐的来头啊，看完病后，就给林则徐开了一包草药，还让人斟了一碗凉茶给他喝。

林则徐喝了凉茶，又回家吃了草药，顿感神清气爽，感冒的症状几乎消失了。喝了那么多黑乎乎的药，还没王老吉一包药、一碗茶的疗效好，王老吉真不简单！林则徐非常高兴，领了几个随从专程登门答谢，并送来一个铜制的葫芦状的大凉茶壶，壶身上刻着"王老吉"三个金字。王泽邦一看原来自己医治的是大名鼎鼎的禁烟功臣林则徐，受宠若惊，就把送来的铜壶作为装凉茶的容器，摆在店中。

此后，王老吉凉茶名声大振。人们怀着好奇心大老远跑来，一为喝凉茶，二为看看这大铜壶。许多卖凉茶的店铺觉得是大铜壶兴旺了王老吉，于是争相仿效，也将一把葫芦状的铜壶摆放在店中。直到现在，摆放一个葫芦状的铜壶依然是不少凉茶店的标志。

王泽邦和王老吉凉茶的名声越来越大，不久便传到了北京。当时在位的道光皇帝感叹凉茶竟会这般神奇，更感叹王泽邦其人的用药之奇，于是召入宫中，封为太医院院令。

俗话说"伴君如伴虎"。王泽邦在家有吃有喝，日子过得很逍遥。他到了这宫廷中，天天无事可干，而且也看不惯达官贵人尔虞我诈、阿谀奉承的官派作风，不久便以身体不适为由，向皇帝请辞。道光皇帝看他去意已决，也不好勉强，就同意了。辞官后，王泽邦回到广州，依旧卖凉茶。

王老吉与历史名人的传说

民族英雄林则徐和王老吉结缘的故事成为一段佳话，被王泽邦的后人代代相传。一个是禁鸦片的功臣，一个是治病的大夫，前者销毁的鸦片让人上瘾，毒害身体和心灵，后者的凉茶苦口良药，是南粤居民的最爱。"鸦片"与"凉茶"形成了有意思的对立。

1841年,英国军队突破虎门要塞,虎门战争爆发。朝廷不得不急调湖南提督祥福率军前来援助。

湖南人对辣椒的喜爱那可是有名的,一日三餐不能少辣椒。军队到广东后,一来不服水土,又每天吃大量的辣椒,火气攻心;二来恰逢秋季连日暴雨,风寒入侵,结果没几天,军队的士兵就病倒了一大片。再加上原来的守军每天遭受枪林弹雨的攻击,在战火中已经唇焦口燥。士兵们一下被病痛缠身,战斗士气也一直处于低迷状态。这时,当地人向守城将领提议,说王老吉凉茶清凉解渴,还可预防上火,不如试试。于是,王老吉把凉茶配料尽数送到虎门和黄埔,并指挥乡民用几十只大铜锅煎煮凉茶慰劳全军。结果不出三五天,药到病除,士兵们都恢复了元气。

从此,王老吉名扬海内外,有中国人的地方就有王老吉。这不是夸张之语。清代著名学者梁启超在1898年至1903年赴美考察所写的《新大陆游记》中云:"西人有喜用华医者,故业此常足以致富。有所谓'王老吉凉茶'者,在广东每贴铜钱二文,售诸西人,或五至十元美金不等云……"

虎门战争后,英国人把凉茶视为珍品,他们回国时还捎回去许多。因为王老吉凉茶的名声在外,海关特准免税放行。

据说,太平天国运动的领导者洪秀全也和王老吉有着不解之缘。洪秀全祖籍广东,七岁起就开始在私塾上学,熟读四书五经,期待有一天能考取功名光宗耀祖。

可是也不知是什么缘故,洪秀全三次乡试均以落榜告终。可是他并不甘心,在道光二十三年(1843)春天,再一次到广州参加乡试。

不知道是太过紧张,还是水土不服,距考试还有十天时,洪秀全突然头晕身热,站立不稳。开始他觉得没什么大碍,就没放在心上。可是过了两天,病情加重,他一度昏迷。这时,碰巧同窗过来探望,见洪秀全身体虚弱、脸色蜡黄,就专门上街买回王老吉凉茶和中药给他饮用。

洪秀全喝了之后很快就痊愈了。虽然这次乡试仍是落榜，不过"王老吉"这个词在洪秀全的脑海里留下了深刻的印象。1851年，洪秀全领导的太平天国起义爆发。1862年，曾国藩率湘军攻打太平天国的首都天京（今南京），天京保卫战打响。就在危急关头，太平军中流行起湿热症，将士们感到浑身酸痛无力，战斗力低下。

洪秀全突然想起自己在参加乡试时王老吉凉茶发挥的神奇功效，便派一位将领去广州找王泽邦。这位将领跟王泽邦说了缘由。王泽邦觉得，这么多年了，洪秀全居然还记得自己的凉茶，就以低廉的价格卖了大批王老吉凉茶给这位太平军将领。将士们喝完凉茶，没几日便感觉有了精神。

上述关于王老吉凉茶的传奇故事，只在坊间市井中流传，未见正史中有相关记载。这些逸闻轶事成为王老吉预防上火"正宗"的有力支撑，使王老吉在民间的土壤里扎了根。

王老吉分成南北两支

与少林一脉出现南、北两支的情况一样，20世纪50年代初，王老吉凉茶铺分成两支。一支由王泽邦的后人留在广州继续经营凉茶店。凉茶店按原来的处方继续生产王老吉凉茶，经过公私合营、社会主义改造，发展为今天的王老吉药业股份有限公司，生产王老吉凉茶颗粒。

另一支由王氏家族的后人带到香港发展，并注册了"王老吉"商标。他们是华商在香港注册商标的先驱。这一分支后来发展成为香港王老吉集团。

穗港两地同时拥有"王老吉"品牌的特殊情况是王泽邦嫡系传人创业的成果，也说明王泽邦的后人都不是庸才。2005年，王泽邦的第五代传人回到古劳，探访王氏祖居。他们见到了保存尚好的王氏祖居，门牌是"上升村一队29号"。

如今的王老吉凉茶铺门前依然悬挂着"老老实实王老吉，清热解毒祛暑湿"的对联。我们期待着王老吉用自己的实力续写下一个百年神话。

东湖陈醋
——华夏第一"醋坛子"

开门七件事即柴米油盐酱醋茶。由此可见，醋在人们日常生活中扮演着不可或缺的角色。几乎每家每户的厨房里都有醋，以作烹调饮食之用。不过哪里的醋品质最佳呢？20世纪30年代，我国的微生物学鼻祖方心芳老先生曾骑毛驴到清徐做过实地考察，之后便称山西醋是中国最好的醋。

山西老陈醋的佼佼者——"美和居"

御赐"山西老陈醋"

"山西老陈醋"现在可谓是无人不知、无人不晓，但是很多人不知道，世人之所以能吃到这等绝世调味品，要多谢明末清初一个叫王来福的人。

话说顺治年间，晋中介休县城的草市巷内有一座五岳庙。庙里的香火很旺盛，也带动了周围商贩的生意，其中就包括五岳庙对面的"王记醋庄"。

这家醋庄是王家兄弟俩和老大的盟弟合伙开的。老大与盟弟是生死之交，但常与胞弟因为鸡毛蒜皮的小事吵得面红耳赤。天下初定，百姓口袋中的闲钱不多，小醋庄的生意只能勉强维持。

在一个下着雪的寒冬，老大因病过世，临终前把自己的独子托付给盟弟。这个独子就是王来福。托孤行为点燃了胞弟与盟弟分裂的导火线。托孤后，胞弟一直想独占王记醋庄。盟弟实在气不过，就带着王来福来到自己的老家——山西清徐县城，另开了一座醋坊谋生。

也许是家族遗传，王来福从小就对酿醋有着浓厚的兴趣，而且脑子好用，爱学好问，什么事情只要大人一点化就通。盟弟对王来福也寄予厚望，不但细心栽培，将自己的手艺悉数传授给他，更把自己的女儿许配给他。

王来福没让老丈人失望，他将父辈的手艺悉数学到手，又经过自己多年的摸索和改良，取当地出产的优质高粱做原料，以大麦、豌豆制成的大曲做发酵剂，改"白醋"为"熏醋"，又用"三伏暴晒、三九捞冰"的办法，制出了又酸又香又绵的茄子黑色的陈醋，名闻乡里。有一天，这醋香飘进了县太爷的鼻子里。从此，王来福的命运发生了改变。

有一天，钦差大人路过清徐时，当地的县太爷请他吃山西的刀削面。吃面怎么能少得了醋呢？那就来点王来福做的陈醋吧！钦差大人吃了加了醋的刀削面，连称"好吃！好吃！好吃！"县太爷眉开眼笑，送了钦差大人几坛子陈醋作为顺水人情。尝了鲜的钦差大人自然忘不了待在紫禁城的皇上，于是借着皇上赐宴之机，向皇上献上了王来福陈醋。

一筷子又一筷子，皇上对王来福陈醋简直爱不释手，这可看傻了站在一边伺候的宫女、太监。"这是什么东西呀？什么时候见过咱们皇上对一样东西动过两次筷子呀？"散了御宴，皇上对王来福的陈醋还是念念不忘，把钦差大人叫到御书房问这陈醋的来龙去脉。听了钦差的介绍，皇上很是高兴，御笔亲书"山西老陈醋"五个大字，并命王来福进京，专为御膳坊做醋。

"王来福，你的陈醋是怎么做的？怎么这么好吃？"王来福一介草

民,哪想到有机会在金碧辉煌的金銮殿面圣。皇上威严的语气让他以为自己是不是做错了什么事情。他跪在大殿上,低着头,心里害怕,声音颤巍巍的:"醋好吃有三个原因——水质、原料和工艺,山西的水最适合做陈醋,皇上想吃好醋,最好让我回清徐做醋,以供皇宫。"皇上听后,连声称"好",当下就封王来福为九品宫膳作师(做醋的官),赐檀香木旗杆一根,高悬金丝线绣成的有御笔"山西老陈醋"五个大字的锦旗。

打这以后,"山西老陈醋"便在中华大地上扬名了。

"东湖醋"长在红旗下

正如世上的很多事情一样,"一人得道,鸡犬升天",王来福火了,山西当地的醋不管正不正宗也都跟着火了。当然,经过岁月的考验和人为筛选,"山西老陈醋"逐渐发展壮大,形成规模,有了规范,也有了品牌。这其中的佼佼者当属梗阳的"美和居"醋坊。

"美和居"的醋与一般的醋的做法不同。"美和居"的醋最先得名"陈醋",是因为酿造的时间长,加上自己独特的生产工艺,生产出的醋醇厚如陈酒,故而得名陈醋。凭借独特的口味,"美和居"的牌子逐渐成为当地的知名品牌,并发展成为当时最大的制醋作坊,显赫一时。

这一显赫就是几百年,"美和居"的醋从顺治元年(1644)一直飘香到民国。提起"美和居",就像现代人提起"镇江老陈醋""山西老陈醋"等品牌一样,无人不知,无人不晓。饭前餐后吃点"美和居"的醋,那就是一种享受,甚至被当时的人们认为是贵族才有的享受而纷纷效仿。本是普通的一种东西,就这样一传十、十传百,变成了"神话"。

所谓"祸福相依",或许这也限制了"美和居"的发展。"美和居"尽管依仗皇家的青睐,显赫了几百年,但是辛亥革命的炮声还是击碎了"美和居"空中楼阁式的根基。在军阀混战、民不聊生、四处逃窜的年代，达官显贵们连口热饭都来不及吃，更别说吃点醋、调个味了。而食不果腹、衣不蔽体的老百姓更没有闲钱买点醋、讨个味儿。于是，曾经的醋业帝国"美和居"也就没落了。

但"美和居"毕竟是传承几百年的老字号，早已在祖祖辈辈的味蕾上打上了烙印。不来点老陈醋，这生活似乎总缺了那么点味道。中华人民共和国成立后，在党和政府的支持下，早先的"美和居"联合山西当地21家制醋坊，成立了"山西老陈醋厂"。

新厂子新气象，山西老陈醋厂既要传承和发扬传统手艺，同时也该在现有的基础上发展创新，以便更适合现代人的口味。厂领导经过研究，一致做出这一决定，并将这一理念传达给厂里的技术人员。这下可难坏了技术人员，毕竟"美和居"老陈醋是传承了几百年的手艺，想改可不是一下子能改好的。

新老几代技术人员经过商议，一致认为这"美和居"制醋的手艺不能丢，但可以在这个的基础上进行改进。新醋应该保留原料的有益成分，这点固态发酵可以做到；大曲糖化发酵的方法可以保留陈醋中原汁原味的自然味道，正好老厂房里保留有制曲车间，还省了再建造场地、购买设备的资金。

想法是好，但是实践起来不是那么简单。经过反复试验、冥思苦想，却总不见半点成效，但是危机有时也蕴含着转机。

那是一个冬天，新的实验方法刚被证明是错误的，大家

东湖陈醋

都很悲伤，一筹莫展。突然，"快看，快闻闻，是不是这种味道？"一个响亮的声音顿时吸引了众人。他们一哄而上，围着新发现的东西。经过检验发现，他们酿造出的陈醋各项理化指标最高，各种营养物质的含量是其他醋的十几倍甚至几十倍。它具有其他醋所无法达到的厚重感和香味。

他们终于研发出新的陈醋品种，兴高采烈的人们给它取名为"东湖"。这个新的陈醋品种不仅继承和发扬了山西老陈醋的传统制法，沿袭了前人创造的"熏蒸法"和"夏伏晒，冬捞冰"的做醋方法，而且在口感和营养上也都更加符合时代和社会的需要，从而开启了陈醋的"东湖"时代。

"东湖"来了个郭总

现如今，东湖老陈醋让人难忘的不仅是其产品的口味，还有令人拍案叫绝的"手工醋坊"。

推门而进醋坊，一股浓郁的醋味即刻扑鼻而来。走过几个迂回曲折的走廊后，醋味越来越浓，随后就能看到成群的工人忙活着手里的活儿。若不是事先有心理准备，真的会以为自己已回到"美和居"的盛世之时。

恰巧一批刚蒸好的高粱正要出锅，醋工将高粱摊开放进冷却池冷却，等温度降到一定程度，再加入大曲。这种大曲是"东湖"陈醋最宝贵的工艺材料，作用相当于酵母菌。加入后，醋开始发酵，这时候，人群中多了个人影，工人纷纷让路，原来是山西老陈醋集团有限公司的掌舵人郭俊陆。

郭俊陆跟着醋工一起，将加入大曲成分的高粱推入熏醅车间，来给醋上色。车间里有六个锅，据说是每天换一个，经过一周，醋就成了红褐色，都是自然上色，而这正是"东湖"老陈醋的精华所在，也是现如今稳坐陈醋界第一把交椅的秘诀。

其实，中华人民共和国成立之初，东湖醋虽然在党和政府的支持下，在老百姓的殷切期盼下，闯出了点名堂，但改革开放后，长期受到计划经济影响的醋厂，根本经不起改革竞争的冲击，跟当年很多国有企业一样，产品销量下滑，甚至一度陷入破产的困境。1994年，郭俊陆临危受命，力排众议，买断了已濒临破产的山西老陈醋厂，接过了掌舵人的大旗。

尽管郭俊陆有多年积累的家产，但仍抹不去老醋厂的满目疮痍。郭俊陆明白，东西是好东西，但是老的观念限制了醋厂的发展，要想发展必须先要解放思想。郭俊陆首先召开全体员工会议，将自己改革的决心以及想法与员工做了充分交流，之后大胆改革、勇于创新，变卖了一些用不了的设备，以更新换代。

大刀阔斧的改革总是会伤害一些人的利益，郭俊陆的改革也不例外。厂里下发的变卖批文迟迟得不到执行，更有一些老员工倚老卖老，联合起来不买郭俊陆的账，更是四处散布谣言，说郭俊陆卖厂。谣言传到了郭俊陆的耳朵里。他心思缜密，不为所动。他同时派人调查工人的生活、工作情况，力求做到事无巨细以能了然于胸。

过了几个月，郭俊陆又召开了一次大会，当众将扰乱军心、带头闹事的几个工人点名批评，并将他们鼓动工人闹事、暗中却中饱私囊的无耻勾当公之于众。这时，其他员工才恍然醒悟，发现自己被利用了，同时更佩服郭俊陆的智慧、仁义与魄力。"跟着郭俊陆干，有奔头！"经此一事，郭俊陆不但排除了众议，还赢得了人心，树立了威信。此后，他的改革顺风顺水。山西老陈醋——这个经历过百年风雨的品牌，这个曾经几度濒临破产的醋厂，逐渐起死回生。

1996年，郭俊陆紧跟时代的发展，以山西老陈醋厂为基础，组建了山西老陈醋集团有限公司。公司引进全新的管理模式、先进的生产设备，创立新的经营理念，使老陈醋的产值和销售量逐年大幅度提高，成为山西醋业的龙头企业。"东湖"牌老陈醋的产量和出口量均居全国第

一，老陈醋市场占有率居全国第一。老陈醋的声誉也得到进一步提升。与此相应，员工报酬也逐年提高。

单是做醋，郭俊陆并不满足。他考虑，自己是做醋起家的，山西老陈醋集团没有了醋也就没了根基，保留醋厂和做醋是必须的。于是，他便在此基础上，发展别的产业。1996年，公司成立了全国首家酿醋业工业旅游基地——"东湖醋园"。

在一个风和日丽的上午，山西老陈醋集团有限公司的大楼里喜气洋洋。董事长郭俊陆刚被授予"省优秀党员""劳模"称号。郭俊陆已经不记得这是自己第几次获得荣誉了。面对来恭贺他的领导和一线员工，他深情地说："好的原料和用心去做是东湖老陈醋品质的两大保证。而今天我也诚心请大家喝醋！"

此话一出，来贺的众领导面面相觑。"醋是调味品，蘸醋尚可，喝醋谁能受得了。"相比领导的不解，公司的员工们可就了然多了——董事长郭俊陆是想借此机会推销自家的醋饮料呀。郭俊陆话音刚落，门外款款走来一排礼仪小姐，她们每人手里端着一个盘子，上面摆放着盛满醋的杯子，送到领导们面前。

"干杯！"郭俊陆还没等领导们缓过神，就先行饮下。主人都喝了，客人也不好推辞，众领导也纷纷举杯饮下杯中物。"原来醋还可以当饮料喝呀！味道不错！"人们纷纷开始议论。工作人员马上在现场摆出酒、雪碧和醋，演示了两种醋饮料的调配方法。领导们第一次见到"调醋"，很兴奋，拿起杯子品尝，笑言："以后可以以醋代酒。"

看着领导和员工们举杯畅饮的场面，郭俊陆不禁眼圈发红。山西老陈醋在郭俊陆的领导下，不但传承了老手艺，还发扬了新工艺。

"勾兑风波"老陈醋

"铃铃铃！"刺耳的电话铃声打断了此时的讨论声。郭俊陆漫不经心地拿起电话，"什么事？正开会呢。""郭总，不好了，出事了。"几分钟时间里，惊讶、担忧、着急各种表情在郭俊陆脸上过了一遍。会场一片宁静，大家默默地看着郭俊陆，心里祈祷："千万别出什么乱子。"

郭俊陆放下电话，说了声"散会"，就径自离开办公室。他心里嘀咕："这是大乱子，该如何将损失降到最低呢？"郭俊陆脸上凝重的表情表明了事情的严重性——山西老陈醋又一次要面临生死劫难了。

开会的同事似丈二和尚，摸不着头脑。其实这时网上早已经炸开了锅。有人在接受采访时说：市面上的山西老陈醋95%都是勾兑醋，醋精本身不含营养成分，勾兑比例掌握不好的话，还会对人体造成伤害。国家目前虽有所谓配制食醋的标准，但尚无手段检测出勾兑的是不是工业级冰醋酸以及勾兑比例是否合乎标准。

开门七件事——柴米油盐酱醋茶，醋出问题了，怎能不引起轰动？质疑声四起，尽管山西醋业相关方面迅速做出回应，但是依然堵不住悠悠众口。山西老陈醋的信誉被推上了风口浪尖。

郭俊陆匆匆找来秘书，让其通知集团董事开紧急会议。"同志们，想必大家都知道关于'95%勾兑醋'的事情了。做食品的最重视信誉，老百姓最重视安全。老陈醋又面临生死攸关的考验。大家看看该如何解决。"经过一夜的讨论，郭俊陆决定：公开就是最好的回应。主意已定，郭俊陆随即发文邀请各大媒体到"手工醋坊"参观。

在现场，郭俊陆跟媒体介绍："纯正老陈醋的一切，都在这里。"紧接着，工人把蒸好的原料进行加热，让原料充分接触和糊化，此后便放在缸里进行进一步发酵，也就是传统工艺中的"熏"。随后，媒体又跟着郭俊陆来到下一道工序的工作地点。工人向大家介绍："熏的过程尽管需要大约一周的时间，但这个过程并不复杂。"这个流程就是每天定时把缸子里的原料进行一次充分的搅拌，以防止腐化。此后，这些原料将被倒进一个池子里，往池子里浇水，醋便通过池子底部的一根管子流出，将第一次流出的醋再次灌入池子，往返两次，不出意外的话，这

便是老陈醋的原液。

"那么勾兑是怎么回事呢?"媒体显然是带着问题而来。郭俊陆知道这才是媒体和社会最想知道的事情,也是他们必须要做出解释的。面对媒体,郭俊陆认真回答:"勾兑本身并不是个坏词,现在媒体都误解了勾兑的含义。正常生产需要添加食品添加剂,所以勾兑不是个吓人的东西。现在不让用醋酸,而我们用的一直都是100%的原醋。"

这一次公开让媒体和社会认识到"东湖陈醋"忠实继承了古代优良传统的精髓,是用纯粮酿造、没有任何添加成分的绿色食品。经过实地考察和一系列介绍,大家都发自内心地认为东湖醋不愧"华夏第一醋"之称。

尽管郭俊陆的公开多少挽回了东湖老陈醋的声誉,但社会上对"95%勾兑醋"的质疑并没有完全消退。而此事件牵连出的山西部分制醋企业存在的粗制滥造问题也开始引起世人的关注与重视。对此,山西醋的正宗传人与真正代表——"东湖"醋业深感愤怒,严厉谴责这种"砸祖宗牌、断子孙碗"的犯罪行径。郭俊陆代表山西老陈醋集团公司向来访媒体表态,决心与广大消费者一起抵制造假等假冒伪劣行为。

摆在"东湖"醋业前面的路并不好走,郭俊陆能否带领"东湖"创造另一个神话,咱们拭目以待。

吴裕泰
——门洞里的生意经

两百多年前,北京人说:"北新桥附近的门洞里有一家安徽人开的茶栈叫'吴裕泰'。"两百多年之后,北京人会说:"'吴裕泰'茶叶是我们生活中的必需品!""吴裕泰"究竟是怎样成长壮大起来的呢?让我们循着"吴裕泰"的发展足迹去探寻一下吧。

吴裕泰茶店

门洞里的茶叶铺

清光绪九年(1883),朝廷举行会试。全国各地的举人都备齐盘缠进京应试。

徽州歙县的吴锡卿有一个好朋友,是一位举人,他也要进京考试。这天,他来到吴锡卿的家里向他辞行:"吴兄,又到了会试的年份,明天我就要启程上京,这一段时间,我们不能一起饮茶作乐了,待我回来,再与你做伴。"

"兄弟,不如我随你一起进京吧,我长这么大还没进过京呢,也不知道京城是什么模样。"吴锡卿嘴上这么说,心里却早已打好了如

意算盘。

吴锡卿祖上世代经商,至他这一代,生意一直不景气。他一直想将自己生意的范围扩大,走出歙县。这次赶上大考之年,正好有人陪他进京,对他来说正是一件美事。

第二天,两人在城门口碰面。举人见到吴锡卿的行李竟然比自己的还多,"我说吴兄,你这大包小包的是什么?我这个考试的带着这么多书,行李还没你的多呢。"

吴锡卿说:"哦,我带了些茶叶,到了北京,我们可以继续一起喝家乡的茶。"

"吴兄,到了京城,我就安心读书了,这茶啊,你就自己喝吧。"举人朋友还是不理解,吴锡卿为什么要带这么多茶叶,即使他们一天喝到晚,这些茶叶也是喝不完的。

刚进北京城,吴锡卿就感叹道:"哇,京城就是京城!真是繁华!"

为了能取得好成绩,举人朋友安顿下来之后,就闭门看书应试。而吴锡卿空闲的时间就多了,他东看看西瞧瞧,觉得什么都新鲜。

初到一个陌生的地方,难免需要当地人的指点。吴锡卿和举人朋友租住在北京当地人的家里。因此,他们就多了许多邻居。有什么需要帮忙的,吴锡卿就去寻求邻居们的帮助,一来二去,相互熟悉起来。而吴锡卿也越来越觉得不好意思。邻居们在生活上给了他很大的帮助,他该怎样回报他们呢?

对了,茶叶!家乡的茶叶可是香喷喷的呢。

吴锡卿拿了些茶叶赠予邻居们作为答谢。令他没有想到的是,邻居们喝过茶后都赞不绝口,都说茶叶清香无比,还极力劝说他摆个地摊卖茶叶。

吴锡卿也觉得这个建议不错。他这次来北京,其中一个目的就是为自己的茶叶打开销路。经过一番观察,吴锡卿选中了北新桥大街路东的一个大门洞作为摆摊的地点。这里曾经是一个大户人家府邸大门，后来这家人落魄了，人去楼空，门洞就一直残留着。

门洞所处的地方是人口居住最密集的地方，居住着各色人群，最重要的是吴锡卿发现，北京人特别喜欢喝茶，摊子摆在北京这个地方真是明智之举。

几天之后，茶叶便销售一空。吴锡卿后悔当初没多带一点茶叶过来。

一段时间之后，会试的榜文发布了。吴锡卿的朋友落榜，但是他发誓一定要中榜，谋个一官半职的，所以决定留在北京苦读，等待下次科考再考。

吴锡卿为了安慰朋友，就一直陪着他。这天，朋友红着脸，支支吾吾地说："吴兄，我有个不情之请，不知道你能不能答应。眼看着我身上的盘缠已经用尽，还借了你不少，我想麻烦你回家乡帮我取些银两，不知道你能不能应允。"

朋友的这个请求正迎合了吴锡卿的想法，他也想回家乡一趟，多置办些茶叶来北京卖。他立刻回答说："我当然应允了，我也正想回去带些茶叶来卖，我这也是顺路。"

吴锡卿回到家乡，尽其所能地带回了大量的茶叶，正式开始了在北京的茶叶生意。当时茶叶包装纸上只印刷有"北新桥路东大厅便是"的字样。由于茶叶的质量上乘，即便包装简便，吴锡卿的生意也是日渐红火，业务发展很快。

不久之后，吴锡卿将家人接到了北京，正式在北京落户。吴家经过数年努力积累了一些银两，最终将这个大门洞买了下来，经过修缮，建成店铺门面，并起用了字号"吴裕泰"。

吴裕泰的第一块牌匾是花钱请老秀才祝椿年题写的。1887年，茶栈正式悬匾开张。由于当时吴裕泰茶栈以仓储、运销、批发为主，以门市零售为辅，故称茶栈，而不叫茶庄。祝秀才题写的那块牌匾挂了几十

年，伴随着吴裕泰走过了风风雨雨。

吴家懂得锐意进取，做生意童叟无欺，渐渐在京城站稳了脚跟。为了扩大经营，吴家就把与这个大门洞后面相连的荒芜府第（约十五亩）全部买了下来。

吴锡卿将整个大院重新修建，建成环绕群房五十多间，还在院落南端（骆驼胡同路北）修建了宽大的门楼，被北京人称为吴裕泰大院。

老铺待客似宾朋

清朝时期的老北京人出了名的爱喝茶，不管是王公贵族，还是平民百姓，不管有事没事，也不管心情好坏，都愿意沏上一杯，慢慢悠悠地品茶，为好心情庆祝，为坏心情释怀。

据统计，早在元明时代，北京人就十分喜欢饮茶。经过几百年的发展，北京茶叶市场已经比较成熟，既有高档名贵的茶，也有价格极为便宜的高末花茶。

吴裕泰做生意之初也有过困惑，京城这么大，茶叶市场也算是繁荣，那么到底要将自己的客户定位在什么水平呢？是豪门贵族，还是平民百姓？

经过一番思量，吴裕泰选择了后者。吴裕泰店铺中有副对联，大意是说，京城百业竞奢华，而大富大贵之豪门的数量毕竟是少之又少，古城人民多崇尚节俭，毕竟小门小户人家才是社会的主体。

吴裕泰以老百姓为上的服务经营方针和态度赢得了人们的赞许。吴裕泰店铺在刚刚成立之时，没有设立分店，更没有我们现在的连锁店，但物美价廉的经营方针使得城里城外的人们宁愿多跑上几十里路，也要到吴裕泰茶庄来买茶叶。

吴裕泰最开始将门洞定为店面，店里的面貌虽然有些古老陈旧，但店堂里的布置很温馨和谐，使顾客有一种宾至如归的感觉。

走近店铺大堂，迎面而来的是一大面玻璃镜，左右两侧是金色的抱柱楹联："雀舌未经三月雨，龙芽先占一枝春。"大堂两旁各自摆放了一排一字形的尺柜，并且两门与后室是相通的。两个尺柜内侧贴着大幅的"丹凤朝阳"商标。

大堂里还摆放着应时的花卉，像茉莉、碧桃、桂花、梅花、玫瑰等，不仅赏心悦目，也衬托出了茶文化的雅趣。

来吴裕泰买茶的顾客可以在店堂里小坐，也可以在后堂喝茶。经常去吴裕泰的顾客，熟悉了，通常自己去店堂取茶取水。

吴裕泰从店面的装修到招呼顾客的方式都让顾客有种宾至如归的感觉，这正是其成就百年老店的方法之一。

另外，值得一提的是，吴裕泰茶庄的顾客大部分是回头客、老主顾。有的家庭，几代人都喝吴裕泰的茶叶；有的顾客即使人不在北京，仍坚持喝吴裕泰的茶叶，喝完了就从北京邮购，真可谓"半生喝茶，一世情缘"。

茶庄严把拼配关。各种档次的茶叶，他们都拉单子、拼小样，多次品尝，精心调配。吴裕泰茶庄茶叶的质量和品位都高于市场同档次的茶叶。

五子共谋发展计

直至清末，创始人吴锡卿一直是吴裕泰的掌柜。这位吴老太爷将茶栈的生意越做越大，用"吴裕泰"这个字号先后开设了十几家分铺。

生老病死是自然界的规律。吴老太爷的身体渐渐衰老，临终前将所有产业平分成五份，分别写了五张字条，让五个儿子抓阄，谁抓到哪儿就掌管哪儿。这五张字条上分别写有"仁""义""礼""智""信"。凑巧的是，他的五个儿子由大到小刚好按顺序抓到了"仁""义""礼""智""信"。

三、四、五房的兄弟年纪较轻，还想打拼，于是他们就商议将各自分得的商店、房屋等财产重新合并，共同居住生活，共同经营商

号。为了更好地管理，他们组建了一个管理机构，起名为"礼智信兄弟公司"。

公司创建伊始，礼记的吴德利茶庄、智记的吴裕泰茶栈和吴鼎裕茶庄、信记的协力茶庄等六家商店都纳入公司名下。而这几家商店所掌管的总共十万两银子也由各店的掌柜交于公司，由公司统一经营和管理，赚了钱大家一起分。

有足够的资金支持，对吴裕泰来说，可谓是如虎添翼。公司可以放心购进货物，更好地发展吴锡卿给他们留下的产业。而最重要的是，他们都秉承了吴锡卿给他们留下的"仁义礼智信"精神，团结一致，这不得不说是吴裕泰发扬光大的一个重要原因。

20世纪初，京城规定外埠茶商不能再入驻。对以批发为主业的吴裕泰茶栈来说，这条规定为其快速发展提供了前所未有的良机。这是因为，在北京经营零售业务的茶庄的进货途径主要有两种，一种是从天津批买茶叶，另一种是从本地批发商那里批发，而这些批发商的茶叶都是直接从茶叶产地采购来的。

这样巨大的商机，礼智信兄弟公司怎么会看不到呢？他们立即组织开会，几个兄弟经过商议，决定实行外围重点发展的战略，准备在天津开茶庄。

不久之后，三兄弟就在天津北大关一带建起了天津裕升茶庄，还在离北大关不远的地方另修建了一栋三层楼房，作为仓库和员工宿舍。

裕升茶庄主营批发业务，发展速度极快，没多久，员工就发展到了两百多人。后来，"裕升"几乎取代了"吴裕泰"在天津茶业市场中的地位，成为礼智信兄弟公司最主要的利润来源。

反映吴裕泰茶文化的图画

吴裕泰独特的年文化

中国独特的国情决定了春节前后是茶叶销售最繁忙的时候,每年从腊月二十三祭灶开始,买茶叶的人就多起来了,有的为送礼,有的为迎客。吴裕泰的名声已经传开,到这里来买茶叶的人自然就多。

从腊月二十三开始,吴裕泰既要为店面张灯结彩,还要为不同层次的客人准备各种档次的茶叶。过年图的就是开心,人们花钱花得心甘情愿,所以吴裕泰的生意也格外好。每年大年三十的晚上,吴裕泰茶栈提早闭门休市,他们要热热闹闹地进行一系列的活动,这就形成了吴裕泰独有的年文化。

活动是以子夜的"接神"仪式开始的。在这个仪式中,有用芝麻秸秆扎成的佛龛样的"钱粮筐子"框架,这象征着来年的生意像芝麻开花那样节节攀高。

另外,吴裕泰还会在过年前特意定制一挂两万头的鞭炮,总长度约有两丈。吴裕泰在挂鞭炮这样的小细节上也是有讲究的,要先从下面单挂,然后在上面变成双挂,再往上就是同时挂起四挂,这样的结构在同时点燃的时候,甚是好看,同时也象征着店铺越来越兴旺。

在早年,新年的子夜常有穷人家的孩子手持一张纸质的财神像,到街上的店铺门口高喊:"送财神爷来啦!"店铺管事的会给他们红包,为的也是图个吉利。在短短的十几分钟内,吴裕泰就能接到上百张财神,这种现象年年如此。在店门口高喊的孩子们为吴裕泰的年庆增添了几分欢乐祥和之气。这些都构成了吴裕泰特殊的、值得纪念的年文化。

崇尚勤俭,乐善好施

俗话说:"家和万事兴。"礼智信兄弟公司的"礼""智""信"三兄弟互谅互让、同舟共济,将吴裕泰茶庄经营得有声有色。

公司的主管是兄弟中的老四,人称吴四先生。他为人忠厚、崇尚勤

俭、兢兢业业，与其他两位兄弟一起苦心经营着父辈留下来的茶庄。在公司里，吴四先生铁面无私，一切按礼智信兄弟公司的章程办事。当然，他对自己的要求更严格。

这位吴四先生在思想上深受儒家文化的影响，因此他做起生意来不仅严守道德规范，同时也以极大的热心不遗余力地投身公益事业。他在公益事业中担任着一些社会职务，同时也经常参加一些公益活动。他有一颗慈悲的心，经常慷慨解囊，救助社会上的饥寒之家。冬季寒冷之时，他还在东直门一带开设临时粥厂，免费给穷苦人提供暖身的热粥。

吴家虽说是豪门大户，却十分节俭。因此，尽管他们有着大宅门的气派，却始终给人一种平常人家的感觉。正是吴家的这种姿态使吴裕泰的名号赢得了广大消费者的认同。

正是这种种良善德行让吴裕泰成为了百年老字号，久负盛名。在很长一段时间里，吴裕泰茶庄撑起了北京茶叶市场的半边天，是北京地区收益最大的茶庄。

吴裕泰发展至今已有一百多年的历史，相对于从神农尝百草发展至今的整个茶叶史，吴裕泰的历史也不过是一瞬，但是对吴裕泰来说，这段历史浓缩着几代人的奉献和追求。

像其他老字号一样，随着社会的变革和历史的发展，吴裕泰也经历了许多浮浮沉沉，但最终还是取得了胜利，将生意越做越大，将形象越做越好。

张一元
——一等茶庄属张家

位于北京大栅栏的张一元茶庄是茶叶里的老字号，已有百余年的历史，走过了沧桑坎坷，茶庄里仍保留有过去时代的气息。置身张一元，使人恍如隔世，犹如回到了它刚刚成立的那个年代。

张一元茶庄

张一元茶庄创建

自古以来，安徽就是茶叶之乡，祁门茶、六安茶、黄山茶等名扬国内外。

张文卿出生于安徽省歙县定潭村，很小就帮助父亲料理家中的几亩水田和茶田了。家里有地，虽说饿不着，但也富裕不起来。为了让张文卿有更好的将来，父亲准备让他走出闭塞的山村，去大地方发展。

为此，父亲几乎动用了所有的关系，终于在张文卿17岁的时候，成功送他去北京崇文门外磁器口的荣泰行茶店做学徒。张文卿临走之时，

父亲既高兴又担心，一个劲儿地叮嘱张文卿到了那里要好好工作。

张文卿知道父亲的良苦用心，满口答应着，含着眼泪离开了生活了17年的山村。

当时，北京磁器口地区是个商业闹市区，每天来这里做买卖的人络绎不绝，荣泰行茶店的生意十分兴隆。店里的生意多，张文卿从不叫苦叫累，眼尖又勤快，掌柜的经常夸他。

聪明又勤快的张文卿仅用了三年多的时间就学会了在后柜拼配茶叶、在前柜接待顾客。荣泰行的老板感觉到张文卿心气高，预感他离店的时间应该不远了。

不出所料，大约在清光绪二十二年（1896），张文卿辞了柜，在同行和朋友的帮助下，在花市大街路南的一家烟铺门前摆起了茶叶摊，取名叫张记茶叶摊。他发誓若是哪天赚足了本钱，一定开一家茶叶店。

为了招揽顾客，张文卿都是拿上好的茶叶泡上一壶，请顾客买茶叶前先品尝，感觉喝对口了再买。张文卿拼配的茶叶质优价廉，天长日久，张记茶摊就出了名，生意也越来越好。

荣泰行茶店的掌柜听到这个消息，叹了口气说："我就知道这小子有出息，看来不用多久，北京城内就会又多一家上好的茶叶店了。"

清光绪二十六年（1900）春，张文卿茶叶摊后边的烟铺由于买卖做亏了，无法维持下去，不得不关门大吉。张文卿瞅准这个机会，用这几年的积蓄将烟铺盘了过来。

经过大约一个月的整修和备货，茶庄开张了。张文卿为茶庄取名为"张玉元"。这个名字包含着他的良苦用心。"张"字是张文卿的姓，表示茶庄是张家的买卖；"玉"字是"玉茗"的简称，"玉茗"本是名贵的白山茶花，在陆羽的《茶经》中，它是茶叶的通称；而"元"字有"一"的意思。这三个字合起来就是"张家的第一等的茶庄"。

应了"张玉元"这个名字的彩头，茶庄生意兴隆，财源广进。张文卿有资本在手，萌生了开设第二家店的念头。1906年，张文卿在大栅栏观音寺开设了第二家店，取名"张一元"，这个名字有"一元复始，万象更新"之意，读起来比"张玉元"还顺口。

第二家茶庄开起来之后果然是万象更新，生意也是好得不得了。仅仅两年之后，张文卿又在大栅栏街开设了第三家店，同样取名为"张一元"。为了与前一个店区别，这个店被称为"张一元文记茶庄"。清末民初时期，前门是北京最繁华的地段，两家"张一元"的生意明显好过"张玉元"，人们也大多记住了"张一元"。

"张一元"在当时的影响力极大，正通银号还拿它当作炒作的手段。正通银号于1917年在珠宝市路东开业。当时，民国政府发行"黄河奖券"和"建设奖券"，正通银号取得了推销它们的业务。为了更好地扩大宣传，当时的负责人宣称，"张一元"的老板张文卿就是用一块钱买了一张"黄河奖券"，得了个头彩，才开了这个茶庄，也因此取名为"张一元茶庄"。

从时间上来说，这个说法一定是不真实的，只是正通银号的一个宣传噱头而已，但这件事从侧面反映了张一元茶庄在当时的火热程度。

茶庄火热的秘密

在大栅栏连开两家张一元茶庄后，张文卿暂时将店铺交给伙计看管。他亲自到福建开办了茶场。他在福州郊外半山坡上盖了几十间房子，雇用当地人按时收购新摘的茶叶，并买花自己熏制。

对于京城及其他等地北方人的口味，张文卿非常了解。他指导工人们熏制、拼配，制作出了具有特色的小叶花茶。张一元花茶汤清、味浓、入口芳香、回味无穷，受到了广泛认可。

张文卿自己办茶场，不仅熏制的茶叶清香，而且由于省了中间的茶商环节，其茶价较其他店的要便宜很多。谁都喜欢价廉物美的东西，来光顾张一元的人自然就多。

为了使自己的茶叶质量高于同行，张文卿以及后来的张一元茶庄的

掌柜都会经常派人到一些茶店掌握商品行情，并且买回别人卖的茶叶，与自家同级茶叶比较，以求做到最好。

张一元茶庄不仅货品齐全、质优价廉，而且掌柜和员工对待顾客都是彬彬有礼、态度和气。

张一元茶庄的服务比较周到，不仅在店堂中设置品茶桌，而且还允许顾客看茶叶小样即先看货后买茶叶。另外，茶庄还设有电话和函购业务，凡是单次购买2.5公斤以上茶叶者，茶庄可负责送货上门。

自1982年开始，张一元茶庄还开展了代客邮寄业务。不管国内国外，只要有人来信、来电购买张一元的茶，茶庄就会为顾客免费包装和送寄，但邮资需由顾客自付。这一类似于淘宝商城的做法坚持了许多年。为了将业务做得更好，张一元茶庄又与北京市邮政管理局等联合开展"张一元免费送茶工程"，造福于张一元茶庄的顾客。

为了招揽顾客，张一元茶庄还是第一个用高音喇叭播放歌曲、戏剧的茶庄。据说，张一元茶庄每次播放彭素海用西河大鼓演唱的《三下南唐》时，门前总是围着一群人。有顾客就有消费，张一元的这些招数牢牢地锁住了顾客。

沉沉浮浮张一元

1931年，经营茶庄几十年的老掌柜张文卿去世。不知是何原因，张家没有人愿意出面经营，在北京的几家张一元只好分别委托外人经营。茶庄虽然易主，但营业状况并不比以往逊色。

可随着战争的来临，张一元等老字号无一幸免，都受到了战争的影响。1937年"七七"事变后，北京沦陷，各业凋敝，张一元茶庄的营业额逐渐下滑。

如果说北京的沦陷带给张一元茶庄的是重重一击，那么1947年的大火便是毁灭性的打击了。

1947年的一天，大栅栏张一元茶庄店堂中的伙计正忙着招呼客人，忽然听到后楼传来喊声:"着火了!后楼着火了!快来救火!"

茶庄是最见不得潮湿的,茶叶需要一个干燥的环境,在这样的环境中起火,不可能说救就能救下。大火噼里啪啦地烧着,人们除了拼命抬水浇水,没有任何办法。最终,茶庄被烧得只剩下前槽门面。这致命的打击让张一元茶庄一蹶不振。为了生存,店员们不得不在店前摆茶摊,直至北京解放。

1951年,张一元文记茶庄得到张家的资助,在政府保护、发展民族工商业的政策下,重建店堂。1952年,观音寺张一元茶庄和大栅栏的张一元文记茶庄合并,两家店都是张文卿创立的。

合并后的张一元茶庄仍发扬以前的优良经营传统,在茶叶的质量、种类上不断更新、改造、调整,仍受到消费者的欢迎。1990年北京召开第十一届亚运会期间,来到北京的亚奥理事会官员和各国运动员都慕名来张一元茶庄购买茶叶。

1956年,在公私合营的大潮中,花市大街张玉元茶庄撤销,至此,北京城内,张文卿创建的三家茶庄只剩一家。

通货源起死回生

在计划经济年代,张一元的茶叶和其他所有茶叶店一样,都是统一配货,茶庄作为老字号的优势和特色已经荡然无存。

计划经济结束后,为迎接市场的挑战、发扬中国的老品牌,1992年,北京市张一元茶叶公司成立。当年,王秀兰受命担任公司总经理。她在上任之初就暗下决心,要恢复和发展张一元一些失传断档的传统风格;与此同时,也要适应市场的发展,多方努力,只有这样才能创建一个新面貌的张一元。

王秀兰走马上任后的第一件事就是走访老顾客和张家后人,希望能尽快恢复老字号传统。经过收集各方资料,王秀兰将张一元茶庄的特色产品定为茉莉花茶。

张一元有句老话："宁可人不买，不可人买缺。"但是计划经济年代，京城茶庄的茶叶家家一个味儿，人有我有，人无我无，货源非常单一。为此，刚上任没几个月的王秀兰就踏上了寻找茶源之路。

王秀兰来到著名的闽东茶厂，希望能直接获得货源。但是习惯了与各省市茶叶大公司打交道的茶厂领导，压根就没将一个自动找上门来的"小公司"放在眼里。

王秀兰没有因此而放弃，厂领导不见她，她就在厂门口等，见到领导之后就迫不及待地给他们讲述张一元的历史、介绍张一元的现状，一次说不完，就等下一次继续说。在很长一段时间里，王秀兰忙碌的身影频频出现在闽东崎岖的山路上。

闽东茶厂的领导最终还是被眼前这个女经理打动了。他们决定冒着得罪大客户的风险，给张一元直接供货。

王秀兰的努力使得优质的茶叶源源不断地摆上张一元的柜台，使这个危在旦夕的百年茶庄又活了过来！

仅仅卖别家的茶叶可不是王秀兰的最终目的，她知道张一元的创始人张文卿就是靠着自家制茶的特色逐渐发展起来的，她要把这个传统发扬起来。

1994年，王秀兰冒着极大的风险，收购了闽东一家老茶厂，誓要将这家茶厂发展成为闽东张一元茶叶基地。为什么说是冒着极大的风险呢？因为王秀兰投入了100万的资金，这可是张一元年收入的一半。张一元的每位员工都为她捏了把汗。收购茶厂之后，王秀兰"买山种茶"，精心管理，付出了所有的心血。

事实证明，王秀兰的做法是见效的。当年，张一元的产值就超过500万元，第二年达到800万元，茶场活了，张一元的牌子也在茶区打响了。不仅如此，1994年，张一元茶庄自己生产的茶叶上市，老传统新包装，张一元再次一炮而红。张一元茶行成为第一家恢复传统花茶口味的茶行。

打铁趁热，王秀兰相继在福建、浙江、江苏、湖南、海南五指山、四川峨眉山等地建起了茶叶生产基地，形成了张一元产供销一体化的专业网络。

古人诗云："买得青山只种茶。"这种买山种茶的宏愿被王秀兰在现实生活中实现了。

鉴于中国茶"有名茶无名牌"的情况，王秀兰还在茶叶品牌上付出了努力。张一元茶庄把中国古代茶文化与张一元茶庄的发展历史相结合，努力培育"张一元"这一品牌。受战争的影响，"张一元"的老匾已经失传，为了统一企业标识，公司请来书法家董石良先生重新书写了张一元牌匾。

此外，为实施品牌延伸的新战略、发展茶饮料的深加工产业，2002年，张一元茶庄公司投资3000万元在北京通州区成立张一元饮品有限责任公司，引进全封闭式的自动化生产线和先进的仪器检测设备，生产茶饮料、果汁饮料、饮用水三大类产品。

书法家董石良先生重新书写的张一元牌匾

品牌"高碎"第一家

老北京人喜欢喝"高沫"，也叫"茶芯"或"高碎"。听上去，这"高碎"似乎就是茶叶末，其实不然，它是一个个颗粒状的茶芯和小芽，加工起来难度很大。

"高碎"沏出的茶味道浓郁，很受欢迎。但是因为加工难度大，20世纪80年代，"高碎"就在茶叶市场上断档了。

2005年的一天，一位老人走进张一元茶庄问："服务员，你们这里有'高碎'卖吗？"服务员尴尬地说："老人家，真是对不起，我们这

里没有。"

老人叹了一口气，转身就要离开。这时候，王秀兰正好进来，她对老人家说："老人家，您放心，过不了多久，我们这里就会有'高碎'卖的。"

王秀兰马上走访各处，将退休的技师一一请回来，加工了100担（一万斤）"高沫"，本想着这足够2005年的需求了，谁知，不到两个月的时间，100担"高沫"就卖完了，没有买到的顾客还在茶庄登记数目，进行预订。

现在的很多北京人都选择走进张一元茶庄喝茶。花不多的钱泡壶好茶，与人谈谈事、聊聊天、下下棋，人生岂不快哉！

同仁堂
——三百余年铸就的中药品牌

同仁堂创立于清康熙八年（1669），自1723年始供奉御药，历经八代皇帝，共180多年。同仁堂在三百多年的风雨历程中，始终恪守着"炮制虽繁必不敢省人工，品味虽贵必不敢减物力"的古训，是享誉海内外的老字号。其药品选料上乘、配方独特、工艺精湛、疗效显著，销往许多国家和地区。

"同仁堂"的老招牌

先辈定名，后人开办

乐家的先辈世代行医，从铃医做到皇宫太医。我们先从乐家的先辈乐良才说起。

明成祖朱棣从亲侄子手中抢到皇权之后，决定将都城北迁至北京，而当时的北京因为长年征战已经变得满目疮痍，为了改变这一局面，朱棣决定扩建北京城，并下令让江南和山西的许多大富户迁到北京。

史载，永乐年间，北京的动静最大。因为这"动静"，北京一时间陷入了缺医少药的困境。朱棣下令让一些名医迁进北京。而那时一些有本事、有胆识的民间医生也抓住这个机会进入北京城发展，乐良才就是

其中的一位。

铃医因为手摇串铃召唤病家而得名。乐良才最初到北京时,只有那些家境贫寒的病人和外地的民工才会找他看病。由于他医术高明,配制的药价格不贵且疗效很好,在口口相传之下,一些书香门第和殷实人家也来请他看病了。

刚开始,人们对他半信半疑,但得知其祖上是乐显勘和乐肃宏之后,人们的顾虑基本上消失了。因为乐显勘和乐肃宏都曾在太医院任职,算起来乐家也是行医世家,况且乐良才真的是医术高明。

了解了乐良才的身世之后,一些官宦人家也开始请他来看病。乐良才逐渐在北京站住了脚,并娶杨氏为妻,安家落户。

但在当时,铃医的地位毕竟低下,有许多人嘲笑乐良才无门无派,只不过是一个浪迹江湖的草根医生,恐怕连《黄帝内经》《金匮要略》《伤寒论》这样的医学典籍都没有听说过。

对于这些嘲笑,乐良才表面上不动声色,暗地里却痛下决心,一定要有自己的医馆和药铺,一定要成为一代名医,即便现在做不到,也要努力让子孙们做到。

乐良才之后,乐家又出了乐廷松、乐怀育等比较有名的医生。乐家传到乐显扬这一代时,家族的地位发生了一个巨大变化。乐显扬生活的时代横跨明朝和清朝,在明崇祯年间,他建立起了自己的药铺,乐家的铃医生涯由此结束。到了清朝,乐显扬进了太医院,当了一名"吏目",从此清朝太医院和御药房的档案中也就正式出现了有关乐姓的记载。

乐显扬充分利用太医院的优越条件,研读了大量医学典籍和珍贵的皇家医案,尤其是对大量古方、验方、宫廷秘方进行了鉴定和整理,弄清了每个方子的使用方法和适应症状,这为同仁堂以后的发展打下了基础。

乐显扬有四个儿子,即乐凤翔、乐凤鸣、乐凤仪、乐凤歧。他尤其喜欢乐凤鸣，对他的管教也最严格。乐凤鸣参加过两次科举，但并不顺利，之后就走上了行医之路。

乐凤鸣记得父亲曾教诲他："可以养生、可以济人者，唯医药为最。"他还记得父亲曾经说过："'同仁'二字可命堂名，吾爱其公而雅，须志之。"于是，他决定用"同仁堂"来命名自己的药铺。

康熙四十一年（1702），乐凤鸣在北京大栅栏路南开了一家药铺——同仁堂。他的家门前本就是好地方，但因乐凤仪已经在那里开了一家，为了不相互影响生意，乐凤鸣只能另择宝地。

而大栅栏这里正是一个不可多得的好地方，在同仁堂开业当天，一位长髯飘飘的贺客拱手对乐凤鸣说："恭喜，宝号必将大展宏图，前程无量啊！"乐凤鸣原以为这仅是客套话，没想到这位宾客走近乐凤鸣，郑重地说："我说的可不是虚情假意的客套话！"

乐凤鸣听他这么一说，知道先生是认真的，就拱手说："请先生赐教。"那位先生说："宝号所占之地占尽天时地利，而宝号之名'同仁'则是仁和，能得天下人之心，此乃治国之术，亦是经商之道，因此我才说'宝号必将大展宏图'。"

乐凤鸣听了，连声说："'同仁'二字是先父早已立好的堂号，我只不过是秉承先父宿志而已。"

同仁堂在大栅栏开张之后，生意兴隆，乐凤鸣誓要将同仁堂发扬光大，仅仅三年，同仁堂的药已经在宫里享有盛誉。康熙乙酉年（1705）六月的一天，深得皇帝信任、专门为皇帝题写御碑的孙岳亲自为同仁堂题匾，而这块匾则成了同仁堂的传世之宝。

用现代的话说，同仁堂从一开始就有一个好的基因、一个高的起点。从乐家的发展史看，乐显扬是同仁堂的始祖，而乐凤鸣则是北京同仁堂药店的实际创办者。

同仁堂供奉御药

同仁堂开张之初生意红火，有的人说："花无百日红，这同仁堂风光不了多久！"可是三五个月过去了，三五年过去了，同仁堂依然红火。

随着岁月流逝，同仁堂名声日隆，京城中上至王公贵族，下至黎民百姓，都知道同仁堂重信誉、讲诚信。好东西谁都想拥有，在封建社会，皇家更是能优先拥有。

雍正元年（1723），一道圣旨下到了同仁堂。皇帝钦定由同仁堂供奉御药房需用药料，代制宫内所需各种中成药，称为"承办官药"，又叫"供奉御药"。从雍正元年开始，一直到宣统被迫退位，同仁堂一直享有供奉御药的特权。

"供奉御药"有着严格和烦琐的程序，从同仁堂准备药材到交由御药房保管，要经过皇帝和各机构的层层审批。为了保证万无一失，清廷设立了来往于宫廷和同仁堂之间的专职人员——药商。

普通百姓都认为皇家是天底下最有钱的人家，哪位宫里的人不是一掷千金、富甲一方，同仁堂与皇家做买卖，那还不赚足了钱？

实际上，与皇家做买卖可不是一件容易的事。同仁堂供奉御药兢兢业业，又"如临深渊，如履薄冰"，其中的悲欢荣辱是外人所不知的。

雍正元年，同仁堂在接到圣旨之后，被告知的苛刻条件是：供药"随叫随到"，药味"纯洁地道"，"药价非得皇上恩准，不得变更"，"先交药，后领银"。

药价要皇帝说了算，但是一国之君每天都要处理烦琐的国事，让皇帝抽出时间为区区药物定价，实在是需要同仁堂的人下足功夫；而且"先交药，后领银"，注定要让同仁堂在宫内压下大量资金。

如果不能按时按质按量地交药，同仁堂就会被治罪，但宫里何时结账没有定规，最要命的是，即使结账，很多时候也只是"打白条"，不能及时付银。垫付药银的重担压得同仁堂喘不过气来。

因为垫付药银的担子过重,同仁堂大掌柜乐礼还曾向朝廷"撂过担子"。他奏请皇帝取消同仁堂的供奉御药,以退为进,为的是让朝廷支付同仁堂的药资。这招是险招,一不小心就会让脑袋搬家。但幸运的是,这招最终还是管用了,皇帝不仅同意支付药资,还同意给同仁堂提供的药涨价。

"撂担子"的招数只能用一次,下次再用什么招呢?为此,乐礼广开人脉,疏通关系,与雍正的第五子弘昼攀上了关系。

弘昼在皇帝面前说尽同仁堂的好话,终于从雍正那里获得了"恩准":加药价,预领官银!这就是说,先领银,后交药!"霸王条款"颠倒了,这着实让同仁堂上下欢喜了一番。

可是弘昼这个亲王的面子不会管用一辈子的,皇帝的想法总有变的时候,同仁堂"供奉御药"又历经了一番曲折。这些曲折同样是银两被压和皇家对药物的苛刻要求导致的。

既然供奉御药这么艰险,为何同仁堂总是坚持着呢?谁都知道皇家用的东西肯定是最好的,同仁堂既然供奉御药,质量一定好,这是一个活招牌。借着皇家的权威,同仁堂和许多著名大药铺往来时,都可享受优惠,即使是几千两银子的大宗生意,都可先拿货后付款,这实际上也有利于同仁堂的资金周转。

四房共管同仁堂

乾隆十八年(1753),同仁堂遭遇了一场火灾,损失极为严重。当时乐礼已经去世,长子乐以正继承同仁堂。面对如此巨大的变故,这位年轻的掌柜不仅无计可施,还因不堪重压早早地离开了人世。

在同仁堂举步维艰之际,张世基投入资金相助,但张家的资金有限,同仁堂只好招外人入股,当时的合同期限是三十年。不过在三十年合同期满后,乐家仍然没有能力独立经营,于是又续了十年。而张家的

股份在三十年内陆续卖给了其他外姓人，这样同仁堂的外股就多了起来，股权结构非常复杂，庆幸的是，同仁堂仍然姓乐。

那个时期，同仁堂陷入了其历史上的低谷时期。那么，同仁堂能不能重振雄风、再创辉煌呢？

道光十一年（1831），让同仁堂起死回生的人出现了，他就是21岁的乐平泉。说到乐平泉的身世，还要上溯到乐凤鸣的弟弟乐凤仪。

乐凤鸣这支人丁单薄，几代都是单传，传到第五代乐百龄时，只生有一女，于是就过继了乐凤仪第四代孙乐嵩年的遗腹子乐平泉为子。这样，乐平泉就继承了同仁堂，成为新的大掌柜。

虽是掌柜，但当时的乐平泉没有恢复祖业的能力，几次将字号出租给外姓人经营，每日只能净取五吊的"字号钱"。

虽然现状如此，但乐平泉不安于仅仅每天拿那五吊"字号钱"，一直精心筹划着怎样将同仁堂收回，让它再现辉煌。

道光十七年（1837），乐平泉开了一家叫"广仁堂"的药铺，专卖自己祖传的药丸和药剂。药铺的门面虽小，但是客人越来越多。

当时租用同仁堂的董姓人看着眼红，就和乐平泉商议让乐平泉改在同仁堂制药出售。乐平泉答应了，但是提出要将卖得的银两按六四分账，乐六董四。这是乐平泉夺回同仁堂经营权的第一步。

他的第二步是上书皇帝，历数同仁堂的悠久历史和侍奉御药的历史，要求朝廷给同仁堂的药涨价。或许他的言辞打动了皇帝，这一步竟然也成功了。

道光二十三年（1843），董姓人因经营不善亏欠了大量银子。乐平泉瞅准机会将同仁堂接手过来，重新掌管了同仁堂。

乐平泉收回同仁堂之后，亲自制药，整理先辈们留下的药方，力求做到尽善尽美。自己做不过来，就让家人做，在制药上，乐平泉坚持绝不假手于人。他的这个家规使得嫁到乐家的媳妇都是制药高手。

乐平泉还懂得为同仁堂打响招牌，每到会试的时候，各地应试的举子汇集京城,外地人来京不免出现水土不适的症状,乐平泉瞅准机会,派人到各会馆给全国举子免费送去时令药品。如此一来,同仁堂随着举子们回乡,名声远播。

为了筹集资金,乐平泉打破了乐家不涉及其他行业的家规,破例开设"广亨""广通"两家银号。资金充足了,同仁堂也再次振兴起来。

乐平泉不仅将同仁堂经营好了,还改变了乐家几代单传的局面,他娶的二房许叶芬是个精明能干的人,也为乐家生下了四子四女。

乐平泉去世之后,长子乐孟繁继承了同仁堂,而许叶芬一直帮着儿子打点,在同仁堂上下有着极高的威望。乐孟繁和许叶芬之后,乐平泉的次子乐仲繁接手同仁堂。

1911年,辛亥革命爆发。那时,乐平泉的四个儿子都已经去世,同仁堂的大局要谁来维持呢?

经过商议,乐家四房决定轮流掌管祖辈留下的基业。掌柜的多了,纷争自然就多,没过多久,乐家四房就各自开起了自己的药房,如"乐寿堂""乐仁堂""宏仁堂"等。药房的地点遍及大半个中国。

老铺沉浮总受难

1937年7月7日深夜是中华民族永远不能忘记的一个夜晚,一阵阵隆隆的炮声震动了北平西南一带。

当时,打进城的日本兵到处烧杀抢掠,对同仁堂这样油水充足的商铺更是不会放过,他们总是变着法地向同仁堂以天价兜售廉价的货品,或者在光天化日之下直接进店抢劫。同仁堂的钱财不知被日本官兵搜刮去了多少,药材更是不用说了,损失十分惨重。

受到日本兵骚扰、搜刮的药房不止同仁堂一家,还有许多别家的商号。于是,各商号的掌柜便联合起来成立了商会。若是在和平时期,商会能帮助一个行业的发展,而会长一职好处多多,人们都要抢着担任,但是适逢乱世,谁也不肯出任会长一职。

虽然日本人有意让当时的同仁堂负责人乐达义出任会长，但乐达义坚定地拒绝了。为此，日本人对乐达义打压得更为厉害。乐达义不但没有被日本人的淫威吓倒，还积极组织请愿等活动。

北平被占领之后，乐家四大房的子孙们有的投身抗日的大潮中，做起了地下党，暗中与日本人抗争。乐达义起初并不知情，直到乐家的一些子孙被抓起来而警察局派人来敲诈同仁堂时才知道。

为了保住乐家的子孙，乐达义低头了，他花大钱将他们从狱中救出。从那以后，乐达义也暗中帮助起了地下党，同仁堂成为地下党的财政管理点。乐达义表面与日本人周旋，不与他们为敌，实则是为地下党办事。

乐达义没有看到中华人民共和国成立的那一天，于1947年去世了。在他之后，乐松生主管同仁堂。

1949年，同仁堂终于迎来了中华人民共和国的诞生，获得了新的生机。

"文革"期间，同仁堂成为国有企业，乐家不再掌管祖业，乐家人成为普通的工人。在"打四旧"运动中，同仁堂没有幸免，字号被取消，改为"北京中药店"，制药厂和提炼厂也被改名为"北京中药一厂"和"北京中药二厂"，就连从康熙年间传下来的牌匾也被焚毁了。

老店重建，继往开来

"文革"结束后，同仁堂迎来了改革创新的大潮。中成药行业的竞争日益激烈，北京药材公司本着提高竞争力、复兴老字号的思想，重新启用"同仁堂"的名号，并着手组建"同仁堂集团"。

新形势带来了新发展。同仁堂集团在新观念的指引下，已经形成了现代制药业、医药零售商业和医疗服务三大发展板块。至2017年末，集团拥有药品、保健食品等六大类产品2600余种，36个生产基地，105条现代化生产线。

2006年，"同仁堂中医药文化"入选第一批国家级非物质文化遗产名录，不管是社会认可度、知名度还是美誉度都在不断提高。

"同仁堂"没有在历史风雨的吹打中消逝，而是逐渐发展成为极负盛名

古香古色的"同仁堂"药楼

的百年老字号，现在又以"同仁堂中药集团"的名字享誉多个国家和地区。对于乐家的每一位后人来说，尽管同仁堂已经不是他们的家族产业，但是他们依然还会关注同仁堂的发展，依然还会为它所取得的成绩感到欣慰和骄傲。

九芝堂
——风雨沧桑三百年

三百多年的老字号——"九芝堂"

"北有同仁堂,南有九芝堂",但人们似乎对同仁堂更为熟悉,殊不知,九芝堂的历史比同仁堂的历史还要悠久一些。"九芝堂"是我国一家有着三百多年历史的著名老字号。三百多年来,它潮起潮落,经历了朝代变迁、时代动荡,在几代人的苦心经营下,成为与北京同仁堂齐名的南药瑰宝。它犹如一朵瑰丽的奇葩,悄悄绽放在湖湘大地上。

祖师爷劳澄选定坡子街

湖南,地灵人杰。湖湘中医药文化是中国医药宝库中的一颗璀璨明珠,是中华民族的一份独特财富。

相传上古时期,炎帝神农氏为了让黎民百姓免受病痛的折磨,亲自尝百种草药,后因草药中毒而长眠于湘湖大地。此后,湖南便有了"神农尝百草,始有医药"的千古佳传。

唐代药王孙思邈也曾到湘西采药行医,挽救过无数百姓的生命。马王堆墓葬出土的古代中药实物和医书药典更为我们考证湖湘地区的中药历史提供了最有价值的佐证。

作为湖湘中医药文化的一个典型代表，九芝堂传承了"悬壶济世，利泽生民"的湖湘中医药文化精髓。

上溯到清顺治七年（1650），一个叫劳澄的江苏吴县人来到古城长沙坡子街。坡子街是条繁华的商业街，如今，它既是新长沙的时尚名片，又因街上百年老店居多而富含湘楚文化底蕴。

劳澄，字在兹，号林屋山人，自小饱读诗书，通医道，而且喜欢以画画修身养性，传说他画的画能和当时的名家相媲美。背井离乡来到长沙创业的他看中了坡子街这块风水宝地，安营扎寨之后，靠为市民开处方治病赚钱谋生，闲时吟诗作画，小日子过得不亦乐乎。

那时百姓时常生病，劳澄想，古人云"不为良相，便为良医"，我何不开家药号，济世救人呢？

回到家中，劳澄便与夫人商议："你我既然要在此安身立命，不如在此开个药铺，给街坊邻居看病抓药。一来施展自己的特长，二来还可普救天下生灵，也算是积德行善。"夫人是通情达理之人，丈夫既然有这样的雄心壮志，当然要全力支持他开创属于自己的一片天地。

由于刚来坡子街，还没有站稳脚跟，口袋里的钱还不是很多，只能挨家挨户借钱，好不容易凑足了300两银子，勉强能开始前期的经营。

那时，朝廷刚开始允许民间制药售药。于是，劳澄连店招牌都没写，就在自家院内搭了个简陋的柜台，开了一个无名无牌的小药铺，给周围的百姓看病抓药。这就是"劳九芝堂"的前身。

创店之初，劳澄听了当地流传的神农氏亲自试药的故事，便立下了"吾药必吾先尝之"的规矩。凡是刚采回的中草药，他都要在自己或者亲属身上试验以确保用药安全。这个规矩一直延续至今，凡是九芝堂研配的新药都是经过很多次试验后才让人服用。

作为一个外乡人，当初劳澄开那个小药店只是为了施展特长、积

德行善。他压根没料到，他的后人会把家业做大。他更不曾想到的是，他的这份家业竟然能够绵延三百多年长盛不衰。

"劳九芝堂"灵药安民

在劳澄晚年归隐苏南后，他的儿子劳楫接手药铺。劳楫从小耳闻目睹父亲给人们看病，时间久了也颇通医术。

为什么叫"劳九芝堂"，坊间有不同的说法。一说是，堂号是劳澄的儿子劳楫当家后，看了父亲晚年所绘《天香书屋图》（图中植双桂，桂生九芝），以画中九株灵芝为名，祭奠已经去世的父亲，给药铺取名"劳九芝堂"。

还有一种说法是，劳楫继承了祖业后，有一天夜里，梦见庭院中的桂树生出九棵灵芝，第二天起来便将此梦告诉众人。众人觉得是祖先为了让后人好好经营，故托梦给予暗示。由此，劳楫为药铺取名"劳九芝堂"。

劳九芝堂药铺诚信待客，药效神奇，有口皆碑。为什么"劳九芝堂"的药那么厉害呢，这里还有个关于药效神奇的传说。

坡子街属于长沙最繁华的地带，那里每天都分外热闹。有一年冬天，气温骤降，非常寒冷。吃过晚饭后，劳楫想去看看朋友家的小孩。这个小孩非常可爱，平常一见到他就立马叫叔叔，近日听说浑身出疹子，朋友外出不在家，他的妻子就派人捎口信，让劳楫不忙时去给孩子瞧瞧。

走在街上，相识的人都跟劳楫打招呼，称他为"劳九爷"。他热情地回应着。突然，墙角的一个叫花子吸引了他的目光，只见他头发花白，衣服破破烂烂的，全身不停地打着哆嗦，蜷缩成一团躺在墙角，面前放着一个破碗，碗里面是过往的路人顺手丢下的一些散碎银子。

劳楫把这一切看在眼中，心里感觉酸酸的，"和自己父亲相当的年龄，他的儿女呢？怎么忍心让老人躺在冰冷的大街上？年龄这么大了，应该好好安度晚年才是!"劳楫边想边走上前,把口袋里所有的银两都放进了碗里。老人听到了银两碰到碗的声响,扭过头来,微微点了下头,眼睛里流露出感激的目光。

劳楫从朋友家回来时已经很晚了,发现那个老叫花子已不在那里了。"这么晚了,他会去哪儿?有住的地方吗?"劳楫不由得担心。

第二天,劳楫吩咐下人去看看那个叫花子是否还在,并嘱咐带一碗热姜汤给他喝。晚上,劳楫又命人给他送去一床被子。这样过了几日后,下人回来答复说叫花子已经不在那了。之后,那个叫花子再未出现。时间一长,劳楫也就把这件事给忘了。

有一天,两个青年抬着一位老人进了劳九芝堂,嘴里还嘟囔着:"要躺也不找个好地方,偏偏躺我们地头上,你可千万别死了,让我们哥俩给背官司。劳九爷,您赶紧给看看,这老头还有救没?"

劳楫说:"莫慌莫慌,我先看看。"上前定睛一下,正是那天自己给银两的叫花子。老人处于昏迷状态,发着高烧。劳楫连忙叫人收拾客房抬老人进去休息,并开了一些处方药,让人煎好侍奉老人服下。过了两天,老人苏醒后,张开眼的第一件事就是要见劳楫。

看到劳楫,老人老泪纵横:"你可是我的救命恩人呀,我真是遇到贵人了,不然这条老命早就去见阎王爷了。"说完便要给劳楫下跪。"可使不得,您这不是折我的寿嘛。大伯,您是一个人吗?您的儿女呢?"

老人慢慢道出了自己的身世。原来,老人原本是山西人,祖辈以采药为生,后来因山西闹灾荒,就和家人往南边走,一直流落到此。家人在途中感染瘟疫相继去世,只剩下他一个人。

劳楫听完,满眼泪花,对老人的遭遇深表同情。"大伯,您就安心在这住下吧,把这里当作自己的家,先把病养好,有什么需要您说一声。"老人也没地方可去,只好接受了劳楫的挽留。

病好之后,一天,老人来到劳九芝堂,对劳楫说:"贤侄,我的病

已经完全好了，多谢你们一家人，我这辈子都不会忘记。我没什么值钱的东西，但有一样东西，你可能用得着。"老人从贴身的衣服中拿出一本药方。

"这是我们家祖传的药方，我的时日已不多，叶落归根，我要回到山西去了。贤侄，你要好好研究，救死扶伤，这也是我最后的一个心愿了。"劳楫收下了这本药方，看老人去意已决，也就不再挽留，备足了盘缠，命人送老人回山西。

劳楫的医道高深，那药方更是助他一臂之力，劳九芝堂药铺的生意也因此日益兴隆。劳楫热心助人，老叫花子赠送祖传神秘药方的故事在民间被传为美谈，一直流传至今。

跌宕起伏，潮起又潮落

清乾隆四十年（1775），药店同行见劳九芝堂生意兴隆，每天排队看病的人络绎不绝，也想沾一些财气。于是，很多药材商相继在坡子街开了药堂，卖药问诊。

明朝末期到清朝中期，江南的很多船户从事长途贩运，途经长沙。长沙因有"聚四方之财，供一方之利""开河通商"等有利条件，成了湖南地区最大的政治经济中心和江南的重要商埠，于是就有了李鼎《李长卿集》卷十九所记载的"日夜商贩而北"的景象。这种繁荣吸引了江苏、江西、浙江等省商户纷纷来此开号设店。日复一日，这里的药店集中成行市，这条街巷也逐渐成为当地药材业和金融业的中心。

药号的进出货物和流通银两同步发展，规模越来越大，坡子街的名声也被人们传播得越来越广。目前我们知道的这条街上留下来的名号就有西协盛、同德泰、福芝堂、寿芝堂、信记永乐等。穿越时空想象一下当时的场面：在那闭店的黄昏时分，各家商铺银两叮当的场景是多么壮观啊，让人叹为观止！

清末民初，政局动荡，山河破碎，民生凋敝。这些并没有阻挡劳九芝堂前进的步伐。这时,药铺的产品质量有了保证,经营管理有条不紊,资金实力雄厚,为劳九芝堂的发展壮大提供了十分有利的条件。

众所周知,同患难容易,同享乐就难了。劳九芝堂发达了,这谁都能看见,由此,家族的各种利益纷争也开始凸显出来。劳氏后人的几大股东经常因为钱多钱少的问题发生内讧,闹得沸沸扬扬,人心散乱,致使业务逐渐衰落。

到1918年,劳九芝堂因业务量萎缩,已经到了倒闭的边缘。劳氏后人看在眼里,急在心上,不想让祖宗们辛苦创立的事业毁在自己手中。大家一致推举劳昆僧出任经理,希望他能带领劳九芝堂走上一条光明之路。

劳昆僧果然不负众望,走马上任后,先把股东的账目理清,自垫300银圆整顿店务,使店里的资金充分流动起来。不久后整顿初见成效,药铺重新焕发出勃勃生机。到了1930年,店铺的营业额达到18万银圆。抗日战争前夕,劳九芝堂的资金累计达40万银圆(包括不动产),成为国内有名的药业大户。

如果照这个势头发展下去,劳九芝堂可就不简单了。但天有不测风云,1938年11月,长沙"文夕大火"把拥有3000年历史的文化名城烧了个面目全非。那场火烧了整整五天五夜,百分之八十以上的房屋被焚毁,昔日繁荣的坡子街断壁残垣、焦土满目。劳九芝堂也未能躲过这一劫,店房全部被烧毁,资金损失在半数以上。这对于具有二百多年历史的店铺来说是致命的打击。

1944年,日军侵陷长沙,小规模经营的店铺只好迁到蓝田镇(位于今涟源市),以躲避日军的侵扰和炮火,直至抗日战争胜利,才回到长沙重新开业。

藿香正气救铁军,解暑祛热美名传

在抗日战争中,因为日军急于拿下湖南,打通中国陆上交通线,以

支援侵占东南亚诸国的军队，所以湖南成为中日两军的必争之地。

热血男儿怎能让日本人在中国这片热土上百般欺压蹂躏，于是奋起反抗，双方于1939年9月、1941年9月、1941年12月进行了三次较量。

1938年，长沙民众为抗日募捐。在民众抗日救亡热情的鼓舞下，当时九芝堂的店主劳端生带头捐了500银圆，并开始着手长沙药号抗日救亡协会的筹备工作。后来因为长沙的大火使九芝堂元气大伤，这事也就不了了之了。

1941年9月，日军五个师团和两个独立旅团共12万人再度入寇长沙。民族危亡之际，长沙人民的爱国热情再度高涨，有钱的出钱，有力的出力，用各种方式共赴国难。药号企业也不甘示弱，在劳端生的倡议下，劳九芝堂、东协盛、西协盛、福芝堂、寿芝堂等自发联合起来，团结一致，肩并肩、心连心地投入抗日的救国运动中。

1941年9月21日夜，曾扬言"打进长沙过中秋"的日军头目阿南惟畿得到可靠情报，有"抗日铁军"之称的国民革命军陆军第74军将进入长沙战场。

对于这支战功显赫的部队，一向骄横的阿南惟畿不禁暗暗有些担心："74军，他们怎么来了，这场战役会以何种方式结束呢？"局势变得复杂起来，这个年近六十岁的老头子也不由得恐慌起来。

国民党的这支精锐部队曾多次重创日军，在1938年的万家岭战役中，74军几乎全歼冈村宁次指挥的11军第106师团，毙伤日军逾万。通过几次交战，这些"抗日铁军"已经让日军闻风丧胆。

此次，74军要援助在春华山北与日军激战的58师173团。在敌机的猛烈轰炸下，将士们伤亡惨重。

74军的将士们奉命日夜行军，到春华山时已体力不支，没有休息便直接投入战斗，这让将士们体力严重透支，难以发挥应有的作战水平。这时，一个小卫兵急匆匆地向指挥官蔡仁杰跑来："报告，后方来了几个百姓，怎么劝都不肯走。"

蔡仁杰一瞪眼："这不胡闹嘛，在这干什么，让他们派个代表过来。"

劳九芝堂药铺一个叫李友桂的伙计被领到了蔡仁杰跟前。蔡仁杰一脸怒气地看着他，示意他有话快说。李友桂说："长官，我们是做药的，打仗我们不会，也帮不上什么忙，看您和大伙辛苦了，就熬了一些藿香正气水给大家解解暑，请您一定要收下。"

蔡仁杰下意识地舔了舔干裂的嘴唇，又看了看周围的弟兄们，他们个个筋疲力尽。蔡仁杰就命人将藿香正气水全部留下，分给各阵地的将士们饮用。

长沙天气闷热，藿香正气水正好派上用场。74军将士个个斗志激昂，与日军进行了殊死搏斗，经过惨烈的浴血奋战，把阿南惟畿率领的日军打得落荒而逃。

在这场战役中，藿香正气水功不可没，这是店主劳端生万万没有料到的。这个故事被收录到了九芝堂的历史中，为后人所颂扬。

大浪淘沙三百年，立足今朝求发展

中华人民共和国的成立给劳九芝堂带来了复苏与振兴的希望。1956年公私合营时，"劳九芝堂"和多家药店合并，正式成立了"九芝堂加工厂"，并设计启用了"芝"牌商标。1959年，改名为"九芝堂制药厂"。从此，劳九芝堂药铺跨入了一个崭新的时代。

九芝堂自先祖劳澄创建基业以来，经历了太平天国起义，经历了戊戌变法，见证了清王朝的倒台，遭遇了军阀混战⋯⋯在薪火相传的三百多年历史中，身处朝代更迭历史风云中的"劳九芝堂"谱写了一

"九芝堂"出产的药品

篇壮丽的医药史诗。

仔细想一想，昔日一派繁华的坡子街有多少药铺林立，然而随着滚滚历史洪流，最后又有多少药铺留存。唯有它——九芝堂依然屹立于世，成就了"中华老字号"的传世美名。

"药者当付全力，医者当问良心。"这句传承了三百多年的祖训激励着一代又一代的九芝堂人。他们肩负使命，不敢有丝毫懈怠。如今，九芝堂从华夏文明的岁月洗礼中款款走来，继续谱写着百年老字号的华美诗章。

宏济堂
——百年阿胶，世纪良药

说起中药老字号，首先出现在人们脑海中的可能是"同仁堂"，而"宏济堂"这个名字则少为人知。虽然"宏济堂"没有"同仁堂"那么响亮，但是这两家中药老字号实为一脉两支，那么"同仁堂"和"宏济堂"有何渊源呢？

创办人——《大宅门》原型乐镜宇

看过《大宅门》的人对男主人公白景琦以及他演绎的赤手空拳、惊心动魄的创业故事一定不陌生。事实上，这剧中人物白景琦的原型正是宏济堂的创始人乐镜宇。

乐镜宇的祖先祖籍浙江，康熙年间搬迁到北京，创建了同仁堂，至道光年间，同仁堂的大名已经是妇孺皆知了。乐镜宇是北京同仁堂乐氏家族第12代孙，也是同仁堂当时的店主乐朴斋的第三房侄子，但他因生性顽劣最不得伯叔父们的欢心。

位于济南市经二路的"宏济堂"老店（旧影），今已翻修成"宏济堂博物馆"

儿时的一天，叔父乐朴斋特地把乐镜宇叫到面前交代说："将来不许你动草字头（指药业），这行饭你不能吃；给你捐个官，离我们远点！"乐镜宇哪经得住这样的刺激，暗下决心：你越不让碰，我就越要碰。于是，从这开始，乐镜宇开始与药房里的师傅私下来往，虚心向他们学习。乐镜宇在医学上很快就有了很大的进步。

乐镜宇在读书学习的同时，也不误结交朋友开阔眼界，他没有阶级门第观念，与社会上的各类人都有来往。这在当时被看作是"不学无术"。但正是这"不学无术"，最终帮助他成就了大业。

在他交往的人中，有个郁郁不得志的落魄书生杨士骧。此人没有一般秀才的酸劲儿，一腔抱负，还练得一身好功夫，为人正气。乐镜宇很佩服杨士骧，与他常有来往，一来二去，两人成为莫逆之交。

乐镜宇日有所长，在同辈兄弟中逐渐崭露头角。但因他不改离经叛道的个性，伯叔父们终不放心他接触药行生意，帮他捐了个山东候补道的官衔。乐镜宇于光绪壬寅年（1902）自京来济南候补。这一年，他30岁。

三十而立，乐镜宇当然不甘心就在这个官位上傻待、虚耗一生。他还是想和药草打交道，他实在喜欢那满屋子的药草香。但是人生地不熟的，他在很长一段时间里都苦无机会。

天无绝人之路，1904年，杨士骧被委任到山东接替袁世凯做了巡抚。杨士骧的到来改变了乐镜宇的命运。杨士骧非常赞同乐镜宇在医药方面的想法，正巧山东省要兴建官药局，缺少管事的人。他就委任乐镜宇做了药局的管事人，并拨给2000两白银作为启动和经营资金。

乐镜宇心里乐开了花儿，"哼，不让我碰草药，我非做给你们看！"初上任的乐镜宇很想依靠自己的本事大展拳脚以做点成绩给家里的伯叔父们看，也不想辜负杨士骧的知遇之恩。但是几个月后，乐镜宇意识到，在这个腐朽的官僚制度下，他想要大展拳脚，何其难也。药管局受到各种掣肘，经营得很不顺利，最后不但没有盈利，还亏损不少。

后来，清政府对战争的态度从主战转变为主和。杨士骧是主战派，清廷态度的转变意味着杨士骧官运的结束。这时，山东御史向清廷参了他一本，而其中一个理由正是私自挪用公款给乐镜宇作建立药管局的启动资金。

杨士骧离开的前一天晚上，乐镜宇为他钱行，两个满腹才华又志向远大的朋友喝得酩酊大醉，他们约定不可就此放弃，用紧握的拳头向彼此承诺。

这之后，新上任的山东巡抚责令乐镜宇关闭药管局，并立即偿还挪用的2000两白银。乐镜宇此时哪里有这么多钱！一向懂得变通的他想了一个办法，用仅剩的银子买通了这位新上任巡抚最得宠的小妾。那位巡抚好色又贪财，事情办得很顺利。在小妾的安排下，新巡抚答应与乐镜宇私人会面。

那天，乐镜宇向朋友借钱置办了厚礼，并安排了丰盛的酒宴。酒过三巡后，乐镜宇对新巡抚说："大人，现在让我关闭药管局可以呀，大人说什么就是什么。但是您现在让我还2000两白银，我可真还不了。您就是抓了我也没用，而且您还要花牢狱的钱养我，您得不偿失呀。"乐镜宇看新巡抚频频点头，接着说："我有一个主意，您看看成不成。您给我两年时间，我还您2000两白银，您把药管局卖给我。到时候，我再私人送您2000两白银，赚了钱每年还给您分红利。您看怎么样？"

乐镜宇轻松取得了药管局的所有权，这样药管局就成了一个独立的药店，与一般的药店无异。乐镜宇放得开手脚干活了。乐镜宇聪明能干，使药管局的生意有了一定的起色。两年后，乐镜宇还清了衙门的钱，正式拥有药管局，并在院前街租门面开办药店，更名为"宏济堂"。

"白七爷"阿胶声名鹊起

宏济堂开业后，生意勉强过得去，但乐镜宇始终觉得药房没有特

色。为此，他一直钻研，冥思苦想。

当时，济南流行吃阿胶。在乐镜宇小的时候，远嫁济南的堂姐回家省亲时就曾带过阿胶给他吃。但是阿胶在北京并不流行，因而在当时还没有被同仁堂重视。但是到了济南的乐镜宇发现，济南的阿胶买卖做得很不错。他就想在这上面下点功夫。所谓"人无我有，人有我优"，这是做生意成功的最基本道理。

打定主意后，乐镜宇特地派人搜罗当时济南卖得比较好的几个阿胶品牌，暗中派人调查各个阿胶厂的经营情况。经过研究，乐镜宇发现当时药行销售的阿胶都有一种驴皮腥秽气味，而这大大冲抵了阿胶的功效，而且口感也不是很好。如果能解决这个问题，那么他的阿胶一定会大受欢迎。为了解决这个问题，他潜心揣摩历代相关文献，运用同仁堂的老人们传授给他的知识，并向济南以及其他地方的阿胶制作行家们学习，最终研制出了制作阿胶的独特配方。

配方有了，还缺个药厂。乐镜宇买下了济南府西门外趵突泉东流水旁一家经营不善的药厂，开设"宏济阿胶厂"，这便是《大宅门》中白七爷在济南创办的"泷胶庄"之原型。随后，乐镜宇从阳谷县聘请胶工刘怀安等人来济南熬制阿胶。宏济阿胶厂的第一批阿胶终于诞生了。阿胶一经推出，立即大卖。一时间，济南府上下都在谈论这个横空出世的阿胶厂和乐镜宇。

为了做出更为优质的阿胶，他在总结千年熬胶经验的基础上反复试验，不计工、料。原来的阿胶系纯皮胶，里面根本不加药料，但乐镜宇想，如果在制作阿胶时加入当归等滋补性药料及陈皮、甘草等调味药料，或加入一些贵重药材，如参茸胶加入人参、鹿茸等，一定能使得阿胶的疗效大增。不过想到容易做到难，乐镜宇按照自己的想法去熬制阿胶，却一直没有熬制出成品。他想不明白中间的问题出在哪里。

有一次，他熬制阿胶又失败了。按照往常的做法，他会将熬制失败的阿胶倒掉，换配方重新熬制，不过这一次，他的倔驴脾气上来了，跟这锅药耗上了,他要好好研究这锅药,因此不厌其烦地反复熬制这锅药。到了第九天,奇迹发生了,那锅药已经变得质地纯正、色如琥珀、气味甘香。乐镜宇赶紧拿它来试,疗效果然比平时的阿胶要好上几倍。他终于成功了,原来熬上九天、用九提九灸法做出来的阿胶才是他要的上品。

乐镜宇的阿胶本来就已经获得无数赞誉,再加上这些新研制出的疗效更甚的上品阿胶,宏济堂的阿胶顿时声名鹊起,超过了当时东阿、阳谷出产的阿胶。不久,宫里也知道了宏济堂的阿胶。

当时同仁堂已有好几代皇宫御用医生,借助这层关系,并在隆裕皇后的支持下,宏济堂的阿胶迅速在皇宫占有了一席之地,成为贡品。乐镜宇研制的上品阿胶被称为"九天贡胶"。达官贵人也都前往宏济堂购买阿胶。宏济堂一时门庭若市,每年的营业额甚至超了北京的同仁堂。

来宏济堂买阿胶的人中,不乏来自英、法、美、日等国家的人士。他们把宏济堂的阿胶带回自己的国家,在一定程度上为宏济堂打开国外市场奠定了基础。这里介绍一个小插曲。

话说当时有个居住在济南万紫巷做阿胶生意的日本商人,一直想订购宏济堂的阿胶。起初,乐镜宇不愿意跟他做生意,因为当时日本已经开始将魔爪伸向中国,乐镜宇拒绝将自己的好东西卖给日本人。不过这个日本人并不死心,他多次亲自拜访,态度谦和,并说只有得到乐镜宇的应允,才会订购宏济堂的阿胶,绝不私自到柜台上买阿胶。他还跟乐镜宇说,应该让日本人多见识中国的好东西、多了解中国的文化,这种见识和了解不应该通过日本的掠夺而实现,应该通过中国人主动的行销活动实现,这两种方式是不一样的,有着本质的区别。最后,日本人说服了乐镜宇,从宏济堂购得大量阿胶运销日本。

宏济堂阿胶的成功促进了宏济堂事业的发展。1930年,宏济堂年总收入已占同仁堂总号的三分之二,济南宏济堂也与北京同仁堂、杭州胡庆余堂并称为"中华三大名堂"。乐镜宇也因此在掌管济南宏济堂的同

时，主掌北京同仁堂。

多次迁址，留百年足迹

如《大宅门》演绎的一样，济南宏济堂的发展并不是一帆风顺的，它的荣辱兴衰和当时的历史背景紧密相关。宏济堂在百年的发展历程中，几经更名、搬迁，经历了风雨，可以说它的变迁记录了济南甚至整个中国社会在清末乱世和中华人民共和国成立以后的一段历史，可以说它的存在就是中国近代发展变迁的缩影。

起初乐镜宇将宏济堂的本部设在济南院西大街原珍珠泉理发店旧址上，这里当年也是商业繁华之地，往来商贾很多。但是自辛亥革命后，各派军阀互相争权夺利，战乱不断，尽管山东的大军阀吴佩孚这时候很得势，但也难逃军阀间的混战。

1915年的一天晚上，宏济堂老店突然发生大火，这场火来得离奇。有人说，因为乐镜宇不买军阀的账，遭到军阀报复；有人说，是因为乐镜宇其中某个后代不长进，好色嗜赌，最后只能偷自家古董去卖，结果不小心打翻了照明的蜡烛，引起了大火；也有人说，宏济堂的竞争对手对宏济堂的红火生意因嫉妒生恨，故意放火。究竟原因为何，到底也没查出个所以然来。

好在乐镜宇是个谨慎之人，当下是乱世，他知道什么意外都可能发生。为避免宏济堂遭遇意外、伤了筋骨，他早已将店里珍贵的药材和赚到的大部分钱财转移到了别处，因此这次大火并未对宏济堂造成致命的伤害。乐镜宇确实是个有计谋、有智慧的人！

店面被毁后，乐镜宇认为不适宜再在原址上重建厂房，于是在济南府东大街另租了一个店面，最后将宏济堂迁到了济南院东大街县西街巷口。

重建后的宏济堂门面效仿北京大栅栏同仁堂的建筑风格，厅堂高大，上部周边有以各种名贵中药为题材的镂空木雕。墙壁两侧各有犀角和梅花鹿头，而墙面正中央，宏济堂阿胶在巴拿马国际博览会上荣获的"福、禄、寿、财、禧"金质奖章熠熠生辉。

虽然大火毁了旧厂，但重建后的宏济堂比以前更显气派，这使得宏济堂的名声更响，而乐镜宇的故事也因此变得更神秘、更具传奇色彩。

乐镜宇天生就是商业奇才，他深谙经商之道。早在1912年，宏济堂老店还存在时，就建立了一个专门负责销售的分店，脱离了传统的前店后厂的模式。这个分店就是榜棚街宏济堂药栈，以生产为辅，以销售压片、颗粒、蜜丸等为主。在老店被大火烧毁后，这一分店为新店的重建发挥了重要作用。

新店建成后，宏济堂逐渐恢复了元气，乐镜宇没有停下扩张的脚步。他根据药店发展的需要，先后在济南最繁华的商埠区经二路开了两个分店，一个在纬一路东（宏济堂第二支店），一个在纬五路东（宏济堂第三支店，又称宏济堂西号）。这两座建筑不及老店精美，但与老店形制相近，一来是为了与本部区别开，二来让人一看就知是宏济堂分号。这跟现在流行的肯德基、麦当劳店面的经营方式有点像。目前，这两座古老的建筑历经沧桑依然屹立在济南大街上。

中华人民共和国成立后，乐镜宇已是一个迟暮老人，身体渐衰，但其名气不减，曾获得党和国家领导人的接见。

20世纪50年代，"三大改造"期间，宏济堂也需要进行公私合营改造。根据后来的史料记载，1955年3月，宏济堂公私合营改造完成，改名为宏济堂药厂。1957年，政府提出保护山东地方名牌，宏济堂阿胶被分流。1960年3月，艮一堂、永昌制药厂和济南阿胶厂等

"宏济堂"出品的阿胶旧包装

三十多家药厂共同纳入宏济堂，合并为济南公私合营宏济堂制药厂。

1995年，宏济堂被评为"中华老字号"。2009年，"宏济堂中医药文化"入选山东省级非物质文化遗产名录。2012年，宏济堂中医药文化产业园竣工。2015年，宏济堂成药生产已经全部采用自动控制系统。

老天祥
——人寿百年济世，药香万代扬名

中国近代的四大药房是：北京同仁堂，以开发研制大蜜丸为主；天津达仁堂，以研制丹药为主；沈阳天益堂，以研制散剂为主；丹东老天祥，以研制膏药为主。天下著名的"狗皮膏"就是丹东老天祥发明的。

烟台有个"天祥顺"

老天祥成立之初并不叫现在这个名，也不在辽宁省丹东市，而是在山东省烟台市，名叫"天祥顺"。

经过两次鸦片战争，中国沿海城市陆续向洋人开放。一些港口城市也在那时候脱颖而出，山东烟台就是其中之一。那时候，中国的古董、丝绸、药材等尤其受洋人的喜爱。坐落在烟台码头旁边的"天祥顺"做的正是这药材买卖。

"老天祥"大药店旧影

天祥顺的大掌柜是山东黄县（今烟台龙口）人荆寿山。这天，他坐在店里唉声叹气。放眼看去，店里的生意也算兴隆，大夫忙着问诊，伙计忙着抓药，百姓进进出出，时不时还有几个洋人光临。那荆寿山到底在忧愁啥？

原来一个月前，一直与天祥顺有生意往来的日本东洋药厂突然生了变故，老董事长被撤职，改由儿子山本一夫接任。这个山本一夫是个狠角色，上台后，一改父亲温和的作风，不仅罢免了公司的很多高层领导，更将手伸向了与药厂一直有往来的中国生意方。

以前，他们东洋药厂出口的药材一直是向天祥顺订购的。山本一夫上台后不但中止了与天祥顺的合同，还用不正当的手段从天祥顺手里抢夺了很多生意。就在一个月前，山本一夫请荆寿山喝茶，提出了收购天祥顺的计划，给他一个月的时间考虑。

要是答应，山本一夫提出的条件实在苛刻；要是不答应，人家财大气粗又心狠手辣，天祥顺肯定不是对手。这究竟该如何是好？看着人来人往的店铺，荆寿山长叹一口气，心想："这样安稳的日子怕是长久不了了！"

正在他摇头叹息之时，伙计来通报，说梁甘庭前来拜见。梁甘庭怎么来了？荆寿山的惊讶不是没道理的。

说起梁甘庭，在当地那是响当当的人物，此人从老家山东蓬莱出来后，白手起家，不仅创建了日生堂药店，更成为当地医药协会的会长。日生堂每到初一、十五就赠药，梁甘庭更因此而得到了个"大善人"的称号。

"快请，快请。"荆寿山当然明白，两人平常素无交往，梁甘庭肯定不会平白无故来找他喝茶。他赶紧整理了下心情，让伙计将梁甘庭请进内堂。

一阵寒暄后，梁甘庭道出了此番前来的意图。他说："荆老板，日本东洋药厂想要与您合作的事情，我略知一二，不知荆老板意下如何？"

荆寿山显然没料到梁甘庭如此直接。他略一沉思，说道："梁老板从何得知此消息，有何见教？"

梁甘庭看着荆寿山，笑着答道："不敢不敢，只是在下对这笔买卖也有兴趣。我也很有诚意，荆老板不妨考虑一下。"说着，梁甘庭从衣服里拿出银票，还有一张合同书。

这下，荆寿山有点意外。他看了一眼银票上的数额，又拿起合同，仔细端详，心生诧异："合同是真的，银票的数额，别说比东洋药厂给的价格高出许多，就是比我这小店的市价也高出不少啊。梁甘庭此举意欲何为呢？"荆寿山向梁甘庭说了自己的疑惑。

梁甘庭没做过多解释，只说："荆老板不用多问，只要你觉得价钱合适，办妥就是，至于山本那边，我自有办法。"

摆在荆寿山面前的路似乎只有这么一条了。他与梁甘庭匆匆办好手续，就携带家眷迁往别处，等到山本一夫得知消息，天祥顺的老板已经换成梁甘庭了。

梁甘庭为何愿意出手拯救天祥顺而得罪山本一夫呢？在荆寿山离开烟台的时候，梁甘庭特地安排宴席相送。宴会之后，他告诉荆寿山，山本一夫早已有动作了，准备逐一收购当地的药厂，垄断当地的药材生意。为了打破这种垄断，他不能让山本一夫得逞。当得知山本一夫即将收购当地最大的药厂——天祥顺后，他决心先下手。作为当地医药协会的会长，保护当地的医药业是他的责任。荆寿山霎时对梁甘庭的大义肃然起敬。

随后，梁甘庭将日生堂药店与天祥顺药店合并，改商号名为"天祥福"。

北迁丹东谋生路

但是天祥福的日子并不好过。除了天祥福，当地绝大部分药厂已经被东洋药厂收购。论资本、人工、技术、人脉，东洋药厂无一不占优势。再加上曾经与天祥顺的梁子，可以说东洋药厂为整垮天祥福，真是

无所不用其极。

天祥福勉强支撑到1915年。此时，距中日甲午战争战败已有些年头，日本人在山东半岛的嚣张气焰更盛，再加上欧美列强的贪得无厌，梁甘庭深感再在烟台待下去不是长久之计。他打算加入时下最流行的"闯关东"大潮，将天祥福迁到关外，就是日生堂分号所在地——辽宁安东（今丹东）。

说起"闯关东"，这里想赘述几句。20世纪初，山东的居民因为连年征战、列强搜刮等，已经在死亡线上挣扎了许久。不在沉默中死亡，就在沉默中爆发，清政府的一纸边疆解禁令无疑给这些绝望的人们带来了生的希望。"去东北"似乎成了当时最为流行的口号，一些流民更是将春往冬归转变为在东北扎根。史料记载，19世纪末20世纪初，山东人闯关东的数量达到平均每年48万人之多，总数超过1830万人。很多史料对"闯关东"都有这样的评价："可以算得上人类有史以来最大的人口移动之一""近代史上空前的大举"。

迁到安东的天祥福虽然历经搬迁之苦，但是基本的规模和家当未有大的损失。梁甘庭沿用了以前天祥顺"前店后厂"的格局，正宗中医在药房坐诊。清朝以前的药房由药房（药店）、门诊、制药厂三部分组成，药房有医师和药师，这种经营方式就是俗称的"前店后厂"。天祥福有雄厚的资本，再加上梁甘庭的商业才能，所以天祥福的生意日益兴隆。半年后，仅安东一处的天祥福已有员工110人，有7位名医坐诊。除安东，天祥福还在其他地方设有4个分号。

这时，梁甘庭将安东的分店扩成总店，占地面积达到1800平方米，地址设在当时最繁华的商业区财神庙和聚宝街交汇处。梁甘庭在店前大门框两边，安装上了天祥顺以前的一副木质对联："天祥记发兑川广地道药材，天祥记虔修饮片丸散膏丹。"他还将药店的名字改成"老天祥"，力求传承当年天祥顺的传统。梁甘庭便成为老天祥的第一任大掌柜。

"狗皮膏药"从天降

做了老天祥的大掌柜，梁甘庭依然不改往日乐善好施的本色。只要见人有病，不管贫富，他首先做的是救死扶伤。传说有一天，梁甘庭带了些膏药赶往邻村施药。突然，一个乞丐拦住了他的脚步。乞丐抱着他的腿，大喊："好疼呀，好心人救命呀。"乞丐身上散发着一阵阵恶臭，梁甘庭随行的人随即躲开，只有几个胆大的随从想拉开乞丐。

"不打紧。"梁甘庭倒没觉得有什么，径自蹲下检查乞丐手捂着的地方。他发现乞丐的右腿上长了个大疮，已经溃烂，恶臭就是从这里散发出来的。梁甘庭简单地处理了一下伤口，选了一贴膏药给乞丐贴上，又额外赠给他几贴，并嘱咐他不要沾水，每天换一贴。

过了几天，老天祥门口来了一个乞丐，趴在门槛上直喊疼，任凭众人如何拉扯就是不走。梁甘庭闻言，赶紧出门询问，一看又是那日遇到的乞丐。乞丐说，那日用了梁甘庭的药，非但无效反而加重了。梁甘庭心生疑惑，赶紧掀开乞丐的伤口查看，疮面果然比上次看见的时候扩大了不少。

梁甘庭顿感惭愧，连忙说道："稍等，待我给您配一服效力更强的药。"不多会儿，梁甘庭配好了药，给乞丐敷上，并嘱咐他明日再来换药。

到了第二天，老天祥一开门，乞丐已经站在门口了。他破口大骂道："老天祥的药都是假药，没疗效，坑人！"咒骂声很快就引来众多围观者。

开门的小厮羞于乞丐的咒骂，连忙捂住他的嘴说："你这人真不厚道，我家掌柜免费给你看病，不得好，还被你骂，去哪里说理去！"闻声赶到的梁甘庭不理二人的争执，径自揭开乞丐腿上的膏药，发现腿上的疮面果然又变得更大了。梁甘庭很过意不去，连忙向乞丐道歉，并承诺使出毕生所学一定治好乞丐的伤。

他一边往内堂走，一边思考治疗之法。这时，家里的大黄狗突然跳出来撕咬乞丐。梁甘庭没有多想，顺手拿起门口的棍子，将大黄狗打死了。乞丐顾不得腿疼和惊吓，竟笑出了声："今天有狗肉吃了！"

梁甘庭哪管得了乞丐吃狗肉，先回去配了一贴名贵药材制成的膏药。回来后，乞丐已经烤上了狗肉，不管大庭广众，自己大快朵颐起来。乞丐接过梁甘庭手里的膏药，随便往自己的腿上一贴，又拿起散落在地上的狗皮，一起捂上。不大一会儿工夫，乞丐把狗皮一揭，碗大的伤口竟然不见了。

梁甘庭哪见过这等神奇之事。他赶紧接过乞丐递过来的狗皮，仔细端详起来。等梁甘庭回过神再想找乞丐，乞丐已经不见踪影了。此时，天上幻化出一个人影，据说是八仙中的"铁拐李"，原来他幻化成乞丐，到梁家赠药来了。梁甘庭与众人赶忙跪下，向天上的铁拐李叩拜不已。

从此，安东老天祥多了一味镇店之药——"狗皮膏药"。这味药的使用方式是将药物直接敷于患处，具有消肿止痛的功效。狗皮膏药能够快速起效，且无毒、无副作用，一直应用至今。当然，梁甘庭并没有将此药方据为己有，反而广为传播，以求造福世人。现在很多药厂都能生产"狗皮膏药"，只是因时制宜、因地制宜，配方各有不同罢了。

老树春深更著花

老天祥自制的中药炮制方法严格，药效快，再加上价格合适，在20世纪初至20世纪20年代，近如辽东半岛、安（东）奉（天）铁路沿线，远如吉林、黑龙江，老天祥的名号都叫得响。

在最鼎盛的时候，药厂生产的饮片品种达六百多种，中成药达一百多种，丸、散、膏、丹等达二百多种，自创的狗皮膏药、参茸虎骨花蛇酒等畅销全国，更出口朝鲜、日本等地。

"九一八"事变后，日本的爪牙遍布东北这块黑土地时，安东老天祥的汽车却可以在街上自由穿行，老天祥的影响力由此可见一斑。但是成也乱世，败也乱世。

如今"老天祥"大药房似春笋般在各地扎根

乱世中，达官显贵、富商巨贾的购买力不稳定，一般的贫下中农又没有购买力，再加上有赠医施药的传统，老天祥也免不了逐渐没落。最凋零的时候，全药厂只剩下19人维持日常工作，切制中药材的刀房也不复存在。

这种状况在中华人民共和国成立以后得到改观。在党和国家的帮助下，老天祥迎来了重整旗鼓的契机。改革开放后，老天祥更是"老树春深更著花"。老天祥从来不做广告，他们用的都是"活招牌"。其中最鲜活的要数老药工姜锡民。姜老从十八九岁开始就在老天祥炮制药品，而今八十多岁的他耳不聋、眼不花，乘公交车上下班，遇到有人给他让座，他硬是不坐，理由是身体无恙。姜老就是老天祥的一个"金字招牌"，人们只要看见他在柜上，在老天祥买药就感觉踏实。

铸就往日辉煌的老天祥也在与时俱进。1994年，老天祥大药房被认证为"中华老字号"。1998年，老天祥修缮一新，古色古香的门脸常常引来众多国内外游客问诊、留影。2006年，老天祥获得全国首批"中华老字号"称号。新时代的药香传奇还等着老天祥用"心"去书写。

片仔癀
——中药之奇葩

"片仔癀"博物馆一景

片仔癀,这个名字有点奇怪,比较生僻,还有些学术化。它到底是什么呢?所谓"片仔癀"是由牛黄、三七、蛇胆、麝香等制成的锭剂,有消炎、止痛、驱热之功效。之所以取名为"片仔癀",是因为其外形成条状,使用时,切一薄片内服或外敷,片刻见效。

太医离宫,山寺为僧

根据资料记载,片仔癀最早是明朝太医院的秘方。这种药有什么作用呢?据说,此药能医治疑难杂症,可解除人身上的诸多病痛,与武侠小说中的"十全大补丸""天山雪莲"的功效一样神奇。

话说在明朝万历年间,太医院有一个闽南籍的医生,深感伴君如伴虎,决定借母亲丧假从朝廷隐退。皇帝感念他孝心一片,也没有多为难他,恩准他回家。

太医回到闽南,母亲已去,物是人非,多年未回又无亲人,因此感觉人生无常。他突然顿悟，便到漳州的璞山岩庙削发为僧，决意一生向佛。

这座璞山岩庙在当地是有名的慈善堂。这里的僧人不只是一群单纯躲在深山老林、每天只知晨钟暮鼓的和尚。他们不但在人气相对集中的地方修行，还广开大门，每到初一、十五，每到过年过节，就设置粥棚，接济穷困的百姓。

转眼，太医已经在寺庙修行了大半年时间。其间，他偶尔也去帮助接济穷困的百姓。这样的日子虽然清苦，但比起在太医院中的那种紧张与惶恐，这种生活反而让他感觉极为轻松、充实。他仿佛找到了曾经渐行渐远的真我，回到了最初的纯真状态。他脸上的笑容多了，连以往在宫里长年累月形成的弯腰驼背的毛病也有了好转。

赠医施药，济怀百姓

这天，太医正悠闲地扫着寺庙中的落叶。突然，几个师弟急匆匆地跑过。他拦住跑在后面的一个问道："师弟，这是怎么了？慌慌张张的……"小和尚上气不接下气地说："师兄，几个时辰之前，庙里来了几个山下的村民，不知道染了什么病，方丈和长老都在为他们医治，怎奈苦无对策。说也怪了，这会儿又来了几个相同病状的村民，方丈命我等赶快给他们准备厢房，估计有长住的打算。但是，听说村里有很多人都感染了这种病，要是都过来了，咱们庙里也没办法呀。"

小和尚说完赶紧忙活去了。太医心里想："这是什么病呢？连方丈也没有办法？"

剃度出家时，方丈只说前尘不记，并未问起他之前的职业，所以他也未将自己在太医院就职的事情说出来。好不容易换来了一段时间的清净生活，他不想表露自己的身份，以免多生事端。

但是转念一想，不对，方丈他们是出家人，并不懂医术。再说，医者父母心，他没有见死不救的道理。想到这里，太医快步向前堂走去。

还没到前堂，他远远地就看到几个小和尚有的打水，有的端水，还有些站在患者一旁帮忙。而几个村民打扮的人，有的捂着肚子，有的躺在地上，有的坐在椅子上，表情都很痛苦。他们的脸上都出现了红肿，还有抓痕。

他赶紧上前仔细观察他们的病情。他一边看，一边在心里想："应该不是身体内部的疾病，看起来更像是中毒了。"中毒？什么毒呢？突然，他在一个村民的衣服袖子上发现了一点粉末。他走近观察，原来是一种叫曼陀罗的植物花粉。患者一旦沾上这种花粉就会感觉奇痒难忍，然后抓破自己的皮肤，再接着还是痒，往肉里抠，最后的结果当然是死亡。

太医心里有了数，问了小和尚方丈在什么地方，就径直找方丈去了。

方丈这时正苦无对策，听到他有法子，便让他赶紧说来听听。太医首先将自己的前尘往事说给方丈听。太医告诉方丈，离开宫廷时，他从宫中带出了一种秘方良药，可医治百病，他要贡献出这一药方。方丈非常感谢太医的坦白与慷慨赐药，他知道对于一个见惯了宫廷尔虞我诈的人来说，能在危难之时将自己的身世说出并贡献出宫廷秘药救治他人实属不易。他感谢太医并向他保证不会将此事说出。

方丈与太医拿了药，分口服和外敷两种。他们分给众村民服下口服药，又让他们将外敷药贴于红肿和抓伤的地方。静待片刻，村民身上的瘙痒很快就减轻了。

过了几日，村民们换了几贴药，已经好得差不多了。方丈又派了几个弟子与太医一起下山。他们根据村民的描述，去了附近几个村子，给有类似病症的患者都一一赠药。太医还帮助村民找到了病根，拔除了有毒的植物。

秘药外传，远至南洋

这样一来，太医的名声在寺庙中就传开了。大家都称他为世外高人。从那以后，寺庙又多了项服务百姓的项目——义诊。

其实，在太医从朝廷隐退前，后宫曾发生政变。因为这次政变，大量的宫廷秘药良方被烧毁。正因如此，太医对伴君如伴虎的生活心灰意冷，才决定离宫归家。但是，他走的时候，也长了个心眼，与其让这些不懂珍惜药方的人坏了几代人的心血，不如他自己带走。他除了平常喜欢把一些医术心得记下来，更在这次离宫的时候，从太医院拿出不少很珍贵的药方与药材。

在明朝宫廷的几次动乱中，太医院的很多档案都已流失，包括片仔癀在内的很多秘方都不见经传。唯独可在李时珍《本草纲目》一书关于三七的记载中获知一二。该书记载三七产于南方深山，既稀又贵，用三七入药传入宫廷，再配置成方，用特殊工艺制作成片仔癀，后定为宫廷秘方，但该药方的真实面目不得而知。

经过这位闽南籍太医的保存，这一绝世良方得以流传到民间，发挥了更大的作用。后有记载，太医在庙里医治各种病患，遇见有皮肤创伤或者患有皮肤炎症的患者，他就将片仔癀的药丸调水后浸在布中，贴于患者的患处，不久皮肤即恢复如初。后来，他还发现片仔癀可用于日常皮肤保养，效果显著。百姓们称其为"不老之秘"。

老百姓对片仔癀的药效原理不甚了解，太医更不可能一一述说，总之在民间愈加传乎其神。药方在寺庙中一代代地传承下来，片仔癀成为"佛门圣药"。

民国时期，片仔癀秘方辗转为漳州"馨范茶庄"所得。该茶庄生产"僧帽牌片仔癀"应市，使片仔癀从佛门传至民间。那时候的片仔癀虽然已经不是"佛门赠送的圣药"，但秘方的神秘面纱依旧未揭开，世人仅知道片仔癀精选牛黄、麝香、蛇胆、三七等名贵药材精制而成。片仔癀并不常见，而且价格昂贵，主要面向高端消费人群。

那时，闽南地区很多人与南洋那边有生意往来，一来二往，片仔癀就被流传到了南洋，并逐渐在海外流传开来。

有资料显示，在华侨聚集的地区，片仔癀被视为灵丹妙药。据漳州人回忆，早年间当地人会用红纸包着片仔癀，与金银首饰等贵重物品一同存放于盒子里，以备急用。这似乎已成为一种传统，且在很多情况下能助人化险为夷。而海外老华侨在病重时也一定要吃片仔癀，以缓解痛苦。

片仔癀不做广告，靠的就是口口相传。在印度尼西亚、新加坡、马来西亚等地，片仔癀早已深入人心。在香港，片仔癀也是销量最大的中成药之一。

片仔癀：一个国家的秘密

在从创制至今的几百年时间里，片仔癀已经成为漳州每家每户的必备良药。他们会把片仔癀和家里最贵重的东西放在一起，遇到急症时才取出来服用。据说，旧时漳州当地急救的最后一项便是服用片仔癀。

中华人民共和国成立后，片仔癀受到了党和政府更多的保护。1956年，这剂名药被纳入漳州制药厂，并获得国家首批原产地标记认证，这是以国际惯例的方式表明片仔癀的唯一产地是漳州。片仔癀同时还被认定为"中国驰名商标"，从商标知识产权的角度在全世界范围保证了这一国宝名药由漳州片仔癀药业独家生产。

此外，片仔癀被列为国家一级中药保护品种，这是中国中成药保护的最高级别，也就是说，片仔癀的配方和工艺被列为国家级绝密。据称，全世界只有三个人知道片仔癀的秘方，他们都是经过国家安全部门审核和备案的，相关部门对他们有非常周全的保密措施。

目前，片仔癀为人所知的配方是麝香3%、牛黄5%、三七85%、蛇胆7%，这四种成分都是我国名贵的中药，而配方中的其他部分也就成了全世界都想知道的秘密。早年间，有一部叫作《隐蔽战线》的电视剧，就是以间谍窃取片仔癀秘方为主题的。

还有传闻说，苏联曾几次派特工前来盗取秘方，美国中情局也派类似007一样的特工前来窃取，但均未成功。

在四味公开的秘方中，天然麝香因为来自保护动物——麝而尤为珍贵。片仔癀得到国家的特别许可，可使用天然麝香，每一粒的外包装上都被要求贴上中国野生动物经营利用管理专用标识，这种特别保护身份使得片仔癀价值倍增。据说，1996年以前，国内人民购买片仔癀需要批条，境外客人出境限购20粒，真是奇货可居。

片仔癀珍珠霜

物以稀为贵，片仔癀的价格高，所以对普通人来说，片仔癀虽是灵丹妙药，却可遇不可得。这样，一来不利于片仔癀的发展，二来也没有真正为百姓造福，失去了其作为国宝良药的价值。那怎么办？天然麝香毕竟数量有限，为保证片仔癀的可持续发展，漳州片仔癀药业以保护自然资源为己任，多年来投入大量资金支持国家保护野生资源并开展养麝工作。

2007年，在四川阿坝州投资建立了养麝基地，"人工养麝，活体取香"的科研课题正式开始。这不仅使国宝名药片仔癀实现了可持续发展，更为我国几百种需要使用麝香的中成药找到了原料的来源。

经过几百年岁月的洗礼，如今的片仔癀已经是享誉海内外的名药。更多的科研工作者开始关注片仔癀。它的神奇疗效被广泛推广，它的价值也在推广中得到体现和升华。如今，新一代复方片仔癀软膏问世，它不仅延续了片仔癀的奇效，更有进一步的改进，是治疗痤疮的良药。而片仔癀可以美容养颜的功效也得到了传承，片仔癀美白、祛痘、抗衰老的化妆品正受到越来越多爱美人士的喜爱。相信，在未来的岁月中，片仔癀这一中药精品必将有更为广阔的发展空间。

云南白药
——中华瑰宝，伤科圣药

作为绝密级的中药制剂，云南白药从1902年创立至今，已有一百多年的历史，是一家不折不扣的百年老店。这家历经百年沧桑的国药老字号的处方至今仍然是中国知识产权领域的秘密，带给人们无穷的联想。这也是它具有恒久魅力、保持神秘的最大秘诀。

白药寻踪，起源来历玄妙

夜半三更，皎月高悬，风高星稀，一个黑影趁着夜色从高高的院墙上一跃而过，身手极为轻巧。"不好……"他刚一落地就向后瞟了一眼，发现身后有一个黑影紧跟着他，不知什么时候已经凑近身来。

"谁？"前一个黑影厉声问道，后面的人没有答话，迅速拔出刀剑，冲向了他。前一个黑影显然不是等闲之辈，立即把剑舞得上下翻飞，犹如青蛇狂舞，让后面蒙着脸的人难以招架，近身不得。

几招过后，前一个黑影用剑重重地刺伤了后者的大腿，只见后者的腿上顿时鲜血直流。他瘫倒在地，不能动弹。这时，

"云南白药"的商品标志

他迅速从怀中拿出了一个纸包,把里面的东西抖了出来并压在腿上。

那个纸包里到底有什么?为什么黑衣人要在受伤之后拿出来呢,它能起到什么作用呢?让我们带着这些问题走近云南白药去寻找答案吧。

黑衣人拿的这包东西即"曲焕章万应百宝丹"。后来人们又把它叫作云南白药。关于"云南白药"的起源没有人说得清楚,在民间只留下了一段传说。

据说,云南白药的创始人叫曲焕章。他在云南江川一带是个有名的外伤医生。19世纪末,在国家动乱、民不聊生之际,他与家人逃到了一个山中小村,在那里买了两亩田地住了下来。

曲焕章闲来无事,便上山采药,回来之后潜心钻研良药配方。经过几年的努力,他不断改进配方,终于研制出了"百宝丹",也就是今天的云南白药。

对于这个传说,云南省档案馆的地方文史资料中有这样的记载:云南白药为云南人曲焕章创制,专门用于治疗外伤,至今已有一百多年的历史;曲焕章,1880年出生,字星阶,原名曲占恩,云南省江川县(今玉溪市江川区)赵官村人。1902年,曲焕章成功研制出云南白药的前身"百宝丹"。

1902年,曲焕章只有22岁,如此年轻,难道他是神医?他是用什么绝招研制出日后闻名天下的云南白药的呢?我们无法寻找到这些问题的答案。但这又为我们提供了一个丰富的想象空间。那些在民间街头巷尾流传的故事让云南白药更具神秘色彩。

传说有一天,天空晴朗,万里无云,热心研制草药的曲焕章起了个大早,想趁着天气好多采一些药回家。走到半山腰,他突然看见路中间有两条蛇正缠斗在一起。两条蛇全身呈绿色,有小孩手腕那么粗壮,嘴里吐着信子,你追我赶,互不相让。曲焕章吓傻眼了,虽说采药期间见过不少蛇,可拼杀得如此猛烈的还真没见过,这可怎么办。他手足无措,也不敢乱动,怕惊扰了正处于愤怒中的蛇。于是,他就

偷偷躲在一旁观战。

不一会儿工夫，两条蛇慢慢分开，只见其中一条败退下来，另外一条则悄无声息地爬走了。败退的那条蛇气息奄奄，慢慢地爬到一块草地上蠕动了起来。它在做什么？是快不行了吗？曲焕章好奇地睁大了眼睛。不一会儿，奇迹发生了，蛇身上的伤口变得完好如初。过了一会，这条蛇也爬走了。

等蛇走后，曲焕章来到刚才蛇蠕动的地方，发现那里有株硕大的草，自己从未见过。莫非是这种草救了那条蛇的命？曲焕章像捡到了金元宝一样把这株草捧在怀中，匆匆下山去了。

在前人和民间药方的基础上，曲焕章加入了那株草，经过不断试验，于1902年创制出了"百宝丹"。"百宝丹"具有很强的消炎止血、活血化瘀功能，被后人誉为"神药"。

关于百宝丹的真实来源，曲焕章本人曾在报纸上说他的百宝丹是受"异人"相传。1956年，曲焕章的妻子缪兰英也证实了这一点，声称这个"异人"就是云南个旧县的姚连钧。

原来，16岁的曲焕章有一天突然身患重病，倒在了街头，为路过的姚连钧所救。姚连钧是一位精通外科药理的游医。他见父母双亡的曲焕章很可怜，便收他为徒，让他跟随自己学艺。他带着曲焕章一边采集草药，一边四处行医。后来，曲焕章得到了师傅的全部真传，经过不断努力，创制出了"百宝丹"。

广交朋友，缔造白药王国

曲焕章的"百宝丹"是怎么被世人知晓的呢？这里我们不得不提一些曲焕章人生中的重要人物。

1913年，匪兵经常下山抢掠，以至于云南都督唐继尧一听到"土匪"这两个字就头疼。后来他忍无可忍，派兵清剿云南匪患。

有一天，曲焕章在行医途中，遇到一个浑身血迹、奄奄一息的人。

救死扶伤的职业素养让他立即拿出自己背的医药箱进行救治。让他万万没有想到的是，这个伤者竟然是赫赫有名的滇南大土匪头子吴学显。

原来，吴学显的匪兵受到了官兵的围剿，部下一路厮杀才掩护吴学显逃了出来。"你是我吴学显这辈子的救命恩人，我一辈子都不会忘记你。从今天开始，只要我吴学显有一口吃的，绝不会让兄弟你受饿。"这是吴学显睁开眼后对曲焕章说的话。他打心眼里感激曲焕章，是曲焕章让他死里逃生。

由于曲焕章和家人的悉心照料，没过多久，吴学显身上的伤便好得差不多了，便向曲焕章辞行。曲焕章也不好过多挽留，便让吴学显走了。

1921年，在没有任何预兆的情况下，军阀顾品珍率部下在云南发动兵变。当时的云南都督唐继尧没有任何准备，被顾品珍的部下打得措手不及，最后被迫逃到了香港。土匪头子吴学显看准机会投奔了得势的顾品珍。

灰溜溜逃至香港、苟且偷生的唐继尧觉得自己堂堂云南都督颜面尽失，就用一年的时间暗地招兵买马，召集队伍重整旗鼓，准备率部队杀回云南，东山再起。

为了取得最终的胜利，唐继尧使了一个小计谋。他通过熟人找到了吴学显，把自己的想法说了下，并承诺只要吴学显能帮助唐继尧打回云南，就给吴学显军长的头衔。

以前的冤家现在求到自己头上来了，到底帮还是不帮呢？此时，吴学显也是憋着一肚子的火。以前，吴学显自由惯了，向来说一不二，底下的人都顺从他。现在每天做事都要看顾品珍的脸色，还要受他管教。更可气的是，顾品珍只给了吴学显一个小官，连顾品珍的手下都敢笑话他举止粗俗。一想到这些，吴学显就气不打一处来，觉得自己为顾品珍卖命不值，于是接受了唐继尧的建议，暗地投靠了他。

后来，唐继尧成功了，他说话算数，把吴学显列为一等功臣，授予吴学显"军长"头衔。吴学显摇身一变成了军长，为报答曲焕章当年的

救命之恩，他立即派人去接曲焕章到昆明，与自己一起同享荣华富贵。

曲焕章来到昆明后，利用自身所长在南强街开设了外伤诊所，行医救人。曲焕章是吴学显的救命恩人，谁见了他都得礼让三分。吴学显利用军长之便，帮助曲焕章与云南军政上层建立起牢固的关系，使伤科诊所的生意日益兴隆起来。

1916年，曲焕章按照云南省政府警察厅卫生所的要求，提供了外伤诊所和云南白药的药方。检验合格后，卫生所给曲焕章创制的云南白药颁发了允许公开出售的证书，这也是"百宝丹"走向市场的第一步。

次年，百宝丹的纸包装换成了瓷瓶包装。包装的创新和知名度的提高使百宝丹在全国范围内的销量骤增。

1923年后，云南政局再次陷入混乱。各派系为了夺取政权开始内斗。在此期间，曲焕章在属于自己的净土上钻研配方，总结临床经验，大大提高了云南白药的药效。与此同时，云南白药衍生出了多种产品——"一药化三丹一子"，即普通百宝丹、重升百宝丹、三升百宝丹、保险子。随着市场范围的进一步扩大，百宝丹走向了海外，在东南亚地区十分畅销。

1931年，曲焕章在昆明金碧路建成"曲焕章大药房"。1933年，通过一系列的运作，曲焕章当选为云南医师中医公会主席。1935年，蒋介石路过云南，听说此地的药房生意做得非常好而且其产品还畅销海内外市场，于是接见了曲焕章，了解了药房的发展情况。趁此机会，曲焕章送了蒋介石五百瓶"三升百宝丹"给将士们使用。蒋介石挥笔写下了"功效十全"的题词作为报答。

外伤圣药，药方之谜闹不休

1937年，日本发动全面侵华战争，全国人民同仇敌忾。在抗日战争中，曲焕章的百宝丹扮演了一个重要的历史角色，发挥了十分重要的作用。

1937年9月5日，昆明市民走上街头欢送云南第一支出省抗击日寇的军队——国民革命军陆军第六十军，四万多名将士即将开赴抗日前线。曲焕章早就听说了这个消息，一大早就带领药房的全部伙计来到街上，为战士们送行。他的送行不仅仅是挥泪招手，而是向每位士兵的手中塞上了一瓶"百宝丹"。

1938年3月，国民革命军陆军第六十军与日军中最精锐的部队展开了近一个月的血战，这就是历史上著名的台儿庄战役。最终，中国军队取得了胜利，歼灭日军两万多人。

在这场战役中，来自云南的第六十军战士头戴钢盔，脚踏剪刀口布鞋，作战十分骁勇，打出了滇军的威名。这些军人不惧生死，不管伤势如何，只要还能动，就吃一点带在身上的白色粉末，再外敷一点，又上阵拼杀。

即使是伤势严重的人，往伤口上洒一点白药，包扎起来，伤口几天就愈合了。同行的其他战士得知有这般灵药，非常惊奇，都想知道这到底是什么东西。一问才知道，原来是曲焕章万应百宝丹。正是这场战役让曲焕章和"百宝丹"更为声名远扬，使"百宝丹"成为战士们上战场时必带的宝贝。

药房的红火经营自然让人眼红。很多双眼睛都虎视眈眈地盯着这块肥肉。1938年初春的一天，国民政府把昆明有名的商人都请来了，名义为"捐款支持抗战"，实际上是个别官员想中饱私囊。曲焕章的名气这么大，自然在邀请之列。

中国处于危难之时，理应精忠报国。面对国民政府的要求，曲焕章很爽快地说自己可以捐一架飞机。可是哪想国民政府狮子大开口，对这些根本不买账。他们当初叫曲焕章捐三万滇币，可第二天就变卦说捐三万国币。

当时，滇币和国币的差额很大，三万国币相当于三十万滇币，仅过一个晚上就涨十倍，这可不是闹着玩的。虽然药房的生意好，但曲焕章一时也拿不出这么多现金。面对国民政府的无赖行为，曲焕章也是哑巴

吃黄连——有苦说不出,只能到处找亲戚朋友借,可数额这么大,谁会借啊。最后,曲焕章没有筹到钱,随即被关押了起来。

峰回路转,就在这时,国民党中央委员焦易堂以中央国医馆馆长的名义,邀请曲焕章一起前往重庆,理由是希望两个人一起为抗日做点贡献。这个消息让走投无路、正处于绝境中的曲焕章见到了一线生机。

然而,事情发生了根本性的转变。1938年8月,在曲焕章到达重庆两个月后,突然传出了他因病辞世的消息。

根据当时的传闻,焦易堂请曲焕章到重庆的真正目的是让他把百宝丹的药方交给自己控股的中华制药厂生产。曲焕章岂能把自己苦心研制的成果拱手让给别人。

面对曲焕章的强硬姿态,焦易堂只得将其软禁起来,最终导致曲焕章绝食而死。所有人都没有想到,红极一时的曲焕章最终却落得如此下场,真是让人惋惜。

曲焕章一生有两次婚姻,第一任妻子是李惠英,第二任妻子是缪兰英。据说,曲焕章去重庆前就预感自己有不测,为防万一,他将"曲焕章万应百宝丹"的药方传给了第二任妻子缪兰英,并让她发誓绝不将药方泄露出去。

曲焕章去世的消息一下子让曲氏家族炸开了锅。缪兰英公然宣称自己才是曲氏白药的唯一传人。这让两位妻子及其家人展开了药方归属官司的拉锯战。虽然两家人伤了和气,但他们都为百宝丹的生产销售不断努力着,所以百宝丹的销售总量一直处在1938年鼎盛时期的水平。

官司一直持续到1955年,云南有关部门通过对白药的调研和广泛考察对比,最终认可了缪兰英百宝丹传人的身份。

也就在1955年,缪兰英主动找到了昆明

"云南白药"创始人曲焕章塑像

市的主要领导，说要向政府献出该药的配方。消息一经传开，全国都沸腾了，社会各界对缪兰英的做法给予了肯定，媒体也纷纷报道这一事件。

  1956年，昆明市人民政府特别召开了表彰大会，表彰缪兰英为国家做出的巨大贡献。经政府批准，昆明制药厂开始批量生产百宝丹，并把名字改为"云南白药"。此后，国家将云南白药配方、工艺列入国家绝密。

  至此，沸沸扬扬的药方风波终于画上了句号。从20世纪初行销于世以来，云南白药一直被誉为"伤科圣药"。

  云南白药的配方和制法从不外传。然而2010年却生事端，云南白药部分产品的"保密配方"在美国被公开。原来云南白药在美国被界定为一种食品，是必须要公布成分的。中药的知识产权该如何保护，权益该如何维护？这或许是我国未来要面临的一个重要课题。

马应龙
——小小眼药铺的大作为

"马应龙"商标

"身穿瑞蚨祥，脚踹内联升；头顶马聚源，眼看马应龙。"这是清乾隆年间北京流传的一句民谣。提起中药品牌马应龙，消费者耳熟能详。它创始于公元1582年，是首批"中华老字号"企业，是国内最大的痔疮外用中药生产企业。

马应龙历经四百余年而不衰，靠神秘的"八宝眼药"起家，历经岁月沧桑，薪火相传，生生不息。

"八宝秘方"问世，浩浩荡荡闯京城

马应龙最早是靠卖眼药粉起家的，这一点现在已经很少有人知道。探讨马应龙，首先得说马应龙悠久的历史。

马应龙眼药创自明朝万历十年（1582），创始人叫马金堂。他生于河北省定州的一个书香之家，家境殷实，家中存有大量的医学典籍及木刻原版资料。这使他从小就对中医产生了浓厚兴趣。

青年时期，他已经对医学内外科有了一定研究，但最擅长的还是眼科。马金堂的自尊心特别强，他不想依靠父母做"啃老族"，于是就办

了一个不起眼的小型眼药铺,自己任眼科大夫,赚取一些生活费。

马金堂刻苦研究了文献中记载的眼科方剂,最终采用名贵的牛黄、麝香、琥珀、珍珠等八味中药,大胆创新尝试,反复实验,自制出一种"眼药粉",美其名曰"八宝眼药"。

"八宝眼药"治疗眼病的效果非常好,再加上适应的病症广、疗效好、价格低,名声不胫而走。马金堂是个热心肠,心地善良。他给穷人看病从不收取一分钱,而且还将眼药全部免费赠送给这些病人。这样一来,"八宝眼药"立马火了起来,在当时便已家喻户晓了。

清乾隆年间,马金堂的后人马应龙继承了祖业。他觉得原有的店铺太小了,现在祖业到了自己的手上,怎么着也得做出点成绩来,不能辜负先祖的殷切希望。他思谋着选个新地址,扩大店面,把生意慢慢做起来。经过一番物色,他在定州北街开了一家店铺,以生产和卖眼药为主。

马应龙打算做的第二件大事就是更名。八宝眼药因为出在定州,被称为"定州眼药",而且这个名字传播得更广,更深入人心,但"定州眼药"太普通了,定州的每家眼药商都可以叫,如果加上自己的名字,那不就只有一家了吗?这样既便于人们记忆,还能与其他药店的眼药区分,应该可行。于是,马应龙就把"定州眼药"更名为"马应龙定州眼药"。

眼药生意做得越来越火,老百姓也都知道了"马应龙",这个名字也由此流传开来。

清朝中后期,随着南北经济联系日渐紧密,定州因地理条件十分优越,云集了来自四面八方的商贾。"八宝秘方"的工艺独特、疗效绝佳,找不出第二家来,这使得马应龙八宝眼药供不应求,根本无法满足定州之外其他地方的需求。这可怎么办?

面对广阔的市场,马应龙的后人马万兴另有主张。事业要发展,必须得寻找新的出路。雄心勃勃的马万兴不愿把家族事业局限在定州一

地，他想打破地域之间的藩篱和局限，去赢得更大的市场。

离定州最近的便是北京，马万兴便把目光首先瞄准了北京，决定由近及远，全国城市逐个突破。道光年间，马万兴备足了铜钱和干粮，带着自己的"杀手锏"——眼药，怀揣着新的希冀，携妻儿老小、帮工举家朝北，沿着古老的驿道向北京进发。

到北京后，马万兴开始着手准备。他经过一番考察，决定在北京前门外西河沿真武庙旁租一座宅子。他简单地修葺了门面，装潢了店铺。马应龙定州眼药店随即开业了。

万事开头难。对于突然闯入北京的一种外来的新药——马应龙定州眼药来说，想在短期内打开市场还是非常艰难的。在药店开业后的很长一段时间里，眼药并不畅销。看来想得到社会的承认和患者的认可不是一件简单的事。

北上之时，马万兴的家里还是很富裕的，想着只要有生意，钱不是问题。可过了好几个月，生意仍不见好转，马家带来的粮食和银子所剩无几，眼看全家人连填饱肚子都成问题。经济的拮据让家里人打了退堂鼓，家里人纷纷劝他别做了。

可马万兴不甘心啊，难道就这样放弃自己立过的豪言壮志？难道就此退出北京市场？经过慎重思考，马万兴依然对自己的事业充满自信，他决定坚持下来。对于短缺的资金，他嘱托家人返回定州老家筹措。

那时的交通不便，北京至定州没有铁路，往返需要一个多月。漫长的一个月啊，马万兴度日如年。在家人离去后的第二十七天，马万兴的钱全部花光，一分不剩。

马万兴的处境越来越尴尬，最后不得不拉下面子，找一位卖红薯的邻居阎某借钱。阎某是做小本生意的，本来就没多少钱，看马万兴都穷到揭不开锅的地步了，怎敢多借钱给他，于是只给了他五个铜子。有了这五个铜子的救命钱，马万兴度过了艰难的数日。

家人在定州老家向亲朋筹措了一些钱，并带着钱款如期返回。马万兴马上还了阎某的钱。

说来也怪，又过了几个月，无人问津的药店经营状况开始好转，生意竟不断红火起来。一直笼罩在马万兴及其家人头上的乌云也消散了。

马万兴有些不解，仔细观察并思考后发现，原来药物与其他商品一样，只要大家使用后效果好，就会口口相传推荐给别人。马应龙眼药对眼疾的绝好疗效终于得到了百姓的广泛认可。

马应龙眼药店日渐积累起良好的口碑和地位。几年后，马万兴的生意越做越大，财富也越聚越多。最辉煌的时候，马万兴在京购置宅地房产三十多处，并开设分店。其中，最初设立于西河沿的眼药店生意最好。

南下武汉拓展，乱世不断传承

马万兴有四个儿子，除老三不务正业，其他三人各自都有事业。他知道老三日后恐怕难成大器，考虑很久后决定将其绝技同时传给胞弟马生德的长孙马岐山。

马岐山年纪尚小，诚笃、老实，不苟言笑，当时还在定州老家，听到堂祖父有意栽培他，就立马赴京，准备从学徒做起。他腿脚勤快，熟读医经，兢兢业业。马万兴对他非常满意，平时更是对其进行严格的考察和教育。马岐山最终得到了堂祖父的真传。

20世纪初，南方眼药市场大开，客户对眼药的需求量日益增加，北京地区的经营已远远满足不了市场的需要。为适应形势的发展，马家几个人一商量，决定将汉口作为马应龙眼药南方的经营中心。

1919年，学有所成的马岐山带着祖传的制药工具——精致的钵、精确的秤、小巧的筛，南下去武汉开拓市场。在他离开北京时，祖父对他说："你是长孙，不能老在别人嘴巴底下接饭吃。有句话你一定要牢记在心：做事要勤勉，制药务求真；要以勤治店，要以真夺人。"

马岐山牢记祖父的教导，独自一人沿京汉铁路南下，来到华中重镇

武汉。初来乍到，他先在栈房租了一间屋子，准备稍事休息再做考察。

栈房有一位姓李的记账先生，是土生土长的武汉人，对这里的风土人情非常熟悉。马岐山正好缺一个向导，看他为人本分、办事精明能干，就向他说了自己来武汉的目的，并邀请李先生当自己的创业"参谋"。随后的几日，两人结伴走遍武汉三镇察访，最后决定在武昌斗级营租一间价格低廉的小铺面。马岐山从北京带来的盘缠并不多，为了节约成本，小店开业时连放鞭炮庆贺都省去了，只在店铺的门楣上写了"北京马应龙八宝眼药分店"的字样。就这样，武汉分店在简陋低调中迅速开业了。

店铺开张不久，业务量就大幅增长，不仅在武汉三镇，省内外的许多中药店都先后与其建立了供销关系，来往信函让人应接不暇。慢慢地相继在汉口市开了分店，后来还在湖南、安徽、广西等地开设了分店，马应龙眼药一时声名鹊起。至此，在南方以武汉为中心、辐射周边的马应龙眼药供应网得以形成。自此，马应龙奠定了现代发展的基础。

天有不测风云，好景不长，战乱频频爆发，马应龙眼药开始走上了一条曲折的发展之路。

20世纪20年代初，为了抢夺政权，国内各派系开始陷入混战状态。士兵到处劫掠，肆无忌惮。这使武汉的百姓遭了殃，而生意正旺盛的马应龙眼药店也未能幸免。马岐山为人老实，又怕惹是生非，所以每当有兵匪来店敲诈，马岐山都"赠"予重金。尝到甜头的兵匪很快就会再来，最后逼得马岐山束手无策。他只能打点当地的商绅，请他们说情这才作罢。

1926年，北伐军开始进军湖北湖南两地，势如破竹，锐不可当。在关键时刻，当时的湖北督军陈嘉谟看不清形势，顽固抵抗。更可气的是，在市民缺少粮食的情况下，他还纵容手下的士兵趁火打劫，以征集军粮的名义继续搜刮民粮。武汉的百姓处于水深火热之中。

连年战乱使国内市场萧条，马应龙眼药店的处境艰难。1938年10

月，日军攻陷武汉。这对眼药店来说无疑是雪上加霜。为避免日军的骚扰，马家后人经常要栖身于租界求庇护，以度时日，眼药店的经营真可谓举步维艰。

为了躲避战乱，马岐山决定让家人去香港购置房产避避风头。他让儿子马惠民将武汉的大部分家产都换成金条，以便携带。马岐山自己和几个伙计留在武汉照看店铺。

马惠民准备携带家人坐船去广州，但在上船之际，他想到这一走不知道何时才能与父亲相见，父亲已经年迈，辛苦了一辈子……想着想着，他的眼泪就不由自主地流了下来。于是，他改变了主意，决定留下来，说生死都要一家人在一起，不可离弃。

也许是命运的有意安排，就这样，马惠民又带着家人原路返回了武汉。马应龙在武汉的印记就一直发展至今。

顺应新时代，走上创新路

马应龙眼药不仅在国内享有一定的声誉，在泰国、缅甸、越南等东南亚国家也有市场，属于畅销产品。马应龙成为中国最早向海外出口商品的四大企业之一。

中华人民共和国成立前，进口眼药一度充斥国内市场，如英国的"沃古林"眼药水、日本的"大学"眼药水等。选药和炮制技术的精良让马应龙眼药在与洋货的竞争中以质优取胜。马应龙眼药在群众中建立了良好信誉。有不少人说：买金子不如买马应龙眼药。

1952年，马岐山年老体衰，将企业交给马惠民经营。本以为天下太平了，马应龙眼药应该走完了它的艰辛路程，谁料不多久，"灾难"又来了。

在当时的时代背景下，马应龙眼药被认为不符合科学标准，被有关部门责令停产。马应龙眼药这一停产可不得了，省内外催发购买眼药的函件和电报从此接连不断，还有很多顾客因为买不到眼药，站在汉口和

武昌门市部的门口苦苦哀求，久久不愿离去。

马惠民再三考虑，觉得马应龙眼药的生产不能中断，不能让患者再受这种疾苦。于是他大胆给武汉市人民政府写了一封信，如实反映了这一情况。此事得到了武汉市长的关注和支持。马应龙眼药又重新回到了市场。

那么，眼药和痔疮膏这两个风马牛不相及的东西怎么会联系到一起呢？眼药怎么就变成了痔疮膏呢？说来这还有一个颇有传奇色彩的故事。

20世纪80年代，我国农村的医疗卫生条件差，农民缺医少药。据说，有一农民在痔疮发作时难以忍受，痛苦难当。情急之下，他顺手抓起马应龙眼膏涂于患处应急，没想到几天之后，痔疮竟然好转了，继续用了一个月，痔疮竟然消失了。此后，不管什么病，什么蚊虫叮咬、皮肤瘙痒、烧伤烫伤等，人们都拿马应龙眼膏来治疗。马应龙眼膏也被誉为"万能药"。

马应龙眼膏有奇效的消息反馈到公司后，激发了马应龙第14代传人马彩丽的创新思维。她不断探索实践，终于研发试制出了后来闻名全球的马应龙麝香痔疮膏。在提交有关医疗单位鉴定后，"马应龙麝香痔疮膏"开始批量生产，马应龙成了痔疮药品的代名词。

马彩丽将错就错的做法为马应龙树立治痔领域第一品牌的市场地位奠定了基础。一家有着四百多年历史的"中华老字号"与治痔联系在一起只有二十多年，但它已是中国治痔领域的"老大"。如今的马应龙已成长为一家涉足药品制造、研发、批发零售及连锁医院等多个领域的专业化、多功能、国际化的上市公司。

马应龙并不希望人们提起马应龙只想到痔疮膏。2004年，有网友发帖称不少明星的化妆包里都有一瓶马应龙痔疮膏。原来用痔疮膏可以去除黑眼圈。一时间，爱美人士纷纷效仿，购买痔疮膏。马应龙公司借此机会，将传统工艺与现代制药技术相结合，推出去黑眼圈霜，取得了很大的成效，首批产品投放市场后得到了消费者的广泛好评。近几年，为顺应市场的需求，马应龙又有一系列新动作，除了致力于建医院、开药店，更是开拓出妇科类、麻醉类、皮肤类等新产品。

马应龙扎根于医药事业，孜孜以求，其专有的技术和保密配方传承至今，其传统制药技艺已经入选湖北省非物质文化遗产名录。四百年只是一个节点，对于马应龙来说，更是一个新的起点。这家当下意气风发的百年老店正不断书写千年经营的传奇。

"马应龙"获得的中国500最具价值品牌证书

茅 台
——浓香飘千年，国酒树丰碑

茅台酒源远流长，有两千多年的酿酒历史。翻开茅台酒的酿造历史，就等于翻开了半部中国白酒的历史。毫不夸张地说，茅台酒的每一个细小"侧面"都有着精彩的人文历史故事，都有着深厚的文化积淀与人文价值。现在，我们一起穿越历史时空，撩开茅台酒的迷人面纱。

据《史记》记载，汉武帝时，茅台地区就已盛产佳酿

国酒前身为"赖茅"，古往今来受青睐

在中国，酿酒有着神秘悠久的历史。传说早在远古大禹时代，赤水河的土著居民——濮人就已经开始酿酒了。随着历史的推移，酿酒文化一直绵延传承至今。

茅台所产的酒酒质极佳，从古至今早有定论。司马迁的《史记·西南夷列传》中就有茅台地区酿酒的相关记载。

公元前135年，汉武帝刘彻派大将唐蒙出使夜郎。在返回途中，唐蒙的随从给他奉上一壶酒。唐蒙觉得味道独特，回长安时就带了一壶献给汉武帝。刘彻抿了一小口产自夜郎（今黔北一带）的酒，不由得连连点头称赞道："甘美之。"后来，汉武帝再也没忘记这最早的茅台酒。他到贵州开拓夷道时，还专门绕道去产茅台酒的仁怀视察。

还有一种说法是，明清之际，山西盐商去边远的贵州省贩运食盐，贵州赤水河畔的茅台镇是商贩运送食盐的转运站。

由于贵州和山西相距几千里，而且当时交通非常不便，贩运一趟食盐少则几十天，多则几个月。夜深人静时，他们常常会思念远方的亲人，这时，就少不了饮用老家山西的汾酒以一解乡愁。

可是当时盐商携带汾酒实在有些不便，所以他们特地从山西雇来工人，就在贵州用当地的水和玉米、大麦，采用汾酒的酿制方法造酒，制造专供他们享用的美酒。

没料到贵州的泉水独特，酿出的酒别有一番风味。此后，茅台酒就成了山西盐商的私房酒，于是就有了这样的诗句："蜀盐走贵州，秦商聚茅台。"由于茅台酒的酿造工艺是以汾酒的酿造工艺为基础的，因此就有了"茅台老家在山西"的说法。

茅台酒声名远扬，一些当地烧酒房也开始效仿，称自己的品牌也为茅台佳酿。至明末清初，具有一定规模的酿酒作坊在茅台镇杨柳湾（今茅台酒厂一车间片区）陆续兴建。仁怀地区的酿酒业呈现出村村有作坊的阵势，茅台镇酒业兴旺发达。据史料记载，道光年间，茅台"烧房不下二十家，所费山粮不下二万石"。1840年，茅台地区白酒的产量已达一百七十余吨。

关于茅台酒的起源还有一种说法，说是清朝道光年间，茅台酒的创始人赖正衡开始在茅台村建立酒坊，即最早的"茅台烧春坊"，研制出了最早的赖家茅酒，即后来的赖茅酒。赖茅酒是纯天然发酵蒸馏酒，被称为酱香鼻祖，此为今茅台酒真正的前身。

长征胜利功劳高，独特香味领风骚

茅台酒到底是怎么一举成名的呢？靠的是"豪掷酒瓶震国威"的壮举。

1915年，巴拿马万国博览会开幕，北洋政府觉得各个国家都去了，中国这个泱泱大国不去，岂不是太说不过去了。于是，几个官员就拿着土瓦罐包装的茅台酒千里迢迢前来参展。哪知道外国人对外观极为寒碜的茅台酒不屑一顾，中国展位前门可罗雀。

这可怎么办？几个中国官员傻了眼。情急之中，一名中国官员将瓦罐掷碎于地。宾客们被这突如其来的声响怔住了。这时，茅台酒的清香扑鼻而来，弥漫了整个会场，引来众人品尝。众人继而赞不绝口。茅台酒征服了全世界，一举夺得巴拿马万国博览会金奖，从此跻身于世界名酒之列。

1935年3月16日，红军长征四渡赤水，由于长途劳累和暂时甩掉了国民党军队的围追堵截，战士们在茅台镇停留下来。

红军前脚刚到，上级的指示后脚便到了：茅台酒生产作坊在全国闻名遐迩，私营企业酿制的茅台老酒酒好质佳，一举夺得国际巴拿马大赛金奖，为国人争了光，军队的每一个人应遵守纪律，保护好这里的民族工商业。茅台镇上生产茅台酒最多的成义、荣和、恒兴三家酒坊门口都贴有"安民告示"。而当地的百姓为了欢迎红军，则捧出了最好的茅台酒："你们打仗是为了咱老百姓，我们没啥招待的，就尝尝这里的酒吧。"

红军中的很多人都知道茅台酒好，可是每一位红军战士都严格遵守着铁的纪律。群众的热情实难推却，战士们收下了百姓们送来的茅台酒，同时也留下了酒钱。

听说茅台酒特别好，不仅芳香味美，还可以缓解疲劳。著名作家成仿吾在其《长征回忆录》中写道："但因军情紧急，不敢多饮，主要是弄来擦脚，恢复行路的疲劳，而茅台酒擦脚确有奇效，大家莫不称赞。"

茅台酒着实让大家全身心放松下来，因风寒而引起泻肚子的同志喝了酒也好了，暂时缓解了当时缺医少药的困难。红军将士们对此终生难忘。

茅台酒享誉国内外，复制克隆难度高

茅台酒在国内外享有巨大声誉，也使得很多人妄图进行仿造，但都没有成功。人们在对茅台酒本身以及茅台酒生产地的水文、地理、植物、气象等进行一系列研究后发现，即便用化学、物理、生物等多种最先进的现代化科研手段，都无法复制其品质。

据说，日本人曾动用先进的色谱仪对陈年老茅台酒进行全面分析。之后，他们彻底郁闷了，根本无法破译其制作方法，只好决定放弃仿造茅台酒。原来，茅台酒含有二百三十余种香气成分，其中三分之二至今仍无法辨别属于何种物质。这种情形让他们觉得再继续进行等于白费功夫。茅台酒的神奇由此可见一斑。

后来，人们在名城遵义市挑选了一块风水宝地，那里山清水秀，没有任何工业污染的痕迹。为了酿造与茅台一样的酒，人们严格依照酿酒工序，把酿造茅台酒的所有设备、制酒的老师傅都带了过来，甚至把茅台酒厂的灰尘也装了一箱子带过来。据说，茅台酒厂灰尘里的微生物在开放式发酵过程中是必需的，对茅台酒神奇品质的孕育功不可没。多年过去了，几经改进，所产出的酒仍与茅台酒相去甚远。这再

享誉国内外的茅台酒

次印证了茅台酒难以被复制的神话。

时至今日，茅台酒以其悠久的酿造历史、独特的酿造工艺、上乘的内在质量将中国深厚的酿造文化展示在世人面前，也将中华酒文化的无穷魅力展现得淋漓尽致。

牛栏山
——"牛"酒广传承

来到北京城有三件事是一定要做的,那就是——登长城、吃烤鸭、喝"牛二"。这里说的"牛二"就是牛栏山二锅头。

绵延五千年的酒文化

说到二锅头,当然免不了要说说中国的酒文化。中国的酒文化,不管是古代还是现代,已经渗透到了社会生活的各个层面。

中国酒种类繁多,白酒、黄酒、药酒等都是典型的酒类品种。据《黄帝内经》记载,王母与帝会于黄山,给帝"护神""养气""金液流晖""延洪寿光"等酒。《吕氏春秋》更有"仪狄造酒,五味不变"的故事。传说仪狄是夏禹时代的人,乃当时天下无双的酿酒大师。据史籍记载,仪狄作酒醪,即仪狄是黄酒的创始人。据朱翼中的《酒经》记载,夏朝初年,仪狄用桑叶包饭酿成酒献给大禹;大禹饭后饮之,顿觉味道甘美,飘飘欲仙,遂感慨道:后代必有因饮酒而误家亡国者。大禹于是下令禁止造酒,但造酒之法

北京二锅头之宗——"牛栏山"酒

并未因此而失传。

自古以来，酒逐渐成为文人生活、艺术中的重要内容。文人学士多爱饮酒，而且给酒起了许多雅名，如"金浆""琬液""琼苏"等。有些人还直接把酒引入诗中。魏武帝曹操曾赋诗《短歌行》，诗中有千古流传的名句："何以解忧，唯有杜康。"杜康本是人名，据史籍记载，杜康作秫酒，也就是说杜康是白酒的创始人，但是经曹操的这句诗后，"杜康"就成了酒的别名。

从古至今，许多饱含热血激情的诗歌、书法、绘画等佳作因酒而出名。如唐代的"饮中八仙"——李白、崔宗之、贺知章、李适之、苏晋、李琎、张旭、焦遂均有不少佳作乃酒后所吐，"李白斗酒诗百篇"就是最好的例证。关于酒的典故也数不胜数，如"曹操青梅煮酒论英雄""宋太祖杯酒释兵权""武松醉打蒋门神"等，这些典故均为中国酒文化增添了饶有趣味的内容。

为了助兴，人们还编了许多酒令和饮酒歌，如"酒逢知己千杯少""能喝多少喝多少，能喝多不喝少，一点不喝也不好""一杯酒，开心扉""五杯酒，豪情胜似长江水""十杯酒，红心与朝日同辉"……酒已渗透到人们生活的方方面面。

有句俗话叫"无酒不成席"，可见酒在普通民众的日常生活中无所不在：婚礼的筵席称"喜酒"，生了孩子办满月称"满月酒"，重阳节要喝"重阳酒"，端午节要喝"菖蒲酒"，祝捷要喝"庆功酒"，夫妻喝"交杯酒"……酒已经成为一种桥梁和纽带，在日常生活中发挥着重要的作用。

值得我们骄傲的是，白酒是全世界唯一具有中国文化特色的酒种，是中华民族五千年文明的象征之一。白酒品牌以川酒、贵酒、汾酒、皖酒等为特征分布，酒的品牌也有比较明显的界限，因此中国有十大名酒、八大名酒之说。而每一种酒也都或多或少地促成并承载了每一个区域的特色文化。

北京人爱喝酒，北京人喝酒是一种生活方式，不论男女，不论草根平民还是高官显贵，他们对北京牛栏山二锅头情有独钟，北京人喜欢称之为"牛二"！对于他们来说，牛栏山二锅头已经不是什么饮品了，而是他们的"红颜知己"。

金牛造就二锅头

"自古才人千载恨，至今甘醴二锅头。"这是清朝诗人吴延祁的诗句。诗中提到的二锅头就是牛栏山二锅头。因此，北京市民经常引用这句诗向外地亲友宣传北京的地方名酒——牛栏山二锅头。

说到"牛栏山二锅头"，不得不说一下"牛栏山"。牛栏山位于北京市顺义区城北十公里处，东邻潮白河，西接牛栏山镇。说起"牛栏山二锅头"与牛栏山的渊源，首先应了解一下"牛栏山"的来历。关于"牛栏山"的来历，当地有许多美丽的传说。

很久以前，这里是荒山秃岭，草木难生，人们生活贫困，食不果腹，衣不蔽体。后来，不知从什么地方来了头金牛，因游玩时口渴来到这里，饮了潮白河的水，觉得水质甘甜，便舍不得离开这里，白天帮助村民耕耘山下的荒地，夜晚悄悄地住在山上的一个洞穴里。

山下有一个贪婪的财主得知此事，企图独霸这头宝牛，便每天跟随金牛，暗暗窥视金牛的行踪。一次，他趁金牛到潮白河边饮水之际，抓住牛尾巴就往自家拉。金牛大怒，拖着财主跑来跑去，把财主活活拖死了，金牛也一声长啸，不知去向。

金牛耕耘过的土地变得肥沃，附近百姓的生活水平因此有了很大提高，这里逐渐发展成为一个繁华的小镇。后来，百姓为了纪念金牛，就把金牛住过的洞叫作金牛洞，把金牛住过的这座山叫作牛栏山。

明嘉靖丙申年（1536），甘为霖游经此地曾作《问牛诗》一首，并镌于金牛饮池石上。他在诗中写道："山为牛栏山，洞是金牛洞。满地尽污莱，何不出耕种？"据顾炎武《昌平山水记》记载，县北二十里为

牛栏山，山有洞，相传有金牛出焉，至今洞前石壁为小槽形，名曰饮牛池。山北里许有小山，昔有仙人骑牛来游。因名灵迹山。明人蒋一葵在《长安客话》中也说："（牛栏山）其第三峰腰带间一洞，相传曾有金牛出食禾稼，田畯逐之，遁入洞穴。有投以砖石者，辄闻水声。或以卮匜糠秕掷之，良久自山傍白河浮出。"

不管怎样，当地的百姓一直认为牛栏山这个地名和牛有关系，这牛还不是一般的牛，而是一头神牛。

乾隆会饮封"御酒"

牛栏山地区的饮酒文化最早可追溯到三千年以前的西周时期。民间一直流传着出身名门的燕国天禄大夫因西周天子好酒而专门在此地为西周天子酿制美酒的故事。周天子曾命能工巧匠铸造金牛一尊、青铜酒具八件，记载天禄大夫的酿酒秘法和献酒之功，赐给天禄大夫。天禄大夫的祖籍是牛栏山金牛村。1982年，牛栏山酒厂的原址金牛村附近出土了鼎、觯、爵等八件青铜器皿，其中有五件是饮酒、储酒的酒具，据专家考证，均为西周时期的器皿。

清康熙年间，牛栏山镇上云集了京城各大"老烧锅"（现在的牛栏山二锅头酒厂），到处飘散着酒香，酒旗高展。据《顺义县志》记载，造酒工百余人（受雇于治内十一家烧锅）。所酿之酒甘洌异常，为平北特产，销售邻县或平市，颇脍炙人口，而尤以牛栏山酒最著。牛栏山二锅头酒厂保存完好的《酒镇牛栏山》横卷古画生动地记载着当时牛栏山古镇上酿酒、售酒的热闹场面。

当时的制酒作坊大多被称为"老烧锅"，其中尤以安乐烧锅最负盛名。相传，有一天，乾隆皇帝尝过安乐烧锅酒后，说："刘墉，你看'安乐烧锅'能传多少代？"刘墉当时正在思索一首《水调歌头·安乐歌》，以为乾隆在叫他，马上过去说："万岁，万岁。"乾隆说："安乐能传万代就好了。"后来，乾隆皇帝将安乐烧锅酒封为"御酒"。从此，牛栏山二锅头"御酒"的美名传扬天下，有"进贡东路烧酒第一"之美誉，上贡宫廷，下供百姓。

之后，从清咸丰年间的公利、宝生泉、福顺城、宏利等烧锅，到清光绪、宣统年间的公利、宝生泉、福顺城等十一家烧锅，再到民国年间的复顺城、洪义、宝生泉等烧锅，一直到中华人民共和国成立前夕的富顺成、义信等四家烧锅，牛栏山的酒脉绵延不绝，真可谓是："世间多沧桑，酒脉割不断。"

沧桑历史典故多

提起牛栏山二锅头的沧桑历史，不得不说历史名人与牛栏山二锅头之间的那些故事。

一个是施耐庵。据说施耐庵喝着牛栏山"十里香"美酒完成了《水浒传》的创作。

元至顺二年（1331）秋，施耐庵一举得中进士，在拜谢师友的过程中结识了同榜进士刘伯温。两人兴趣相投，交谈甚欢，于是结拜为兄弟。

过了不久，朝廷派施耐庵到钱塘担任县尹。由于权臣腐败，不愿同流合污的施耐庵于是辞官，回到苏州闭门读书，寻找自己心中的那一块净土。

元至顺十三年，施耐庵到江阴的一家坐馆授徒。朱元璋得知后，请施耐庵为其出谋划策，但遭到了拒绝。那时，他已经开始创作《江湖英雄传》即《水浒传》。

公元1368年，朱元璋扫平天下，在金陵称帝，年号洪武。一天，他看见市面上流传的初稿《水浒传》，想起当年施耐庵拒绝自己的往事，特别生气，派人把施耐庵抓了起来，关进了刑部大牢。

施耐庵买通了牢里的狱长，给刘伯温写了一封信，希望刘伯温派人到牛栏山"十里香"客栈索要好酒，以激发他的创作激情。"十里香"

客栈的店主听说施耐庵身陷囹圄仍念念不忘自己所酿的美酒，被深深打动了，就将最好的酒相赠。后来，施耐庵的大作《水浒传》终于写成了。殊不知，牛栏山的美酒也有不小的功劳。

还有一个人特别值得一提，那就是抗日英雄吉鸿昌。民国初年，安乐酒坊已经传到了第七代，到了龚九爷的手中。

这时，日本侵华的无耻行径日甚一日。冯玉祥、吉鸿昌、方振武三人面向全国发表通告，表示要与日本侵略者斗争到底。随后，顺义一千多名热血男儿响应号召跟随吉鸿昌奔赴抗日前线。听到这个消息，龚九爷对吉鸿昌和这些英雄们肃然起敬，亲自捧着精酿的牛栏山二锅头为壮士们斟酒壮行。吉鸿昌将军接过龚九爷送来的二锅头烈酒，连干了三大碗，士气为之大振。

后来，吉鸿昌英勇就义，年仅39岁。龚九爷闻讯后老泪横流，取出青花瓷大碗，洒酒祭奠烈士英魂。这一举动被人们传为佳话。反动地方政府的人听到后，立即派人逮捕了他，理由是安乐酒坊掌柜龚九爷同情抗日，参与组织抗日"穷人会"。龚九爷被判刑三年六个月，病死在狱中。这个故事至今一直为牛栏山人所传颂。

"地利"营造酒乡传奇

牛栏山二锅头为二锅头之宗。牛栏山二锅头酒共有四大系列二百多个品种，简称"牛酒"。"牛酒"之所以"牛"，绝不仅仅因为二锅头的发源地牛栏山中有一个"牛"字，更因其天然生成的独一无二的自然环境以及丰富、传统、独特的酿酒技艺。这些共同造就了牛栏山酒正宗的口味，如此，才真正称得上"牛"。

前面我们已经提及"牛栏山二锅头"中牛栏山的来历，那"二锅头"这个名字又是怎么来的呢？实际上，"二锅头"是以酿酒工艺命名的。酿酒师蒸酒时，去第一锅"酒头"，弃第三锅"酒尾"，"掐头去尾取中段"，唯取第二锅之贵酿，嗅之，香气芬芳；饮之，酒力强劲，后劲绵长，口感平和且香气醇厚，因此俗称"二锅头"。

"水是酒之血"，好水是酿得好酒的先决条件。水的好坏对酿酒的糖化快慢、发酵的良差、酒味的优劣都起着决定性的作用。牛栏山二锅头酿酒用水取自水质上佳的潮白河，这是上天独赐的二锅头酿酒宝水。

"粮为酒之肉"，是酿酒的基础。酒的质量好坏取决于酿酒原粮的优劣。酒的风味是否地道正宗也依赖于能否匹配好适宜的酿酒作物。牛栏山酒就是好粮造就的正宗二锅头。它以优质高粱和小麦等为原料，以豌豆、大麦等制成大曲为发酵剂，从原料粉碎到成品酒灌装需历经糊化、发酵、蒸馏等十多道关键工序。

"喝酒要喝牛栏山，舒筋活血一百年""牛栏山二锅头，好喝不上头"……多少年来，关于牛栏山酒的民谣被人们广为传唱。

"把盏邀明月，甘香醉古今。"牛栏山酒厂始终坚持传统的酿酒工艺，生产的牛栏山二锅头酒甘洌爽口、风味纯正，深受消费者的喜爱。路过北京顺义牛栏山镇的牛栏山酒厂，人们便可闻见二锅头酒那浓郁、甘醇的酒香。如今，这股由二锅头带来的北京味已香飘全国，并已飘向更远的地方。

牛栏山酒厂大门

张 裕

——百年"张裕"情，世纪"实业兴邦"志

"白茅台，红张裕。"茅台是白酒中的经典，张裕是红酒中的典范。在人民大会堂金色大厅举行的欢迎外国领导人的宴席上，配餐的酒中就有张裕葡萄酒。国宴用酒的选择很讲究，国宴餐桌上陈列的美食美酒不仅有着深刻的含义，也是一个国家文化的缩影。

张弼士的"实业兴邦"梦

1841年，张弼士出生于广东梅州大埔县。成年后的张弼士正赶上广东沿海一带兴起闯南洋风潮。张弼士知道在当时的社会环境下，留在家里已经没有出路了，倒不如跟着人潮到南洋去闯荡一下。

这时候的他想的只是家人的温饱，但是在登上去南洋轮船的那一刻，回首这个满目疮痍的故乡，张弼士的心里产生了一抹挥之不去的阴影，种下了一个"救家救国"的理想。在张弼士此后的人生中，这几乎成了他唯一追求的理想。

到南洋后，张弼士到处打工学习，掌握了很多工艺技术，其中最让他引以为傲

张裕公司的创始人张弼士

的，就是酿造葡萄酒的技术。凭此技术，张弼士很快在南洋淘得第一桶金。在此后的几十年里，张弼士的生意越做越大，在最鼎盛时期，其资产达到八千万荷兰盾，被当地人称为亿万富翁，荣登当地首富的宝座。

在南洋创业的过程中，张弼士的眼界日益扩大，深感国家强盛对一个在外经商者的重要性，逐渐萌生了回国创业、实业救国的念头。随着在马来西亚获得的成功，张弼士回故乡报效祖国的心情越发强烈。他多次通过国内的朋友打听、疏通，希望能凭借自己的财力与技术在祖国施展抱负。但那时腐朽的官员们怎会了解他的心声。折腾了几次，真金白银倒是花了不少，却没有实际效果。

清光绪十六年（1890），清廷派出特使龚照瑗考察欧美富国之道。回经槟城时，龚照瑗特意拜访了南洋首富张弼士。张弼士知道龚照瑗要来拜访他，高兴得在家里手舞足蹈，不停地跟人说："我的机会来了，我的机会终于来了！"

张弼士派人打听到龚照瑗的喜好，知道此人对茶的喜爱是出了名的，特地派人去福建武夷山买了"大红袍"，送给龚照瑗作见面礼。龚照瑗收到张弼士的见面礼，乐开了花，心想这个张弼士果然出手大方，这大红袍产量少，而且每年都要进贡到皇宫。他在张弼士的办公室与张弼士面谈。张弼士告诉他，西方人之所以欺负我们，是因为他们强大而我们落后。我们落后是因为我们不重视人才，没有摆正工农商三者的关系。您这次不是要来学习欧美的长处吗？这正是他们的长处。想要富强，就要发展商业，要大力扶持和发展民族工商业。商业繁荣了，国家才能有钱，有钱才能更强大。

张弼士真是说到了龚照瑗的心里。龚照瑗对洋务很感兴趣，自然也很认同张弼士"实业兴邦"的想法。听了张弼士的一番话，他赶紧问："那么，张先生认为我大清国该采取何种方式实现富强呢？"

张弼士笑答道："我在荷兰殖民地时，跟荷兰人学习开发土地资源；我在英国殖民地时，跟英国人学习静观其变。所以，别人不要的我

要，别人想要的我给他们，能给予，能收回，尽量创造天时、地利、人和的条件。同时还要善于察言观色、利用权变，还要拥有大无畏和当机立断的勇气，当然也要有仁义与兼容并包的气度。正因为此，我才有了今天的地位与财富。"

"好！"龚照瑗大声称赞张弼士的这番论断，起身走到张弼士的面前，说："张先生不但做生意有一套，思想也很先进。今天听了你的一番话，真是受益良多。你不仅是商业奇才，更是治世奇才，现在我大清国积贫积弱，你可有兴趣回去报效祖国？"这番邀请正中张弼士下怀。他连忙握住龚照瑗的手，连声道："龚大人，我等这个机会已经很久了！"

红顶加身，梦圆"张裕"

龚照瑗回国后，除了向李鸿章汇报自己此行的所见所闻所想，还甘当伯乐，将张弼士推荐给了李鸿章。

李鸿章听了龚照瑗的介绍，对张弼士心生了些许好奇。此人是马来西亚首富，为何想报效大清国？此人什么来头、意欲何为、对我大清国真能有什么功效吗？但不管怎么说，张弼士的身价还是起了很大的作用。李鸿章想，不管他意欲何为，他把银子带到大清国总比让大清国往外掏钱好。

圣旨很快就来到了张弼士马来西亚的家中。原来，经过李鸿章的引荐，清朝廷册封张弼士为大清国驻马来西亚槟城首任领事；不久，又将其升迁为驻新加坡总领事。张弼士大概在此岗位上工作了半年。之后，李鸿章利用职权，把张弼士调到了国内。红顶加身的张弼士终于有了实现自己"实业兴邦"理想的机会。

回到祖国后，张弼士感恩李鸿章的提拔，就留在李鸿章身边，静待机会。这天，李鸿章将张弼士叫到自己的书房，对他说："先前就曾听闻先生'实业兴邦'的宏图大志，现在，先生回国也有段时间了，对国内的情况也有了一定的了解，不知先生现在对自己'实业兴邦'的理想有什么想法？如果现在给先生机会，先生有何打算？"张弼士一听李鸿章的询问，高兴得差点没蹦起来。他在心里已将这个场景想了千万遍。

张弼士连忙对李鸿章说："中堂大人明鉴，回国几个月，鄙人也有调查研究。大清国确实有自己存在的问题，但是这不但没打消我报效祖国的念头，反而更坚定了我的决心。至于从哪方面着手，我本人是做葡萄酒生意的，对这行有很深的了解，而且葡萄酒也是洋人的最爱，因此我想投资办葡萄酒厂。"

李鸿章本对葡萄酒没什么研究，但听张弼士说洋人最喜欢喝葡萄酒，而国内一直没有，需要高价向洋人购买，遂对张弼士建设葡萄酒厂的提议表示赞成。这之后，李鸿章上折子给朝廷，朝廷正式下批文，支持张弼士开办国内第一家葡萄酒厂。

得到了批文，终于可以实现自己"实业兴邦"的理想了，张弼士自然高兴。1892年，张弼士斥资300万两白银，购下烟台东部和西南部两座荒山，雇用两千劳工开辟了1200亩葡萄园，又在市区近海处购地61亩，建起一座两层生产工作楼。至此，中国第一座带有现代工业色彩的葡萄酒公司初现格局。

但是他也没忘记，在大清朝办事，"人脉"是自然不能少的。而对于一个新厂子来说，有了后台还要有"门面"，找什么人来书写公司的匾额也是至关重要的。他想到了光绪皇帝的老师翁同龢。

当时翁同龢老先生名满天下，人品学问高人一筹，书法又精到。翁同龢洞明练达，当然知道张弼士非等闲之辈，在接到张弼士的拜帖后，乐得送个人情，当下大笔一挥。朴茂凝重、气韵天成的"张裕酿酒公司"招牌写就。翁同龢为人题字的价格一向让人望而却步，这次特意破例，每字仅收白银50两，意思意思罢了。六个大字镌刻贴金镶嵌在公司大门上方，透着不同凡俗的富贵大方气象，既抬高了张裕的身份，也使过往行人多了一份谈资。

此后,在李鸿章的提携下,张弼士开始参与朝中议事,其后更被任命为粤汉铁路和广东佛山铁路总办职。李鸿章对张弼士以及他开办的葡萄酒厂格外照顾,有例为证。李鸿章给张弼士开办葡萄酒的准照批文中有这样的字样:"准予专利十五年,凡奉天、直隶、山东三省地方,无论华洋商民,不准在十五年限内另有他人仿造,以免篡夺。"

当然,张弼士终究没给李鸿章丢脸。张裕公司成立后,不管是否有官方的保驾护航,一直销路广开,并成为很多洋人竖起大拇指称赞的品牌。

孙中山留墨宝,百年传美名

孙中山先生一生所题的匾额不多,能与他那"天下为公"四字齐名的,恐怕就是他为张裕葡萄酒公司题的"品重醴泉"了。

1911年,孙中山领导辛亥革命,推翻了清政府,但是因为革命不彻底,很多前朝的东西被原封不动地保存了下来,其中就包括张裕葡萄酒公司。当然,这里说的"前朝的东西"并不带有贬义和讽刺的意味。尽管世界已经发生了翻天覆地的变化,但张裕公司在烟台凭借着自身雄厚的财力以及当家人广泛的人脉关系,更重要的是自己优良的品质,工照开,酒照酿,张裕还是那个张裕。

这一天,孙中山由上海走水路北行,应袁世凯的邀请到北京商议大事。他途中经过烟台,暂作停留。孙中山早就听说烟台有家葡萄酒公司,酿造的葡萄酒誉满天下。他本人对葡萄酒也有研究,很想亲自见识一下,就来到张裕公司参观。知道孙中山要来,张裕的掌门人欢欣鼓舞。更令他没想到的是,这个改写历史的大人物对张裕的评价让张裕有了更高的美誉。

当家人拿出张裕解百纳给孙中山品尝时,孙中山晃动了酒杯中的酒,闻了闻味道,点了点头,随后抿了一小口在嘴里打了一个转才咽下,连声说:"好酒!"孙中山喝得高兴,随即命人取来笔墨,写下"品重醴泉"四个大字。"品"字既指酒品，更指人品，这样的深意用四个字就概括了出来，可见孙中山的学养与才情。孙中山还赞扬他的广东老乡："张（弼士）君以一人之力而能成此伟业，可谓中国制造业之进步。"

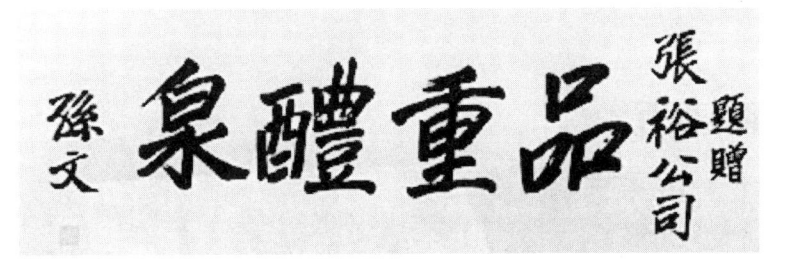

孙中山给张裕公司的题字

在张裕公司收到的诸多名人题字中，还有一个不能不提，那就是少帅张学良的"圭顿贻谋"。在孙中山留下"品重醴泉"的题字后，过了几年，时任东北军司令的张学良也有机会来到张裕公司。他看到孙中山先生的题字，想起先生一生的进取与遗憾，不由感伤。孙中山题字的珠玉在前，他也在其后题字诠释："圭顿贻谋。"他以春秋战国时期善于经营的大贾巨富白圭、猗顿作比，称赞张裕公司经营有方，真可谓切中肯綮。

1915年2月，巴拿马太平洋万国博览会召开，张裕公司的四个产品同获金奖。回味这段辉煌历史，如果把孙中山与张学良的题字联系起来看，不难找到答案。

光阴荏苒，世事变迁。历史的车轮转眼来到了21世纪。百年"张裕"情，百年"实业兴邦"志。看惯了多少大企业浮沉于世，张裕公司却始终以自己优良的品质独领行业风骚。

2005年，张裕公司完成了股权多元化改革。2012年，投资60亿元的张裕国际葡萄酒城破土动工。2016年8月，张裕葡萄酒城生产中心投产。2017年，张裕解百纳商标注册80周年之际，张裕解百纳全球累计销量突破4.6亿瓶。同年，英国《饮料商务》杂志发布2017年"全球十大葡萄酒品牌"排行榜，张裕位列第四。

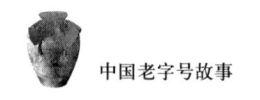

西凤酒
——千年古酒,绵香穿岁月

跟西凤酒有关的传说很多,有史料记载,最早出产的西凤酒可以追溯到殷商时代,算起来距今已有三千多年的历史了。对西凤酒来说,三千多年的历史似乎理所当然,一切都很像是传说,又像是在话家常。

"秦酒"赠"野人",舍命报君恩

一听"西凤酒"这个名字,就感觉有点浪漫色彩。其实这个名字很简单,"西"指西方,即出产此酒的地方在中原的西边;而"凤"是地名,即陕西凤翔。

当时,陕西在秦国地界内,所以最早的西凤酒被称作"秦酒"。陕西凤翔当时也不叫凤翔,而是叫雍城。

相传,秦穆公二年的一个冬天,大雪下了几天,整个雍城银装素裹。一天晚上,"天干物燥,小心火烛"的打更声已经过了三次,一伙迫于生计的盗贼在一个高个子和一个矮个子的带领下,不顾天寒地冻,从官衙里偷走了20匹马。回去后,他们宰杀了8匹,煮汤、炖菜、烤肉,分给寨子里的人吃了,救下了一寨子人的性命。

但是,他们吃的毕竟是官衙的马匹,而且这些马是准备献给秦穆公的。在当时,得马匹者得天下。县衙丢了20匹马,是惊天的大事,怎么可能不了了之呢?更何况,积雪还给衙门留下了破案的线索。不久,衙役就循着线索找到了这伙盗马贼,并把整个寨子里的人都抓了起来,以盗窃罪论处。

在古代,盗窃罪是重罪,这些人盗取的又是20匹马,因此面临杀头之罪。消息传到秦穆公的耳朵里后,秦穆公对这伙盗贼虽然心有嫉恨,但他更惊疑,20匹马一次性偷走不是件轻而易举的事情,他们是怎么做到的呢?秦穆公亲自召见了带头的高个子和矮个子。高个子自知罪孽不可饶恕,但他想请秦穆公网开一面,放了他的族人们,于是在回答秦穆公的问题时很小心,也很注意技巧。他告诉秦穆公,他们一族常年生活在山林里,天生有一种跟自然生物交流沟通的本事,那些马可以说是乖乖跟他们回去的。他们本是山野农夫,但连年的战争让他们食不果腹,当盗贼实在是走投无路。

这番话让秦穆公感触颇深。最后,他下令放了盗马贼一干人等,并赠给他们秦国的美酒——"秦酒"。这种酒"开坛香十里,隔壁醉三家",是秦国特有的珍品,多用来犒劳将士。

秦穆公告诉高个子和矮个子,吃马肉而不喝酒可能会中马肉的毒,而这种酒正好有解毒的作用。这伙"野人"哪里会想到秦穆公不但释放了他们,还给他们美酒喝。他们郑重地接下酒,向秦穆公磕了三个响头表示感谢。喝完酒后,秦穆公亲自送他们离开了雍城。

过了几年,秦晋韩原大战爆发,秦穆公亲率大军应敌,但不幸被晋惠公率领的军队围困在龙门山下。就在这危难关头,突然从山顶处垂下很多细长的绳索,大量蒙着面的"野人"呼啸着顺着绳索从山顶而降。他们有些人把秦穆公围成一圈,有些人向前奋勇砍杀晋军。他们浴血奋战,打败了晋军并且活捉了晋惠公。

秦穆公在这么短的时间里经历了如此大起大落,心里纳闷:这是哪里的神仙下凡来拯救我呢?他连忙趋前向这群神秘人作揖答谢。这时,人群中走出一高个子和一矮个子,他们解下面纱,原来正是当年秦穆公释放的盗马贼,他们来报答秦穆公昔日"盗马不罪,更虑伤身,反赐美

酒"的大恩来了。

苏轼咏柳林，凤翔名全国

秦穆公赠给"野人"解毒的秦酒在当时主要是雍城柳林县出产的。经过此次事件，秦穆公感怀秦酒的贡献，一度将秦酒推行全国。秦酒成了秦国的"国酒"，而柳林县也随着秦酒的推广成为名噪一时的大县。

在秦始皇统一六国后，秦国已经不能作为与六国区分的名号，因而秦酒也逐渐淡出了历史舞台，柳林县反而越发声名显赫，"秦酒"也随之逐渐被"柳林酒"取代。就是在今天，凤翔一带仍然流传着"东湖柳、西凤酒、女人手"的佳话。

从先秦到唐朝，西凤酒一直是宫廷御酒，仅限于权贵把玩。虽然凤翔境内"烧坊边地，满城飘香"，但也仅是闻其名不见其物。作为宫廷御酒本是光宗耀祖之事，反而却限制了西凤酒的发展。

北宋时期，统治者重视商业的发展，所以很多历史品牌也借此焕发新生，西凤酒就是其一。西凤酒在北宋时还是被称作"柳林酒"，但与以往不同，柳林酒开始在全国大范围推广。这要感谢一个人——北宋大文豪苏轼。

话说当年，苏东坡因为得罪朝中权贵被贬到陕西凤翔做签书判官。苏轼早已听闻凤翔盛产美酒，其中尤以柳林县的柳林酒有名。作为一代大文豪的他怎么能不来品尝呢？

上任后，处理完政事，苏东坡就带着随从来到了柳林酒作坊。因为他们是微服出访，所以柳林酒作坊的人对他们并不特别招待，与接待普通客人无异。但是这次出行还是让苏东坡难忘，因为柳林酒坊的人并没有因为他们是一般的散客就怠慢，反而根据他们的要求精心安排。苏轼感觉就像在自己家里，喝得痛快，心情也舒畅。他随即决定在凤翔东湖宴请宾客，让他的朋友也一起来享受这绝世美酒。

直到此时，柳林酒坊的人才知道原来到此饮酒的人是大名鼎鼎的文豪苏轼。他们请求苏轼为酒坊留下自己的墨宝,但是苏轼笑而不答,只是吩咐他们在东湖喜雨亭上准备好美酒佳肴,他要在那里宴请宾客。酒坊的人哪里敢怠慢,宴请时间还未到就已准备就绪,静待苏轼与其朋友到来。

苏轼果然是知交满天下,这天,来的人着实不少,有朝廷里的官员,有文学界的巨擘……苏轼招呼他们落座,随即说:"好东西,我苏轼向来喜欢跟好朋友分享。今日在柳林发现这一美酒,各位还等什么,快快品尝吧!"他的话刚一落,柳林酒坊的人就搬来一坛坛酒,在众人面前解封。刚一打开,酒香四溢,众人纷纷点头称赞。酒坊的人给各位尊贵的客人一一满上酒。苏轼举杯,众人附和,一饮而尽:"好酒呀!"

朋友们喝得高兴,苏轼脸上自然有光,他喝得痛快,兴致上来,命酒坊的人备好笔墨,挥毫泼墨,写下惊世名篇《喜雨亭记》,并用"花开酒美盍不归,来看南山冷翠微"的佳句盛赞柳林酒。柳林酒坊的人喜不胜收,将苏轼的墨宝小心保存,标成画卷,悬挂在酒坊中。凤翔东湖至今仍有苏轼墨迹的遗存。

经过苏轼的这次大力推荐,柳林酒的名气更响了。此次参加酒会的文学家用笔杆子为柳林酒写广告,商家争着跟柳林酒坊做生意,而一些官方部门也给了柳林酒坊许多"好处",将柳林酒定为他们宴会的专用酒。柳林酒的名气一传十、十传百,后来便传到了皇帝的耳朵里。

之后,苏轼上书给朝廷,提出了一整套振兴凤翔酒业的措施,并附带着送给皇帝几坛陈年佳酿。皇帝早已听闻柳林酒的大名,这次品尝到柳林酒,感觉确实名副其实。他随即钦点柳林酒为贡酒,更恩准了苏轼的提议。从此,柳林酒和整个凤翔酒业蓬勃发展。

唐肃宗至德二年(757),政府取周文王时"凤凰集于岐山,飞鸣过雍"的典故,将雍州改称"凤翔"。自那以后,以前的雍城就一直被称为"西府凤翔"。

到了清代，人们已经将"雍城"遗忘，取而代之的是凤翔，而"柳林酒"也被"凤酒"取代。而且那时候，宝鸡、岐山、眉县及凤翔县等地酿制之烧酒均被称为"凤酒"。

历经磨难，浴火重生

鸦片战争打开了清朝闭关锁国的大门。洋人的大炮不但打破了天朝上国的美梦，更让各行各业受到了冲击。洋人带来了先进的酿酒技术，而老作坊酿造白酒耗时耗工，所以中国酿酒业很快在洋人的竞争下一蹶不振。在这种情况下，为了振兴中国的酒业，也为了挽回一点颜面，清光绪二年（1876），朝廷举办了一场"南洋赛酒会"。

"西凤酒"作为宫廷御酒，自然要参加比赛。经过闻酒香、品酒味等各项比赛，西凤酒过五关斩六将，不仅打败了国内很多知名的白酒品牌，更将洋人的各种酒打了个落花流水。西凤酒在众多品牌中荣获二等奖，为中国酿酒业挣来了荣誉与面子。之后，西凤酒再接再厉，于1910年在南洋劝业赛会上荣获银质奖，被列为世界名酒。1915年，西凤酒代表中国白酒征战巴拿马，在巴拿马举办的万国博览会上荣获金质奖。

在当时中国积贫积弱的社会背景下，尽管西凤酒得到很多荣誉，却没有改变自己技术落后的状况。随着清朝的覆灭，西凤酒没有了贡酒的生意，入不敷出，开始走下坡路。经过多年战争，西凤酒的产量每况愈下，逐渐被人们淡忘。1949年时，柳林镇仅有七家小酒坊。

随着中华人民共和国的建立，西凤酒也迎来了自己的春天。

1956年10月，在凤翔县柳林镇新民酒厂两个生产小组的基础上建成了西凤酒厂，西凤酒获得新生。在1952年、1963年和1984年的第一、二、四届全国评酒会上，西凤酒三次被评为国家名酒，两次荣获国家金质奖章。1984年，在轻工业部酒类质量大赛中，西凤酒又获得金杯奖。

1999年，以西凤酒厂经营性净资产为核心，联合其他社会法人，陕西西凤酒股份有限公司正式成立，而公司总部正选在八百里秦川之西陲的凤翔县柳林镇。

自公司成立后，西凤人将先进的技术与传统的酿造技术相结合，以质量为主，精益求精；同时扩大生产规模，迅速占领国内市场，抢占国际市场。

2010年11月，北京国家会议中心前张灯结彩，喜气洋洋。"华樽杯"第二届中国酒类企业品牌价值评议颁奖典礼即将在这里隆重举行。西凤酒股份有限公司之"西凤酒"的品牌价值一举突破80亿元大关，上升至83.23亿元，位居中国白酒类品牌价值排行榜第七位，雄踞北方白酒类品牌价值排行榜榜首，并被大会授予"中华白酒十大全球代表性品牌"。消息传来，西凤人沸腾了，他们没让世人失望。西凤酒将在新时代再创辉煌，书写不老传说。

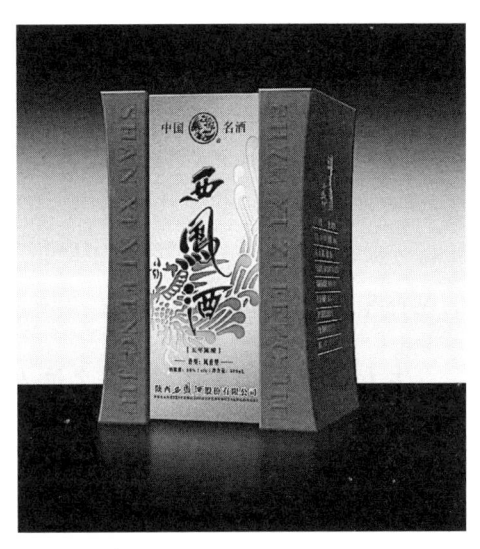

2010年，西凤酒雄踞北方白酒类品牌价值排行榜榜首

女儿红
——九九女儿红，酒浓情更浓

"女儿红"，一个"红"字既把"女儿"之美体现出来，又把黄酒的色香味展现出来。

生女必酿女儿酒，嫁女必饮女儿红

在绍兴，谁家要是生了女儿，都会存起一些当地酿造的美酒，一来算是庆祝，二来是为了留作纪念。等到女儿出嫁的那一天，众人把这埋藏了多年的"女儿红"当场打开，这里面的寓意意味深长。

为什么叫"女儿红"？这还要从一个故事说起。

传说很久以前，绍兴东关有一员外从邻村娶回一个貌美如花的富家小姐。员外家境殷实，婚后两个人的日子自然是美滋滋的。

过了两三年，员外想要个孩子，无奈妻子怎么也怀不上。员外急坏了，觉得愧对祖先，自己的大笔家产也无人继承。这可如何是好？他整天闷闷不乐，见了谁都不理睬。但若有人提及育儿偏方，他便马上笑脸相迎，凑上前打听。可

桂花树下埋藏了多年的女儿红

悲的是，周遭的偏方都试遍了，仍不见效果。

一日，他听人说离东关不远的邻县有座庙，庙里有个仙人非常灵验，去那里求子的人都已经达成所愿。盼子心切的员外立刻叫人备足干粮，踏上了求子之路。

员外历尽千辛万苦，取得仙药返回家中。妻子服下仙药后，果真有了身孕。员外万分激动，为了庆祝这天大的喜事，他命人专门酿造了二十几坛黄酒，准备在孩子满月那天招待众人。

冬去春来，经过长达十个月的等待，妻子终于诞下了一个漂亮的千金，员外终于如愿以偿了。不久，这小千金就满月了。按当地习俗，员外需设剃头酒大宴各方宾客，以示吉利。员外于是把之前酿造的黄酒搬了出来，招待街坊邻居。

街坊邻居们见到小千金后，都赞扬说如仙女般美丽，员外听了心里乐开了花。这个满月宴过得热闹非凡，一连持续了好几天。酒席散后，员外见院子里还有好几坛酒没有开启，听人说酒越放越香，就叫人把剩下的酒都埋在了自家院子中的桂花树下。

光阴似箭，岁月如梭，员外的千金已长大成人，说媒提亲之人络绎不绝，踏破了门槛。员外左挑右选，最终觉得自己恩人的儿子外表俊朗，饱读诗书，是个好苗子，就和自己的恩人一合计，帮女儿把这门亲事定了下来。

过了不久，大喜的日子就到了。喜宴间，老员外特别高兴，与宾客频频举杯，欢快畅饮。就在欢快之时，厨房的下人突然慌忙来到员外身边，在他耳旁低声细语道："员外，不好了，我们买的酒都喝完了。"

这么重要的场合怎能出现这种事！员外见众宾客的兴致还高，去买酒已经来不及了，一时间愁眉不展。突然，他想到桂花树下还有那已埋藏了多年的好酒，可解一时之急，连忙招呼人把那些酒挖出来招待众人。

不料，酒坛开封之后，酒香扑鼻，沁人心脾。众人争着抢着尝饮。这种酒颜色晶莹瑰丽，味道甘洌爽口，所有人都为之倾倒，大呼过瘾。

席上，饱读诗书的女婿情不自禁地赞道："埋女儿红，闺阁出仙童。"众人都拍手称好！

从那以后，附近的村民只要是家里生了女儿，就会酿酒埋藏。等到女儿嫁人时，就把埋的酒拿出来宴请亲朋好友，慢慢地，绍兴一带就形成了"生女必酿女儿酒，嫁女必饮女儿红"的风俗。

一脉相承分三枝，个个味美有来头

女儿红黄酒历久弥香，西晋人嵇含在《南方草木状》里留下了这样的文字记载：女儿酒为旧时富家生女、嫁女必备之物。与它相提并论的还有花雕酒、状元红，而且三者还有密切的联系。

花雕酒是黄酒的一种，是中国黄酒的奇葩，而"女儿红"的另外一个名字就叫"花雕酒"。据记载，花雕酒起源于六千年前的山东大汶口文化时期。但为什么人们大都叫"女儿红"而不叫"花雕酒"呢？这也有一个传说。

据说在宋代时，绍兴每家每户都会酿酒。有个裁缝发现他的妻子怀孕了，非常高兴，酿造了好几坛酒。他觉得一般的酒罐不够精细，在满月那天拿出来，会让人觉得寒酸，如果请人在酒坛上画上"八仙过海""龙凤呈祥""嫦娥奔月"等，肯定非常漂亮，人家都会说好。裁缝拿定主意以后，连忙去请工匠绘画。

古时，人们重男轻女的思想严重，裁缝师傅也不例外。可巧的是，他的妻子生了个女儿。裁缝觉得老婆很不争气，一怒之下，就把酿好的酒埋在了后院桂花树底下。

后来女儿长大成人，裁缝把她嫁给了自己最得意的徒弟。在成亲那天，裁缝觉得自己一辈子都没有个儿子，女儿也要出嫁了，心里挺不是滋味。这时，他想起了十几年前埋在桂花树底下的几坛酒，便挖出来想一饮以解愁。

结果，一打开酒坛，香气扑鼻，色浓味醇。后来，人们就把装在此类器皿中的黄酒称为"花雕酒"。

民间还有人这样说：女儿长大出嫁时，长辈会取出窖藏陈酒款待贺客，人们把这种酒称为"女儿红"；若女儿未至成年而夭折，人们就把这种酒称为"花凋酒"，即花雕酒，顾名思义，就是花儿凋谢了。因此有句话说："来坛女儿红，永不饮花雕。"也难怪，大家谁不愿意图个吉利，没有人愿意喝被称为"花雕酒"的女儿红，都希望自己的女儿能健健康康长大成人、嫁个好人家。

随着社会的进步，人们逐渐将这一传说淡忘，花雕酒坛成了人们收藏的珍品，而彩绘技艺也一直沿袭至今。

"状元红"也有自己的来历。民间说，绍兴"女儿红"的传统逐渐盛行之后，不只生女儿才酿酒、埋酒，生儿子的时候也会依照风俗酿酒、埋酒，并在酒坛上涂以朱红，着以彩绘。

女儿红是在女儿出嫁的时候开封，而状元红则是在儿子中状元的时候开封。为了跟"女儿红"有所区别，父辈们就把盼儿子中状元时庆贺饮用的酒称为"状元红"。

其实，女儿红、花雕酒、状元红是同一种酒，都是从古时的"女儿酒"演变而来的，都是经过长期储藏的陈年老酒，只是因为在不同的场合饮用，所以就有了不同的名称。其实真正意义上的"女儿酒"是不在市场上出售的，正如梁绍壬在《两般秋雨盦随笔》中指出的，此各家秘藏，并不售人。

女儿红酒具有较高的营养价值，在生产过程中几乎保留了发酵所产生的全部有益成分，属于纯酿造压滤酒。它含有多种丰富的氨基酸，而且易被人体消化和吸收，被誉为"液体蛋糕"。

文艺作品层出不穷，女儿红红遍大江南北

绍兴水乡以她那古朴典雅、恬淡清幽的特色吸引了大批游人。踏入一家小酒店，几个小菜摆上之后，绍兴佳酿——"女儿红"便正式露

面。开启瓶子后，一股馥郁的米酒清香扑面而来，溢满了小屋。

由于知名度较高，女儿红自诞生之日起，就以其独特的文化内涵吸引了众多文人墨客，因此时常会被人有意无意地在故事、电影中提起。

以"女儿红"为题材的艺术作品数不胜数，如1994年，著名导演谢晋之子谢衍执导的电影《女儿红》，描述了20世纪30年代至20世纪80年代末三代酿酒人悲欢离合的故事。该片在海内外播出以后大大提高了女儿红品牌的知名度。

1996年春节，中央电视台播出了电视艺术片《女儿红》。该片由杭州电视台拍摄，以独特的视角描写了江南水乡的浓浓风情，获得了至高的荣誉。通过片名《女儿红》，全国的观众都知道了江南水乡"女儿红"这个雅名，全世界都知道了中国的"女儿红"。

女儿红的品牌魅力非同一般，在热播的31集电视剧《京华烟云》中，导演用了相当长的篇幅讲述女儿红的故事。

脍炙人口的女儿红歌曲、戏剧也多次在浙江电视台、绍兴电视台、上海东方电视台等地方台播出。

"你带着落地的第一声啼哭，降临在江南的一座老屋；我取来湖水把喜事酝酿，深深埋藏在后院的桂花树……"歌手高寒的一曲《女儿红》旋律优美动人，唱出了女儿红的千古传说，更唱出了水乡绍兴缭绕醉人的风情和如梦如幻般的意境。

"喝一口女儿红，解两颗心的冻，有三个字没说出口，哪一个人肯到老厮守，我陪他干了这杯酒……"亚洲天后梅艳芳的这首《女儿红》催人泪下，动人心弦。

舞蹈《女儿红》也以其丰富、细腻的动作反映了绍兴地方酿酒、嫁娶等民间风俗，并在文化部春节晚会上表演，获全国群星银奖。

绍兴女儿红酿酒有限公司充分挖掘女儿红蕴含的深厚文化底蕴，始终坚持以人为本，走抓质量、优服务、提品牌、促发展之路，使女儿红深受广大消费者的信赖与喜爱。"女儿红"三个字不仅是文化的象征，更是产品质量的保证。2006年，女儿红荣获"中华老字号"称号。

"以品牌促企业"是女儿红一贯的战略方针。时至今日，"女儿红"黄酒的品牌名气与日俱增，未来，"女儿红"将凭借其深厚的文化底蕴、良好的品牌美誉继续发力。

"女儿红是一首歌，是一幅画，是一个完美的人生，是一生美好的愿望，更是一坛香气四溢的好酒。"品着，品着，那醉人的香味年头越长越醇厚，香飘十里，还有谁能不沉醉其中？

孔凤春
——凤凰涅槃，浴火重生

杭州有五大名产——杭剪、杭粉、杭烟、杭锦、杭扇。其中的杭粉指的就是孔凤春。孔凤春创立于1862年，至今已有一百五十余年的历史。

创业初期：孔记香粉店

杭州的五大名产之一——杭粉"孔凤春"

清咸丰年间，杭州萧山有个叫孔传鸿的人，每天早上，他都早早起床，背上木箱，穿行于大街小巷之中，高叫着"卖刨花……""刨花"是从榆树木上刨下来的薄片，富含胶汁，用清水浸泡后能产生黏而不腻的"刨花水"，用它来梳头可以让发式保持不乱，因此深受当时妇女们的欢迎。

孔传鸿卖刨花积攒了一些钱，于是就开始制作香粉。孔传鸿手艺精湛，他做的香粉质量上乘、种类繁多，如鹅蛋粉、扑粉、雪花粉等，共有十几种之多。他最拿手的产品是鹅蛋粉。制作这种粉需采用产自太湖边的"吴兴石"，加入一定比例的钛白粉，再倒入缸中加清水搅拌，多次漂洗、沉淀、过滤、除去杂质，然后加入蛋清，之后再按照不同的香型，放入由高温蒸煮而成的鲜花露水，搅拌均匀之后，用椭圆状的木模合出模样,放在阳光下晒干,最后用手工修整成鹅蛋状。因其状似鹅蛋,所以便有了"鹅蛋粉"这个名称。

孔传鸿发现杭州每天都有不少人到城隍庙烧香,于是就在离城隍庙不远的大井巷环翠楼边摆了个小摊,卖一些自制的刨花、香粉、红绿丝线等小杂货。随着生意不断扩大,孔传鸿产生了开一个属于自己店铺的想法。他叫来了两位兄弟——老大孔传珍和老三孔传福,商议开店事宜。

"大哥、三弟,我想开一个香粉店,哪个女人不爱美?香粉一定会让我们赚钱的。"孔传鸿首先发言。

大哥孔传珍说:"二弟,大哥支持你,要有用得上我木工手艺的地方,尽管说话!"

三弟孔传福也说:"二哥,我也全力支持你,我想我的染布手艺会帮到你的。"

"好!既然大哥和三弟都支持,我们三兄弟就齐心协力开间店铺。一来,我们有了一个固定的地点,可以省去到处奔波的辛苦和劳累;二来,可以在店后设立一个作坊,这样自产自销一些自己的商品,可以节省成本。"孔传鸿高兴地说。

清同治元年(1862)的一个早晨,杭州河坊街四拐角的东北面响起了阵阵热烈的鞭炮声。孔家三兄弟满脸笑容,站在"孔记香粉店"五个大字下面,欢迎着来自四面八方的客人。

孔传鸿说:"欢迎各位顾客光临,小店今日开张,主要经营香粉、胭脂、刨花之类的梳妆用品,在场的女性朋友可以尽情选购,而在场的男性朋友也可以给自己的家眷购买,小店今日均以最低价销售各色货品!"

话音刚落,女士们就涌进了孔记香粉店,有的图便宜,有的是早就听说了孔记香粉的高质量,总之,那天,香粉之类的货品被抢购一空。香粉店开张第一天就赢了个好彩头。

繁荣时期：孔凤春闻名全国

店铺自开张之日起就赢得了顾客的青睐。在科举考试期间，杭州经常聚集着从四面八方来参加考试的秀才。他们在考试结束之后，总喜欢到清河坊一带买些剪刀、丝线、香粉之类的日用品，带回家给家眷们使用。他们买回家的孔记香粉受到极大好评，女眷们纷纷要求自己的丈夫下次去杭州的时候再给她们捎带。就这样靠着口口相传，孔记香粉的名声在大江南北逐渐传播开来。

一些在杭州考试的秀才中举之后会被选中到京城做官，这时家眷也多随行进京，另外，浙江的一些地方官员在进京述职时也会携带家眷，于是孔记香粉便随着这些家眷被带到了京城。

这些官员进京后，和京城的官员有些人情交往是免不了的，而他们的女眷自然也会互有来往。女眷们坐在一起闲聊，免不了要说些梳妆打扮之事，鹅蛋粉就这样逐渐被带到了大臣内眷的绣房和皇宫皇后、贵妃、公主、宫女的梳妆台上，以至于后来慈禧太后也用上了孔记鹅蛋粉，而且用上了瘾。慈禧太后身边的管事人李莲英专门传消息给杭州制造局，命他们定期将孔记鹅蛋粉送至宫中，孔记鹅蛋粉因此有了"宫粉""贡粉"的称号。

孔记香粉店的生意红火，按说，孔传鸿应该整日笑容满面才是，可是，这时的孔传鸿却经常愁眉苦脸，这是为何？

原来，在孔记香粉店开张不久，有一位老友对孔传鸿说："老哥啊，你这香粉店虽高雅，这店号却俗。"许多客人也这么说。

这个店号问题着实让孔家三兄弟苦恼不已，而孔传鸿心中更是焦急，常常夜里辗转反侧、苦思冥想，还请教过许多名人，但是想出的字号没有一个是他中意的。

这日，孔传鸿忙了一个上午，吃过午饭后觉得有些疲倦，就趴在八仙桌上午睡。睡梦中，他感觉眼前一片模糊，仿佛看见一对孔雀和凤凰凌空飞来，在他面前翩翩起舞，祝贺他的店铺如日中天。

孔传鸿心中大喜，顿时从梦中惊醒。孔雀、凤凰都是吉祥之物，用它们作店名岂不是再合适不过了？他立即拿来纸笔，写下了"孔凤春"三个大字。他还请书法名人写了龙飞凤舞的"孔凤春"三个大字并制成牌匾，置于店门上方。"孔凤春"这三个字随着鹅蛋粉传遍了大江南北。

20世纪二三十年代是孔凤春历史上最辉煌的时期。1929年，第一届西湖博览会在杭州隆重开幕，"孔凤春"参加了这次博览会，竟然有8个产品获奖。"孔凤春"一炮打响，使得当时上流社会的小姐们都以用孔凤春的产品为富贵荣耀的象征。

转型时期：百年老号国有化

孔凤春的第二代继承人是孔旭初。他忠厚朴实、勤奋扎实，为孔家积累了不少资本。

抗日战争爆发后，杭州沦陷，在杭州的孔旭初一下子慌了神。这时候，在上海四明银行任职的六老板孔炎建议他分散资金，将"孔凤春"的主要销售地从杭州转到上海，只将生产地放在杭州。

孔旭初接受了这个建议，而事实也证明这个建议是正确的。在战火纷飞的年代，"孔凤春"依然挺立，没有像其他老字号那样倒下。

孔家经过两代的发展，已经成为一个拥有庞大资产的家族。在家族资产的继承和收益分配上，各位兄弟之间开始意见不合，纷争不断。面对永无休止的纷争，忠厚的孔旭初最终难以承受巨大的压力，悬梁自尽。

孔旭初去世之后，儿子孔广运继承了父业。孔广运同他父亲一样踏实、厚道、勤奋，担起了经营"孔凤春"的重任。

孔广运在任期间，战争的硝烟逐渐散去，和平的曙光慢慢来临。为了将家族企业经营得更好，他立志要提高自己的文化内涵，进入沪江大

学学习化学专业。在那里，他遇到了未来的妻子龚昭彤。他们一个是商界巨擘后代，一个是中国驻法总理事的女儿，两人结合后住在位于杭州枝头巷27号的一幢四层楼的洋房里，共同经营"孔凤春"，度过了一段惬意的时光。

1953年，国家开始对工商业进行社会主义改造，孔广运将"孔凤春"交给了国家。有着满腔爱国之情的孔广运则把自己的精力放在了新的岗位上。1958年，他到衢州化工做了总工程师，一干就是29年，直到离开尘世。

然而，在孔家人眼中，"孔凤春"一直都是他们的最爱，孔家不管男女都钟爱"孔凤春"品牌的化妆品，不管是在他们自己生产经营的时候，还是在现在这个大品牌充斥的年代。孔旭初的女儿孔靖在接受采访时说，她的家人一直都在关注、支持着"孔凤春"的发展。

复兴时期："孔凤春"旧貌换新颜

20世纪初期，受战争、国内政治形势的影响，"孔凤春"逐渐衰败。20世纪中叶，"孔凤春"虽勉强维持，但其知名度已大大降低。改革开放以来，随着国际化妆品牌入驻中国，人们开始崇尚国际大品牌，"孔凤春"仍然很难立足。

不过，随着近年来一些国际大品牌的质量问题被频频曝光，"孔凤春"等国产化妆品开始大热。同时，人们对国货老字号的讨论也异常激烈。2006年，国家发布了"振兴老字号工程"方案，旨在通过必要的扶持和保护政策，全面促进老字号的发展。这让奄奄一息的"孔凤春"得以旧貌换新颜。

今天的"孔凤春"已被飘影集团收购，已经成为杭州孔凤春化妆品有限公司，厂址位于杭州经济开发区内。现代化

"孔凤春"鹅蛋粉老包装

的办公室，步伐稳健的员工……这一切都预示着这个百年品牌正逐渐焕发出蓬勃生机。

现在，"孔凤春"的产品主要有两大类：一类是以珍珠霜、白玉霜为主的老产品，一类是新开发上市的抗衰老系列产品。不管是新产品还是老产品，都受到了广大顾客的好评。

中国照相馆
——留住百年变迁史

中国照相馆的匾额

说起中国照相馆的来历，相关史料还真是少见。从1937年开始至今，在八十余年的风雨历程中，中国照相馆的镜头记录了多少达官贵人的身影，记录了多少沧海桑田的变迁，却唯独少了点对自己生平来历的诉说。

"决战"上海滩

1937年的一天，在江苏武进码头，一艘从上海过来的船靠岸了。码头边上的茶楼里坐着本地一个颇有名气的摄影师——吴建屏。他喝了一口茶，心里想："还是该去上海呀！虽说武进也算是个港口城市，但与上海比起来，还是太小了。更何况我摆弄的还是相机这种新潮玩意。我该跟家人商量下，去上海淘金。"吴建屏看着码头上人来人往的场景，暗下决心。

在与家人商量后，吴建屏简单收拾了行李，跟亲朋好友借了些钱就奔赴上海了。但是理想在左，现实在右。乡下人吴建屏到了上海后十分迷茫："在这个偌大的地方，我一不认识人，二不熟悉地方，该如何开始施展我的抱负呢？"吴建屏站在上海静安寺的门口，有点懊悔自己闯荡上海的莽撞。

这时，迎面走来几个人，看衣着像是有点身份的人，神情却有点沮丧。吴建屏定下心来细听。"要是照个相、留个念想多好，这兵荒马乱的，谁知道什么时候就走失了呀。"一个略带哭腔的声音触动了吴建屏的心。他豁然开朗："照相是自己谋生的技能，而对服务对象来说，何尝不是一种希望呢？乱世中的国家或许更需要点什么来记录、来见证。"想到这里，吴建屏将行囊放在静安寺前的大街上，打定主意从这里开始他的梦想，而且名字就叫"中国照相馆"。

1937年秋天的一个早上，吴建屏的"中国照相馆"开张了。除去照相器材和租用场地的钱，吴建平已经没有多余的钱弄宣传活动了。他的生意做得很低调。在静安寺一眼望不到头的大街上，"中国照相馆"对熙熙攘攘的过客来说，只是大街上又多了块牌子而已，没有引起人们过多的关注。

过了几年"打苍蝇"的日子，转眼到了1939年。吴建屏再也按捺不住了，"这样不行，要想个法子做点宣传。"正当吴建屏发愁该怎样做宣传的时候，照相馆的门"吱呀"一声开了，一男一女走了进来，男的挺拔、面相英俊，一身洋式西装，气派；女的娇小，面容姣好，一身旗袍，华贵。吴建屏心想来了大人物了，连忙起身迎接，使出看家本领为二人服务。过了一段时间，两人找吴建屏拿照片。尽管是黑白照，但不论是拍照的角度还是曝光度，都让照片上的身影不似本人胜似本人。女的看到相片眉开眼笑，男的更是盛赞："这技术不愧'中国'二字。"两人与吴建屏攀谈开来。原来这二人是上海沪光电影院热映的影片《木兰从军》的主演陈云裳和梅熹。吴建屏知道自己的机会来了。

"两位，不知是否喜欢在下的技术？"吴建屏恭敬地向面前的两位电影名人询问。两人微颔首。看到两人的反应，吴建屏壮起胆子说："我本是江苏人，到上海来，一是想碰碰运气，二是想发扬中国人的摄

影技术。我给照相馆起名'中国'是取其家国天下之意，不仅可为老百姓在乱世中留个影和念想，同时也可记录这个时代和社会的情况。但我初来乍到，没后台也没名气，偏安在静安寺中，虚度光阴。这实不是我所愿。"说到这里，他偷瞄了两人一眼，见两人听得入神，就建议说："看两位贵人能否帮帮在下，为我的小店做个宣传？"吴建屏说得真切，或许也道出了闯荡上海滩人的共鸣与辛酸，赢得了陈云裳和梅熹二人的赏识。他们决定帮他这个忙。

在陈、梅二人的穿针引线下，吴建屏和上海沪光电影院搭上线。他与电影院方面达成协议，联手加工、印制了五万张陈云裳不同姿态的照片，买一张影票送一张明星照片，在当时的"十里洋场"轰动一时。中国照相馆凭借这一广告行为，在上海滩打响了名号。

从上海到北京

1956年10月的一个星期天，凌晨四五点钟，人们在王府井大街上的中国照相馆门前排起了长队。穿中山装的青年，扎着麻花辫的学生，穿蓝底碎花的妇女，还有系着红围巾、穿着绿军装的女兵……大家自觉排着队，眼巴巴地看着照相馆的工作人员给自己发号码牌。听说，号码牌只发到下午3点，来晚了就排不上号、拍不上照了。

中国照相馆不是在上海静安寺吗？怎么会出现在北京的王府井大街上呢？故事还要从中华人民共和国成立的时候说起。

中华人民共和国成立后，中国照相馆顺应时代变迁，将服务对象转向普通百姓，并首创礼服出租和鲜花专供等服务项目，招揽了大批顾客，生意十分兴隆。

1956年，国家向全国的劳动者发出了"繁荣北京服务业"的号召，中国照相馆的职工一合计，带着老婆、孩子以及照相馆里的全部家当，踏上了前往北京的火车。

在党中央的关怀下，1956年9月25日，中国照相馆在王府井大街南口正式营业。这个久负盛名的照相馆从开业那天起就客似云来,"服务首都人民"的新历程在忙碌、热闹、充实、自豪中开始了。

1988年,因为王府井大街建设的需要,照相馆搬迁至大街西边的女子百货大厦里。当时整个大厦北头的1—8层都属于中国照相馆!这段时间,刚好是中国经济快速发展的一个时期,北京的服务业市场整体非常看好,中国照相馆在北京乃至全国都有口碑。也正是在那一阶段,中国照相馆引以为傲的个人肖像照、婚纱照、儿童照产品体系形成。

巾帼再现,老字号复苏

然而,像很多"国字号"企业一样,这家出身上海、在北京大展宏图的照相馆终究逃不过"国企病",在市场的惊涛骇浪中败下阵来。

20世纪90年代,在市场经济大潮的冲击下,中国照相馆许多老一辈技术过硬的摄像师,或者像老师傅解黔云那样因看不惯年轻弟子不愿刻苦用功而离开,或者因经不住金钱的诱惑而被其他影楼高薪挖角,这使中国照相馆人才凋零。

1992年,王府井大街改造。漫天飞舞的尘埃、敲敲打打的建筑声仿佛是一道屏障,将人流与中国照相馆割裂开,使照相馆的生意一落千丈。一直到1997年,这个曾经被誉为中华人民共和国最好的照相馆竟然经历了近六年门可罗雀的惨淡时光。谁来终结中国照相馆这"打苍蝇"的清闲?这个昔日显赫一时的老字号能否起死回生?

1997年8月,上级派来孙秀珍接管中国照相馆。这个已届退休年龄的女上司没让众人失望。新官上任三把火,她不仅把火烧旺了、烧久了,还确确实实烧出了成绩。

刚上任的孙秀珍在中国照相馆里来回走了几圈,看着一张张记录历史痕迹和曾经荣誉的照片、奖状,她感觉只有从"国家宠儿"的神坛走下来,回到寻常百姓中去,回归照相本身,才能拯救中国照相馆。

"孙总,您的电话。"秘书的声音打断了孙秀珍的思考。原来是航

天部一位老领导想请照相馆的老师傅解黔云给拍照,问能否到院里给大家服务,因为很多老专家已经走不动了。老领导的要求让孙秀珍灵光一闪。她认为机会来了,当即决定成立并派出摄影小分队,走进社区,开展上门拍照的服务。这个决定与当年吴建屏请名人拍照做广告有异曲同工之妙。也许历史总有关联性,以前,吴建屏是让中国照相馆走上层路线,现在孙秀珍是让照相馆走下层路线。这可是一件了不得的事。昔日的"国家宠儿"如今也能如此谦恭!此事引起了媒体的热议。

这一决定彻底救活了徘徊在破产边缘的中国照相馆。但是家族概念、历史积淀、责任缺位、权责不分等问题并没有得到解决。这就意味着阻碍中国照相馆发展的根本问题没有解决。孙秀珍决定扮演一次"煞神",砍掉"国企"的帽子,同时再做一次"散财童子",让中国照相馆140位员工人人持有股份,总持股70%。"国家人"变成了"自己人",束缚在员工身上的绳索松开了。

接着,孙秀珍又"放火"了:摄影技术日新月异,谁丢失了数码市场就是丢失了饭碗。她号召员工集资,抢购欧美摄影设备,开启了中国照相馆的数码时代,用数码摄影设备取代了135胶片机,将热裱改成了冷裱热压,将暗房改成了明室操作……重获新生的中国照相馆已经旧貌换新颜,顾客们又重新慕名而来了。

2009年一个阳光明媚的日子,中国照相馆里张灯结彩。"现在由众弟子给师傅们奉茶!"司仪拖腔带调的声音仿佛将观众拉回到20世纪40年代吴建屏掌舵的那个照相馆里。司仪话毕,穿着长袍的年轻人向主席台上的老师傅们恭敬地行礼并奉茶。老师傅们郑重地接过茶,并起身将年轻人扶起。这一扶就是一种嘱托、一种传承。

这是中国照相馆举办的一次隆重而别开生面的拜师大会。在年轻人坚韧的目光中,你能明显感到一股追赶的力量、永不言弃的精神和强烈的使命感。这个记录中国百年变迁的照相馆,正以一种新的方式延续并书写属于自己的新传奇。

内联升
——手工布鞋中的奢侈品

内联升以做朝靴起家,历经百余年,仍主要生产经营手工布鞋,经历了战乱的蹂躏,顽强地坚持了下来,这是一个奇迹。内联升每个阶段的发展都深深地打上了时代的烙印。

做坐轿人的生意

清朝道光年间,天津武清人赵廷因家境贫寒,来到京城东四牌楼某鞋铺学艺。只有14岁的他从学徒做起,这是当时手工业者的必经之路。

勤奋聪明的赵廷用了几年时间就学得了一手上好的制鞋手艺,为他

"内联升"旧影

所在的鞋铺招来了不少生意，所以老板对他很器重。这段经历对他将来的发展有很大的帮助。但对他帮助最大的是他在做学徒期间认识的一位重要人物——丁大将军。

一个偶然的机会，赵廷结识了丁大将军，两人一见如故，相谈甚欢。在得知赵廷有自立门户的想法后，丁大将军大表赞同。但是赵廷所有的积蓄仅有两千两白银，丁大将军笑着说："贤弟，这不是问题，大哥我赞助你万两白银！"

1853年的北京城内已经有不少制鞋的店铺，还有漂洋过海来的新潮皮鞋店铺。赵廷虽从学徒做起，但耳濡目染，也懂一些做生意的方法。他虽没念过书，但他也知道要选择市场上的空白点。

赵廷思来想去，觉得要想赚大钱，就得在有钱的、坐轿的人身上打主意、下功夫。赵廷与丁大将军来往频繁，这让他有幸接触到不少朝中官员，经过多次旁敲侧击，他知道官员对现有朝靴制作商铺颇为不满，而他有的正好就是这门手艺，所以他决定专为官员做朝靴。这也是他为什么将店铺取名为"内联升"的原因。内指"大内"，"联升"意指穿了这里的靴子就可连升三级。有了这样响亮而吉祥的名字，哪个官员不愿意穿在脚上以取个好彩头呢？

清咸丰三年（1853），内联升在北京皇城根下的东江米巷（今东交民巷）开张。喜庆的鞭炮声引来了过往行人和周边商户的围观。

那时的朝靴一双售价50两白银，虽然要求做工精细、质量上乘，但刨去人工、原料等成本，利润也是非常可观的，这对赵廷来说，可谓是一条发家致富的好路。

当时的东江米巷还没有发展成使馆区，但也不是一般店铺能够入驻的。内联升能在这里立足，靠的是丁大将军的面子和他资助的那万两白银。

丁大将军是个军人，对经商这样细致的事情并不擅长。内联升经营了几年之后，赵廷已经攒够了买下丁大将军"股份"的资本。其实，丁将军早就希望有人买下他的股份，因为他深知自己不是做生意的料。赵廷来买股份，他更是求之不得，毕竟内联升是他们俩一起创办的。就这样，内联升完全成为赵廷的店铺。

清末局势动荡，但是直到1900年八国联军血洗紫禁城，内联升因为得天独厚的地理位置和官宦的庇护，几乎没受到什么影响。

高级定制——《履中备载》

赵廷不仅将朝靴做得有模有样，而且为来光顾的官员制订了一套完善的经营和服务体系，并制作了一套客户档案——《履中备载》。这可算得上是我国历史上有考证的第一本VIP客户档案。

《履中备载》记载的全是王公贵族和知名京官、外省大吏的靴鞋尺寸、样式和特殊脚形。只要是在内联升定制过朝靴的官员，都能在《履中备载》中找到关于他们的脚的详细尺寸和他们喜欢的样式等内容。三品以上的官员做鞋不会亲自到鞋店，赵廷就派伙计到官员的家里去量尺寸。有了这本《履中备载》，只要他们派人来内联升通报一声，内联升自会做好送到府上。

赵廷的这招让内联升仅靠口碑相传就获得极大的名声。内联升的朝靴深受朝中大员喜爱，渐渐地，京城文武百官买鞋必到内联升，而且许多官员送礼也会到内联升选购朝靴。

更为有趣的是，《履中备载》还记载了各地举子进京常巴结的"恩师"的鞋号和喜欢的鞋子样式。这些"恩师"在京为官，因此，每到举子进京时期，内联升的生意就非常火爆。举子们进店不仅为自己和家人买鞋，还花重金买恩师们的"足下之需"——定制几双朝靴送给恩师。这种种原因使内联升生产的朝靴身价倍增。内联升最盛之时，曾给宣统皇帝做过登基时穿的龙靴。

赵廷瞅准时机专心经营，使内联升迅速积累了财富，但是内联升老店的规模一直没有扩大，前店后厂、自产自销的模式维持了近五十年。

不过任何事物都不能只看表面，东江米巷的内联升的规模虽没有扩大，但在北京、天津、大同、青岛相继开设了分号，都主要经营朝靴，也兼营棉鞋、便鞋。

动乱来临，辉煌结束

光绪二十六年（1900），八国联军入侵北京，慈禧太后携光绪帝和王公大臣弃京而逃，东江米巷没有逃脱火劫。赵廷多年的积累一朝成空，半生事业毁于一旦。

东江米巷被设立为使馆区之后，不许中国人进入，内联升迁往奶子府（今乃兹府）重新开业。但开业之后，经营大不如从前，只能勉强维持生计。民国初期，袁世凯发动壬子兵变。内联升再遭洗劫，在兵变中被乱兵抢劫一空。年近七十的老当家赵廷哪经得起这接二连三的打击，不久之后便撒手西去。他的儿子赵云书接管了内联升。

赵云书将内联升由奶子府迁至宣武区前门廊坊头条，使两次遭难的内联升逐渐稳定下来。时过境迁，曾经让人引以为傲的朝靴没人穿了，内联升不得不改变策略，不再死守高端定位，既做坐轿人的生意，也做普通大众的生意。

创新是存活的根本

做朝靴有自身的特色，做普通大众的生意也要有自己的特色，这是内联升的经营理念。千层底布鞋就是内联升为普通大众做鞋的特色。

制作千层底布鞋的鞋底要经过七道工序，纳底等每道工序都不能马虎，这样做出的鞋既好看又耐穿。来内联升买千层底布鞋的人越来越多，内联升的生意总算有了起色。

消费群体扩大了，旧时"履中备载式"的服务实施起来颇为困难，必须改变旧的经营方式，这难不倒内联升的历任掌柜。

内联升选择了印制礼券的促销方式，将不同的鞋对应到不同的礼券上，人们买了礼券就能到店里来买鞋。一时间，内联升礼券成为别致又受欢迎的馈赠礼品的首选。印制礼券的方式一直到今天还在被使用，这在当时却是一种新颖的经营方式。内联升没花多长时间就成为北京的名牌，但在兵荒马乱的年代，也只能做到这样了。

内联升能在遭遇两次劫难后站立起来，与创新是密切相关的。它的创新不仅仅表现在产品上，还表现在管理方式上。

内联升虽然一直沿用前店后厂的模式，但是能将纳底等工序交给京畿农民家庭完成，只留下切底、包边、圈底等几道关键的工序在后厂完成，既保证了鞋的质量，又让内联升将更多的精力放在产品样式的更新上，以应对比晚清时期更为多变的市场需求。

此外，内联升和当时许多商号一样，员工培训主要是培养学徒。学徒需要三年多的时间才能出师，但会因人而异，有一定的灵活性。从内联升出师的学徒熟悉任何一道工序，既会生产，也会销售。

内联升在战争年代给员工的福利，相对来说，比其他行业和鞋业都要好，所以有很多人愿意成为内联升的学徒，愿意为内联升的发展贡献自己的力量。

风雨过后是彩虹

中华人民共和国成立前夕，内联升处在濒临崩溃、奄奄一息的境地。在中华人民共和国成立之初，内联升同中国的社会经济一样，亦处在转型和调整之中。那时，内联升的经营方向和产品已经不适应当时社会的需要，生意非常惨淡，仅有50多名员工。

1953年，赵云书的四儿子赵珩接手内联升。但赵珩一介书生，不懂买卖，并不过问内联升的经营事宜。

1956年，我国开始公私合营，赵珩将内联升上交国家经营，国家每年补贴赵珩5%的赎买金，计划20年付完。

在之后的两年内，内联升在经营方向上完成了转变，进入恢复发展

期。内联升在成为北京名牌的同时，也走向了全国各地，不断丰富产品种类，开始生产女鞋及解放鞋。

公私合营之后，内联升几经搬迁，至1958年最后一次迁址到大栅栏西侧，结束了半个多世纪的"漂泊"。

在计划经济时期，内联升的自产纯手工鞋没有利润可言。因此，1970年，内联升的"后厂"有了新的含义，那就是在政府的调配下，从多家鞋厂进鞋出售。那时候，内联升的非自产鞋销售额占到了80%以上。

内联升的千层底布鞋从出现就一直吸引着北京及其他各地的顾客。曾经一段时期，内联升希图寻找一条以前店养后厂之路，来保护和发展自己的传统工艺与经营特色，但受到价格、原料供给等的限制，用尽了全身解数，最终也没能摆脱困境。

计划经济时代，内联升虽然暂时失去了自己的品牌，失去了昔日风光，但与其他鞋店相比，它还是有着自己的优势。

雕梁画栋的"内联升"营业大楼

因为内联升自身的努力，北京市政府对内联升颇为照顾，有意识地帮助内联升保留一些原有特色，如虽然内联升已不以自产靴鞋为销售主体，但帮其保留了前店后厂的形式，使内联升有属于自己的加工厂；在物资贫乏的年代，内联升传统手工布鞋用的纯毛毛料由政府特批提供。

1976年，内联升开始生产和经营皮鞋。这是以前店养后厂思路的开拓，也是在用皮鞋养布鞋，目的仍是保护和发展自己的传统产品。

"文革"时期，内联升一度更名为"东方红鞋店""长风鞋店"。1977年，保护老字号的相关政策出台，使内联升的字号得以恢复。

1986年，全新的内联升厂房竣工，占地面积约13亩。1988年，一座具有明清建筑风格、营业面积1700多平方米的新营业楼落成。2001年，企业性质变更为有限责任公司，员工成了公司股东，内联升进入了发展壮大时期。内联升将与时俱进，不断创新，再创辉煌。

王星记
——扇子的王国

一提到扇子,大家的脑中便会浮现出这样的场景:诸葛亮手执鹅毛扇,羽扇纶巾,很儒雅,轻轻一摇扇子,就有了计谋;古代小姐、贵妇借扇掩面而笑,一把扇子就能让一个女人顿时妩媚;唐伯虎、郑板桥一类有书法、绘画、文字功底的秀才在扇子上舞文弄墨,显露风雅……已有一百四十多年历史的王星记纸扇更是首屈一指,让我们一起来揭开她的历史面纱、还原她的真实"面貌"。

1875年创办的百年老字号"王星记"

"一把扇子半把伞"

杭扇历史悠久,闻名遐迩,制作技艺精湛,扇面艺术优美,自古以来便有"杭州雅扇"之美誉。四方游客来到杭城,在观赏西湖美景的同时,如果不捎带些龙井茶、王星记纸扇回去,总感觉会有些许遗憾。

王星记的历史称得上是一个"扇子王国"的传奇故事。

根据历史记载，杭扇在北宋时就已闻名，南宋时，扇子生产已有较大规模。宋王朝迁都临安（杭州）后，制扇工艺便发达起来。制扇业也成为点缀南宋新都繁华的一项重要行业。全国各地的制扇艺人、能工巧匠聚集在这里，开了不少店铺，城内的扇子巷有一公里长。据宋吴自牧《梦粱录》记载，杭城大街买卖昼夜不绝，扇子品种应有尽有。

据史料记载，清朝中叶，杭州的扇店已有50多家，制作扇子的工人多达四五千人。扇子这个看似不起眼的小东西却与大名鼎鼎的杭州丝绸、西湖龙井名气相当，人称"杭州三绝"。

光绪元年（1875），王星记的创始人王星斋在杭州清河坊创建王星记扇庄。王星斋出生于杭州扇子发展的鼎盛时期。他祖上三代都是工艺精湛的扇业工匠。他自小耳濡目染，随父学艺，20岁时已经是杭州制扇业中的一名砂磨能手。

砂磨是制扇工序中十分关键的一环，扇子店的老板或扇子坊的作坊主十有八九是砂磨工出身。王星斋在自己的技艺熟练之后，就想找一份工作磨炼一下自己，于是便到杭州三圣桥河下的钱部记扇子坊打工。

钱部记扇子坊附近的周叶闻弄有个贴花制扇作坊。坊主名叫陈盖斋，他是当地有名的制扇贴花能手，专门为当时非常有名气的舒莲记扇庄加工制作高级泥金花扇。

陈盖斋看王星斋这个小伙子不错，不仅出身于制扇世家，在制扇工艺方面又有特长，而且很聪明，十分喜欢，于是便将大女儿陈英嫁给了王星斋。陈英打小就聪明勤劳，在制作真金回泥花色黑扇方面，有一手好手艺。婚后，在贤妻陈英的帮助下，王星斋全身心投入制扇业。夫妇二人夫唱妇随，辛苦劳作，生意日益红火起来。

清光绪十九年（1893），王星斋瞅准时机和上海这片市场，在上海城隍庙开了一个季节性的小扇店，轰动一时。

俗话说："精工出细货，料好夺天工。"当时杭州城已经有张子元、舒莲记和王星斋三大扇业名庄，竞争相当激烈。王星斋不仅在工艺

上苦下功夫，而且决定改变经营方针，面向一般市民推出经久耐用、浸水而不走样的黑纸扇，以在市场上打开销路。果不其然，黑纸扇很快流行开来。

王星斋夫妇在扇子上费了不少心思，创造了独特的制扇工艺流程。就拿黑纸扇来说，它可以说是王星记传统名扇，被人们称为"扇中一绝"。

一般的扇子都要经过糊面、折面、上色、整形等十六道工序，而黑纸扇的制作过程则十分考究，要经过制骨、糊面、折面、上色、砂磨、整形等八十多道工序才能完成。

黑纸扇不仅做工精巧，选料也非常严格。其扇骨用的是广西桂林地区的棕竹，柔软而富有弹性，扇面则以棕竹和桑皮纸作原料。这种扇面柔韧性强，不脱色，不易炸裂，雨淋不透，日晒不翘，经久耐用。

这样，一把黑纸扇拿在手，既可以扇扇取凉，又能够遮阳挡雨，既实用，又美观。黑纸扇因此成为当时人们喜爱的随身饰物，也使王星记获得了"一把扇子半把伞"的美称。

漂洋过海的"贡扇"

除了在技术上精益求精，王星斋夫妇在经营上也很下功夫。通过发料加工、预付货款、收购成品或半成品等方式，王星斋夫妇收购了一部分中小作坊来扩大生产与经营。这时，王星记的扇子已经相当有名了，种类很多，有黑纸扇、檀香扇、绢扇、白纸扇、羽毛扇、宫团扇、戏剧扇等，品种十分齐全。

王星斋做的黑纸扇质量好，而妻子陈英独特的贴花、洒金技术更是为纸扇锦上添花。为了让扇子更有艺术气息和收藏价值，王星斋又请来艺坛名家在扇子上题诗作画，使扇面的装饰内容更加丰富多彩。

在扇面上题诗作画历来被人们喜爱，《晋书》就记载了王羲之为蕺山老妇人题扇的故事。一把普通的扇子一经名人书画点染，价值立增，自然让人爱不释手。

我们熟知的艺术大师梅兰芳先生在扮演《贵妃醉酒》中的杨玉环时，手里所拿的那把黑纸花扇就是王星记为他特制的真金贴花扇。

每年到了扇子销售旺季，王星记就将所生产的扇子运到上海出售，以满足更多人的需求。一些有名望的达官雅士都以能得到王星斋夫妇手制的金扇为特别光荣的事。特别值得一提的是，王星记制作的黑纸扇还多次远渡重洋，在意大利米兰、巴拿马万国博览会上多次得奖，美名远扬。1982年，在美国田纳西州诸克斯威尔城的世界博览会上，王星记出品的一把用小楷刻着《唐诗三百首》的真金全棕黑底扇轰动全场。

王星记的扇子不仅在各地热销，还被当作"国礼"馈赠给国外友人。扇子自古以来就是联结中外友谊的纽带，被外国人称为"东方瑰宝"。唐朝就曾把扇子作为礼品赠送给邻国。

随着王星记名声的日益扩大，京津一带前来定货的人络绎不绝。王星斋于是在北京杨梅斜街正式设立王星记扇庄，随后又在上海、天津、济南、成都、沈阳等地接连开设分庄，扩大了销售范围。

1902年，王星记扇庄正式成立。从家庭作坊到成立扇庄，王星斋本人的身份也发生了变化，由一个制扇手工业作坊主逐渐演变为一个商业资本家。

子承父业，繁荣扇业

宣统元年（1909），王星斋在京病故，他的儿子王子清继承父业。1937年，王子清将王星记扇庄由杭州迁到上海，"王星记"开始了新的发展。

王子清为适应社会名流、文人雅士和戏剧表演、舞蹈表演等的需要，开始增加扇子的种类，从过去的黑纸扇延伸到檀香扇、名家书画扇、曲艺扇、舞蹈扇等。

檀香扇是王星记的又一优异作品。王子清首创以檀香木为原料，以

西湖名胜"西泠""玉带""双峰"为名制作檀香扇。这种扇子精巧别致，似乎能将整个杭州西子湖的风情都蕴含进去，畅销国内外。

由于技艺独特又富有工艺性，檀香扇历来为女性所喜欢。早在20世纪二三十年代，檀香扇就是时髦女郎手上必备的精美装饰品。

一把檀香扇即使保存数十年，扇起来依然"日日花香扇底生"；放在衣箱内，还可防虫防蚁。檀香扇之所以让众多人喜欢，就是因为它以清香四溢的檀香木为原料，并用玫瑰香、雪梨香、地扪香、志山香、贡香等各种不同类型的天然香料配制成各种香型的扇子，而且香味经久不散，因此有"扇在香存"的美誉。

檀香扇为手工艺品，制作工艺也不一般。它运用拉、烫、画"三花"加工技艺，用钢丝锯在薄薄的扇片上手工拉出数百个大小不一、形状各异的小孔，组成千变万化、虚实相宜的多种精美图案。独特的加工工艺使檀香扇更加精细、高雅。檀香扇还曾多次在国际博览会上得奖。

1929年，杭州举办第一届西湖博览会。颇具商业头脑和创新意识的王子清抓住这个良机，挑选各类精致名扇，参加博览会艺术馆陈列竞赛，最终荣获金奖。

不仅如此，他还印刷了一批宣传册，在"西博会"上散发。为了招徕国外的顾客，王子清专门雇了翻译，组织外商参观王星记。

由于王子清的精心策划，王星记扇庄在博览会期间出尽了风头，其扇子被选购一空，还得到了国外两年的外贸订单，创下了杭州老字号的"外贸第一单"。

在西博会上大获成功的王子清向政府申请了"三星"注册商标，加强对品牌的保护。名扬海内外的王星记不仅击败了同行业的竞争，同时抵御了日本扇子带来的市场冲击。

孙总上任，实行改制

中华人民共和国成立前，王子清移居香港，把王星记交给他的儿子王雄飞经营。由于经营不善，生意开始走下坡路。

1956年公私合营后，王星记退出批发业务。历史上繁荣一时的王星记制扇工场只留下一个白骨扇加工小组。

1958年，在人民政府的关怀下，杭州市政府下文，重建王星记扇厂。王星记召回了失散的艺人，在清河坊开办生产基地，在西湖边湖滨路开设了王星记扇厂第一门市部，采用原有的"三星"商标。

20世纪70年代，王星记扇业已经发展成为一个拥有429名员工的大厂。不幸的是，"文革"让王星记再次受到冲击。王星记原有的特色消失，业务量逐渐萎缩。

似乎这些灾难还远远不够。1994年1月30日，一场大火烧毁了王星记扇厂的全部厂房和原材料，珍藏多年的名扇、古扇也未能幸免。当时的王星记已经在市场经济大潮中摇摆不定了，又因大火元气大伤，火灾过后，技术工人走的走、散的散，最后只剩下不到100人，企业到了濒临倒闭的境地。

2000年11月，王星记在杭州市政府和上级主管部门的关心和扶持下，和各地的众多企业一样，实行了企业改制。王星记大胆改制，实施了以产权为核心的体制改革和市场化运作的机制改革，实施产品创新、技术创新、营销创新工程，成立了杭州王星记扇业有限公司，由王星记培养的员工孙亚青女士任公司董事长和总经理。

创新是企业长生不老的源泉。正是因为较早完成改制，"王星记"又重获新的生命力，进入新的发展历程。改制后的王星记大力实施创新工程，采取了一系列措施，开发出了更多的新产品。在市场经济的大潮中，老字号王星记如枯木逢春，焕发出勃勃生机，这朵民族艺术的奇葩绽放得更加绚丽多彩。

正在缔造的扇子王国

王星记一代代能工巧匠使一柄足不盈尺的扇子蕴含了巧夺天工的手

艺和无穷的奇思妙想。然而，随着人们生活水平的提高，电扇、空调走入了千家万户。仲夏夜，手拿一把蒲扇或者折扇纳凉的情景一去不复返。扇子似乎开始被人们遗忘，走进了历史的缝隙。要使王星记这个老字号再现辉煌，使其百年历史得以延续，就应该立足于中国文化和现代创意。

于是，扇子的功能开始发生转变，从过去的纳凉工具变成了现在的装饰品、礼品和纪念品。

如今，人们惊喜地发现，王星记扇子的种类增加了，档次升高了。王星记运用现代理念挖掘传统制扇工艺的精华，将多种技法融入一扇，将书画、文学、戏曲等多种艺术元素融于一扇，丰富了制扇工艺，使扇子成为极具文化内涵的工艺品。近年来，王星记设计创作的精品扇在国家级和省、市级工艺美术评比中连获金银大奖，更有多个作品被国家博物馆收藏。

王星记还注重产品的时尚感，新面孔的扇子频频亮相，如真金字画的黑纸扇、鸟语花香的白纸扇、婀娜多姿的女绢扇、华丽精美的檀香扇、富丽堂皇的孔雀羽毛扇、古色古香的宫团扇、大气磅礴的屏风扇等，种类繁多，不仅符合现代人的视觉要求，也满足了他们不断追求新意的心理需求。

在产品开发上，董事长孙亚青努力做到与时俱进，推出与女士服装相配套的绢扇系列，并根据每年的流行色常换常新，还特地为男士制作古色古香的红木扇、乌木扇和紫檀扇，给男士们增添了儒雅之气。

"王星记"制作的扇子

除了在专卖店和大商场开展制扇绘画表演，王星记还积极利用互联网开辟新的销售渠道，以扇文化打动消费者，受到了众多网友的追捧，被誉为"中国最好的扇子"。

王星记最贵的一把扇子曾卖到7万元，最普通的扇子也可以卖到10元以上的价格，这是其他扇子厂无法比拟的。从引风纳凉的夏令用品到精美华贵的工艺礼品，王星记成功打入了北京奥运会，接着又在"世博会"上亮相，受到世人青睐。现在，王星记生产的各种扇子正源源不断地发往世界各地。

历经时代风雨洗礼，杭州扇业三大名庄——王星记、张子元、舒莲记唯剩王星记。王星记头顶"中华老字号"的称号，其产品每年远销美、日、英、法等几十个国家和地区。王星记制扇技艺是国家级非物质文化遗产项目和传统工艺振兴项目。王星记扇业有限公司坚持非遗特色，走文创发展道路，创建全国首个中华老字号文化创意产业园，已从一家综合性扇子生产销售企业发展为集设计研发、工艺演示、生产销售、商贸旅游和文化交流为一体的现代综合性服务企业。2018年，公司还荣获"全国轻工行业先进集体"荣誉称号。

现在，王星记一如既往地以优雅的身姿续写着历史传奇，它的扇子则更像一首关于江南的小诗：

> 像一扇优雅的屏风，
> 静静地退向了历史的角落之中；
> 又像一根魔杖，
> 悄悄地收拢了一个又一个遥远的故事与传说……

恒源祥
——横罗百货，源发天祥

提到"恒源祥"，大家都记得多年前的一则广告，在1分钟的时间里，广告背景音从"鼠鼠鼠"一直叫到"猪猪猪"，把十二生肖叫了个遍，这种单调的创意和高密度的播出方式遭到了许多观众的炮轰。

可是，这种"挨骂式"的营销手段让更多的人知道了"恒源祥"，扩大了品牌知名度。走到今天，恒源祥九十余载与羊共舞，书写的是一个绒线王国的神话。

旧时"恒源祥"门前拥挤的顾客

沈莱舟带红恒源祥

说到老店恒源祥的百年风云历程，不得不提两个奇人，其中一个是恒源祥的创始人沈莱舟，另一个则是现在的董事刘瑞旗。可能这两个人物的名字并没有恒源祥那么响亮，但是听听他们的故事，你就会知道恒源祥一路走来多么不易！

1927年，沈莱舟在上海四马路、山东路口弄堂边开了一家"恒源祥人造丝毛线号"，做一些人造丝毛的生意。

早年间，沈莱舟的店面大堂内挂着一副"恒源百货，源发千祥"的对联，暗含着亘古长存、源远流长、吉祥如意的意思。

有一天，沈莱舟拿着茶杯来回踱步，满脑子都是为店面起名字的事，猛一抬头：咦，这对联上的"恒源百货，源发千祥"岂不挺好？这寓意跟自己的想法一致，就它了！于是，他就从中摘取了"恒源祥"三个字作为店名。

沈莱舟在做生意方面有自己的独特想法，几年辛苦打拼下来，便挣到了人生中的第一桶金。他觉得这个生意有利可图，于是，恒源祥便开始以绒线为主业。

经过八年的发展，到1935年，"恒源祥公记号绒线店"的招牌终于挂在了兴圣街与法大马路交界处。

别看现在这条路毫不起眼，在当时的上海那可是如雷贯耳：当时整个上海专营绒线的店大都集中在兴圣街一带，那里的绒线销售量占全国的90%以上，编织着一个中国绒线业的神话。老上海俚语"买绒线兴圣街"可以印证这里的繁荣。

"恒源祥公记号绒线店"开业后，沈莱舟觉得有创新才能获得更好的发展。他要走的第一步就是把服务做到位，改变以往绒线店对顾客不友好的坏风气。此后，到恒源祥绒线店的顾客便增多了，顾客花了钱，享受到了应有的服务，这才叫"物有所值"。

迈出了创新的第一步，沈莱舟就开始琢磨着走第二步。当时，上海人的穿着打扮引领着中国的时尚潮流，《良友》等杂志每期都会刊登一些红极一时的歌星、影星的照片。如果能让这些人穿上恒源祥的衣服，那岂不是出名了？

想到此，沈莱舟随即联系了一些杂志媒体，利用明星做了一系列令人眼花缭乱的广告和商业炒作。恒源祥迅速走红，生意也是后来居上。

由于绒线是舶来品，当时上海市面上的所有绒线大都通过兴圣街"八大号"联手开办的联丰办事处向各大洋行进口。1936年初，早就对

联丰办事处不满的恒源祥与另外两家绒线店合资开办了中国第一家专门生产绒线的毛纺厂——裕民毛绒线厂，生产"地球牌"与"双洋牌"绒线。由此，恒源祥店厂合一，生意扶摇直上。

在20世纪30年代的中国，绒线刚从西方传入不久，很少有妇女会编织绒线衣，即使有会编织的，也只会编织几种花样而已，时间久了，兴趣慢慢就没有了。看到这种现象，恒源祥决定推广绒线的编织方法，以带动羊毛绒线成为上海的时尚、扩大绒线的销路。于是，他们重金邀请了一些擅长编织的职业女性到恒源祥坐堂，给更多的人讲授编织技巧和编织绒线衣的窍门，其中就有当时上海大名鼎鼎的绒线编织大师冯秋萍。恒源祥不仅和她合作印制了名为"冯秋萍毛衣编织花样与技巧"的册子，在店堂里免费散发，还开设了秋萍编结学校，邀请其与梅兰芳等社会名流出任"绒线编结品有奖竞赛"的评委。这些举动成效显著，为推广绒线文化做出了巨大贡献，也极大地巩固和传播了恒源祥在绒线业的影响力。

恒源祥命途多舛

太平洋战争爆发后，日军开始进驻上海租界，颁布了关于羊毛等统制物资"禁止移动和使用"的命令，日伪军还企图邀请沈莱舟出任所谓"全国商业统制总会毛统会"的会长，目的是把绒线业控制在自己手中。

这不是当日本人的走狗吗？满怀爱国之情的沈莱舟拒绝了日伪军的要求。为了不让日伪军的阴谋得逞，他一度躲进华懋饭店（今和平饭店）寻求庇护。

抗战胜利后，国民党反动派重回上海，以"敌产"的名义大肆搜刮民间资产以中饱私囊。恒源祥的裕民毛绒线厂没能逃过这一劫，幸亏沈莱舟到处奔波，才总算把厂子收了回来，并在第二年重新开工。

1948年，上海物价飞涨，民不聊生。国民党反动政府紧急实行"限价政策",规定从8月19日起,所有商品均按18日的售价限价出售,同时工厂也必须每天按照18日的产量进行生产,否则以违法论处。

迫于无奈,恒源祥只好硬着头皮将库存的绒线拿出来"挺卖",做亏本买卖。裕民毛绒线厂由于库存有限,生产绒线的毛条很快就用完了。到最后实在没办法了,恒源祥只能从黑市上高价买进,再将生产出的绒线低价卖出。

国民党反动政府的行为让恒源祥对国民党反动政府彻底寒了心。上海解放前夕,中国共产党的地下组织通过关系向沈莱舟传述了中国共产党对民族工商业的相关政策。恒源祥看见了一线曙光,决定留在上海。

1955年,沈莱舟将恒源祥交给了国家,并带领全绒线行业率先实行了公私合营。

南京路上的刘经理

公私合营后,裕民毛绒线厂划归纺织局。到1987年,恒源祥除了老字号的招牌,仅剩下南京路上一家百十平米的国有体制的绒线商店,绒线由国家统一分配,全部资产不过50万元。

那一年,学徒出身、踩过黄鱼车、出过苦力、年仅29岁的刘瑞旗成为恒源祥的总经理。他是一位富有传奇色彩的人物。

这个中国最繁华的商业大街——南京路上最年轻的经理看到恒源祥只能依靠自己是老字号勉强糊口,觉得很痛心。在新掌门人刘瑞旗的带领下,恒源祥不断发展。

1987年9月16日,恒源祥在《新民晚报》做了通栏广告:"为了庆祝恒源祥绒线商店装修竣工暨店庆五十九周年,恒源祥决定在9月18日至20日举办绒线、羊毛衫大展销。"结果,在9月18日店庆展销的第一天,人山人海,热闹非凡。

《新民晚报》上恒源祥59周年的店庆广告吸引了一位老者的目光,他就是94岁高龄的恒源祥创始人沈莱舟。

当时,沈莱舟正躺在病榻上,一心惦记着恒源祥的发展。看到这则广告,他显得特别兴奋,对身边人讲:"他们算错了,少算了一年,恒源祥应该是60周年店庆了。"

看到恒源祥的接力棒传到这个能干、有活力的年轻人——刘瑞旗手中,沈莱舟连连点头,觉得这个小家伙不简单,以后恒源祥会发展得越来越好。

身边的人看到沈莱舟一副兴高采烈的样子,就安慰他等他身体稍好一点,让他坐在轮椅上到装修后的恒源祥店里转转,与新的掌门人刘瑞旗见个面。年事已高的沈莱舟含笑答应了。

然而不巧的是,9月25日,沈莱舟便与世长辞了。这一天,刘瑞旗正在外地出差,他一直为没能见上沈莱舟最后一面感到遗憾。恒源祥发展历史上赫赫有名的两个人就这样擦肩而过,留下了永久的遗憾。

1988年初,上海黄浦区史志办的同志想编写一本关于恒源祥和创始人沈莱舟的志史。为此,他们专门来到恒源祥,想找一些恒源祥的老职工了解情况。通过那些资料,刘瑞旗也进一步加深了对恒源祥的了解与对沈莱舟的敬佩之情。他暗自发誓,只要自己将恒源祥的事业做大了,一定为沈莱舟立一个铜像。

若干年后,这个心愿终于实现了。1997年11月11日,恒源祥成立70周年。刘瑞旗在金陵东路恒源祥大厦总部底层竖起了一个半人高的沈莱舟铜像,让每一位来到恒源祥的人第一眼就能看到沈莱舟那聪慧又慈爱的目光。

"恒源祥"的创始人沈莱舟先生

注册"小囡"牌商标

20个世纪80年代末期,中国人的商标意识还不是很强,对无形资产远没有对有形资产那样重视。刘瑞旗在这方面又一次显露出自己的高瞻远瞩和过人智慧。

如果自己的产品火了，很多人模仿，岂不是以假乱真，砸了自己的牌子和饭碗吗？刘瑞旗产生了注册商标的想法。1988年，他来到上海市工商局商标处把"恒源祥"三个字注册下来。当时这三个字的注册费只有200元，谁会想到今天这三个字的品牌价值会有数亿元人民币呢。

1989年初，刘瑞旗第二次踏入上海市工商局商标处的大门。这次，他也是注册商标，不同的是他要给恒源祥今后生产的绒线注册一个"小囡"牌商标，并加注"小囡"的文字标识。"小囡"方言的意思是"乖孩子"。据说，童年照片里的刘瑞旗非常乖巧，圆圆的脸，大大的眼睛，十分可爱，一位漫画设计师就以此设计了"小囡"牌商标的图案。现在，这个商标已经家喻户晓，留在了人们的记忆深处。

从1991年开始，刘瑞旗开始大刀阔斧地革新。他一方面全力维护恒源祥的品牌地位，另一方面充分利用老字号的品牌与文化吸引加盟企业，通过有效组合、优势互补进行专业化生产，然后将这些产品组合起来，集中向市场推广。

刘瑞旗这种以小搏大、四两拨千斤的经营之道显然是以强大的品牌向心力和掌控能力为基础的。在资金、人力等各方面都急剧缺乏的条件下，恒源祥仅仅依靠"恒源祥"的品牌及其在城市中的良好销售渠道，就使得标有"小囡"商标的毛线源源不断地进入市场，使"小囡"成为中国著名商标，使"小囡"成为毛纺织行业中一只生机勃勃的"领头羊"。

2001年，刘瑞旗带领恒源祥成功地实现了转制。在经历了诸多艰难曲折之后，恒源祥终于又以一个独立、全新的面貌展示于世。

中国的"可口可乐"

刘瑞旗似乎天生就是有商业策划才能的人。他在执掌恒源祥的十九年商业生涯里，经常突发奇思妙想，成功地策划了多次商业活动，或解

恒源祥一时燃眉之急。

恒源祥在品牌宣传上并非动辄一掷千金。理性的投入使他们更注重广告的创意以及连带的社会效应。

1991年3月，"恒源祥"牌绒线刚开始上柜。由于很多人都不熟悉这个牌子，销售局面难以打开。刘瑞旗决定利用上海电视台开播台湾女作家琼瑶的电视连续剧《婉君》掀起的"琼瑶热"。他拿出10万元到上海电视台做每次15秒的广告。他独创了5秒电视广告的概念，要求把15秒广告分成三次各5秒播出，即在每集电视剧的片头、片中、片尾各播一次。广告的制作简洁明了，仅仅用纸剪出恒源祥3个字，贴在圆桶上徐徐转动，再用最简单的特效合成，最后配上"恒源祥"的声音。于是，"恒—源—祥，恒源祥绒线羊毛衫"的广告伴随着"有个女孩名叫婉君……"那凄婉优美的歌声，顿时风靡了上海。

10万元在现在来说不是一个很大的数目，可是在当时，对恒源祥来说是个大手笔。但是，刘瑞旗拿10万元的广告费在上海电视台做了两个多月广告，虽说广告播出后的评价褒贬不一，但大家都记住了这个品牌。1992年，恒源祥的营业额达到了3000万元，这在当时是一个创纪录的数字。

1996年初，为了创造更好的营销效果，刘瑞旗想到拍一部万羊奔腾的广告片。1997年大年三十，中央电视台播出了这则广告，14000头雪白的美利奴羊在澳大利亚宽广的草原上撒开四蹄欢快奔跑。中央电视台播出的这则"恒源祥，羊羊羊"的万羊奔腾的新广告给人们带来了强烈的视觉冲击，令人耳目一新、荡气回肠。这是中国企业第一次走出国门拍广告。这则广告的创意和策划均来自刘瑞旗。

为什么要14000头奴羊，不多也不少？事后，刘瑞旗对媒体揭开了其中的奥秘：原来，14000头羊正好满足恒源祥公司一天的用毛量。

业内人士戏称：央视广告竞拍的"始作俑者"是刘瑞旗。从1993年至今，恒源祥连续在中央电视台投放广告，广告费总额已逾数亿元。

2004年3月,一则"中国恒源祥买下2004年超细羊毛"的消息被评为澳大利亚2004年度的十大新闻之一。澳大利亚的副总理专门发表讲话,称其是"具有异乎寻常的重大意义的事情"。

这次竞拍在羊毛界引起了强烈反响。这是中国人第一次拍下超细羊毛,90公斤超细羊毛的价格约为600万元人民币。在中国,不下于200家的媒体都报道了这一消息。有人调侃,"每2克羊毛的价格相当于1克黄金,是名副其实的金羊毛"。

刘瑞旗无疑再一次获得了巨大成功,因为这个特大广告带来的效益远远超过600万元。许多中国观众至今仍对奶声奶气的广告语"恒源祥,羊羊羊"耳熟能详。细心的人会注意到,六个字的广告在央视一打就是十几年,从未间断,直到恒源祥播放十二生肖广告,恒源祥一直没有远离观众的视线。

刘瑞旗说过一句至理名言:"许多企业把广告当作企业的开销,但我把广告当作企业必不可少的成本。"恒源祥在品牌运作上大胜而归。世界营销大师米尔顿·科特勒先生对恒源祥品牌经营给予了高度评价,称赞恒源祥是中国的"可口可乐"。

瑞蚨祥
——百年丝绸店

北京前门大栅栏商业街上矗立着一座有百余年历史的西式巴洛克建筑。木质的门店构造，古香古色的天井，都见证了百年布店"瑞蚨祥"的故事。

瑞蚨祥专营绸缎等纺织品及民族服装制作，是我国同行业中著名的一家

"瑞蚨祥"的巴洛克式建筑

百年老字号。它百年前首创的连锁模式为今天的零售巨头沃尔玛提供了参考。

借用"青蚨"取吉祥

瑞蚨祥的创始人孟鸿升是孟子的后裔，济南府章丘县旧军镇人。清道光元年（1821），他在周村大街挂牌经营土布，取字号为"万蚨祥"。或许是应了"万蚨祥"这个字号的吉祥之意，他的生意非常红火，在十几年的时间里积累了大量的资本。

为什么说"万蚨祥"是个吉祥的字号呢？也许有人会说"祥"字有

吉祥之意，这个字号当然吉祥了！如果这么理解，只能说答对了三分之一，因为这个字号中真正寓意吉祥的是"蚨"字。

"蚨"是南方的一种水虫，叫"蚁蜗"，又叫"青蚨"，长得像蝉，但比蝉稍大一些，翅膀像蝴蝶那样宽大，颜色艳丽。母青蚨产卵一定要产在花草的叶子上，大小像蚕蛾的卵。如果有人将母青蚨产的卵拿走，藏起来，不管离得多远，母青蚨一定会找到藏卵的地方。晋干宝在《搜神记》中云："南方有虫……又名青蚨。形似蝉而稍大……以母血涂钱八十一文，以子血涂钱八十一文，每市物，或先用母钱，或先用子钱，皆复飞归，轮转无已。故《淮南子术》以之还钱，名曰'青蚨'。"

孟鸿升用"蚨"字命名自己的店铺，无非就是希望财源滚滚、生意兴隆，再加上一个"祥"字，更衬托出他对店铺的希冀。后世的瑞蚨祥人一直延续、肯定着孟鸿升的这个希冀。

1834年，孟鸿升在筹备一件放在心里已久的事情——开分号。他深知做生意的门道，知道要想赚更多的钱，就要将生意做大，自己手里已经有了一些闲置的资本，不能让它们闲着，钱生钱才是王道。

1835年，孟鸿升在济南开设了第一家分号——瑞蚨祥绸布店。由于瑞蚨祥是新兴的字号，又处在闹市，门面装饰得华丽，内部的摆设也很新颖，而且备货充足、适应时令，所以一开张，生意就十分兴隆，在短短的时间内就赶上甚至超过了济南原有的庆祥和隆祥两家绸布业老店。

在此之后，孟鸿升增加了经营的品种，逐渐增添绫罗绸缎、皮货等高档商品。

清同治元年（1862），周村大街的万蚨祥也迁来济南，在芙蓉街南头开设布店，专门批发章丘土布。只是自此之后，万蚨祥的字号不再使用，一律使用"瑞蚨祥"。

一代大商孟洛川

孟鸿升之家族是章丘望族，兄弟子孙兴旺。他去世之后，少东家孟洛川于1869年掌管了瑞蚨祥。

当时，孟洛川只有18岁，人虽年轻，但极为聪明，极有才干。孟洛川幼时性颇顽皮，不善读书，喜欢做数砖计瓦的游戏。有一次，因为逃学，他被母亲罚跪于厅内。管家见他多次被罚跪于此，便上前规劝，他却一句也听不进去，只是问管家："你是家中的大管家，可知营造这座厅堂需用多少砖瓦？需要几天完工？"

管家答不上来，便问他："那少爷你知道吗？"孟洛川自信地回答："那是当然！"他将各项情况仔细地讲给管家听。

管家听后甚为吃惊，感叹道："想不到少爷小小年纪，心思竟然如此缜密！"

自那之后，孟洛川的聪慧便在家族中出了名，以后的房院营建、年终结账，孟洛川都会参与，而且总能在出现难题的时候给出精辟见解。所以，即使孟洛川只有18岁，家人也放心地将瑞蚨祥交予他掌管。

小小年纪的孟洛川不仅掌管了瑞蚨祥绸布店，还兼管了孟家三恕堂、其恕堂、容恕堂、矜恕堂四房共有的庆祥布店和瑞生祥钱庄。值得一提的是，瑞生祥是当时济南有名的钱庄之一，与山东的一些地方官僚有非常密切的关系。

孟洛川经常从瑞生祥钱庄拿些数目大、利息小的官僚存款给瑞蚨祥使用，所以瑞蚨祥有着充足的流动资金。

孟洛川接手瑞蚨祥不久，就从钱庄招来精明能干的沙文峰当经理。沙文峰也是章丘人，眼界开阔，头脑灵活，处事果断，将瑞蚨祥打理得井井有条，更重要的是他对孟洛川忠心耿耿。在沙文峰的辅佐下，瑞蚨祥的生意更加红火起来。

清末民初，中国政局混乱，外有强敌，内有征战，孟氏家族害怕官场失利而影响到自家的生意,不直接出面为官。但要为自家争取更多的利益,又少不了仰仗达官贵人。

孟洛川深知这点,便通过各种方法交结达官贵人,或联姻结为"秦晋之好",或拜把子"结义金兰"。据记载,孟洛川的长女是济南高官沈延杞的儿媳,二女儿嫁给了大总统徐世昌,三女儿许配给了南洋大臣张之洞,三儿子的两位续弦都是高官的女儿。如果列一张孟家与达官贵人之间的姻亲图,可谓是错综复杂。

此外,孟洛川与袁世凯也多有来往,与两江总督、两广总督以及吏部、兵部、户部的高官贵人也都交往甚密。

孟洛川虽是商贾,但举止言行、待人接物都遵循孔孟之道。他常说:尽己之心,推己及人。他特别反对打架斗殴。瑞蚨祥的第15条铺规就是:同仁之间不得吵嘴打架,如有违犯,双方同时出号。济南瑞蚨祥店堂的墙上写有"践言""修身"四个大字,这既是孟洛川对自己的要求,也是对瑞蚨祥员工的要求。

孟洛川坚持的生活哲学是:既不吃亏也不沾光,来往公平;你的是你的,我的是我的,我为你服务,你给我报酬;你帮不了我,我就辞退你,你帮我兴业,我破格奖赏。总之,孟洛川的经济算盘打得响,寸利必争。这是他成为一代巨商的重要原因。

从洋务运动时期至民国初年,孟洛川凭借自身的优势,在北京、上海、济南、青岛等商业重地建立了一个集经营布匹、绸缎、刺绣品、皮货、棉纱、纺织、印染、钱庄、当铺、茶叶、金银首饰等为一体的商业王国。至今,瑞蚨祥连锁商号仍是北京、天津、济南、青岛等地的著名老字号商店,瑞蚨祥这种有现代意义的连锁店经营模式在中国商业文化史上大放异彩,成为一笔不可多得的商业文化遗产。

晚清至民国初期,孟洛川已经跻身中国巨贾的地位,当时北方流传着一句谚语:"山西康百万,山东袁子兰,两个财神爷,抵不上旧军孟洛川。"

几经劫难,走向衰落

孟洛川的远房族侄孟觐侯也是一个有才干的人,在瑞蚨祥的经营历史上扮演了重要的角色。

清光绪十九年(1893)之后,洋布大量涌入中国,孟觐侯向孟洛川建议,在北京开设布店。孟洛川出资八万两白银在北京大栅栏买下铺面房,正式开办瑞蚨祥布店。

北京的瑞蚨祥店是孟家在全国开设的分号中最大的一家,开业后生意兴隆、日进斗金,一时间名声大作。瑞蚨祥当时的风光从当时北京流传的歌谣"头顶马聚源,脚踩内联升,身穿瑞蚨祥"中可见一斑。

没多久,孟觐侯被任命为北京瑞蚨祥经理,并兼任各商埠所有瑞蚨祥的全局总理。为给瑞蚨祥广开门路,他广泛进行社会活动,在结交官僚政客方面远胜孟洛川。他与北京九门提督王怀庆、东三省的权贵鲍贵清、山东督军张宗昌是结拜兄弟,与段祺瑞、吴佩孚、曹锟、张作霖等军阀来往甚密,与奉天督军张作相、吉林督军韩麟春、黑龙江督军吴俊升、热河督军汤玉麟称兄道弟。有了这样的社会地位和政治关系,孟觐侯不做官但胜似做官,这对瑞蚨祥的发展有极大的裨益。

就在瑞蚨祥蒸蒸日上之时,清光绪二十六年(1900),八国联军侵华,他们的一把大火不仅烧毁了圆明园,也把大栅栏烧得面目全非。瑞蚨祥也未能幸免,店内所有的账目和物品都化为灰烬。与此同时,与北京毗邻的天津北门外竹竿巷的天津瑞蚨祥也遭八国联军掠夺,损失惨重。

在这次巨大的灾难面前,瑞蚨祥的管理者孟洛川和孟觐侯都没有被击倒,他们对外宣称:凡瑞蚨祥所欠客户的款项一律奉还,凡客户所欠瑞蚨祥的钱物一笔勾销。瑞蚨祥在灾难后表现出的非凡气魄和高尚商业信誉在当时社会上引起巨大反响,被传为佳话。为了挽救瑞蚨祥的命运,孟觐侯在大火之后找回了失散的老店员,动员和鼓励他们在大栅栏的废墟上摆起了地摊。

对孟洛川和孟觐侯这两个商业奇才来说，摆地摊当然不是长久之计，他们的目的是重建瑞蚨祥。

瑞蚨祥虽然损失惨重，但是因为有着强大的资金链，仅用一年的时间就在大栅栏建造了一座豪华别致的大楼，重新开张。重开之后的瑞蚨祥仍然童叟无欺、货真价实，产品货品纯正、花色新颖，生意更加红火。不久之后，天津瑞蚨祥也在估衣街重新开业。

之后，孟洛川在1903—1918年期间，先后在大栅栏开办了"东鸿记茶庄""西鸿记茶庄""鸿记皮货店""鸿记绸布店"四处新店，几乎占了大栅栏半条街。与此同时，他先后在济南开设了"鸿记布店"和"瑞蚨祥绸缎店"，在天津开设了钱庄，在烟台开设了瑞蚨祥分店。

俗话说，树大招风。孟洛川创造的巨大财富让孟家光宗耀祖、极尽奢华，但也招致土匪张鸣九的不断骚扰。为了让这无休止的骚扰画上句号，1928年，孟洛川花重金请军阀孙殿英带兵帮他剿匪。

然而，令孟洛川想不到的是，孙殿英这边剿了匪，那边却佯装成退兵，派了两个团的兵力杀回旧军镇，洗劫了孟洛川家的所有财产，最后还将旧军镇孟家的房产付之一炬。这次劫难让年逾古稀的孟洛川深受打击。

这次劫难虽然使孟家损失惨重，但没有伤到瑞蚨祥的元气，真正使瑞蚨祥开始走向衰败的是战争。

1937年，日本发动全面侵华战争，济南沦陷。日本侵略者用尽各种手段掠夺中国的财宝，勒令各绸布商将存货全部呈报，并限令定价。受到日军压制和排挤的瑞蚨祥走向衰落。

那时候，物价不断上涨，伪纸币每天都在贬值，加上日本鬼子不断逼迫瑞蚨祥低价出售。没多久，瑞蚨祥的流通资金便损失殆尽，营业状况日趋恶化。本就经历了磨难的瑞蚨祥怎经得起这样的折腾！仅在几年的时间里，瑞蚨祥就内外交困、败下阵来，在国民党统治时期更是每况愈下。

迎着红旗赢新生

经过历史的洗礼、战争的摧残,瑞蚨祥曾经的辉煌已经变成了过去。但是这个历经沧桑的百年老字号没有在人们的视线中消失。现在,我们在北京、天津、济南、青岛等地依然能看到它的身影。

1949年,中国迎来了历史性的一刻,历经沧桑的瑞蚨祥和大栅栏的其他许多老字号也迎来了曙光,鲜艳的五星红旗在天安门广场上冉冉升起,老字号瑞蚨祥从此摆脱了"每况愈下"的困境,重获新生。

1954年,瑞蚨祥走在了公私合营的前列,将五个字号合并为一,改成以经营绸缎、呢绒、皮货为主的布店,在加工能展示东方女性美和中国丝绸特有的风韵美的旗袍方面成绩斐然,深受海内外女性的青睐。

公私合营之后,随着市场经济的变迁,瑞蚨祥又通过改制变为私营,但已经不再像孟洛川经营时那样风光。不过,今天的瑞蚨祥仍坚持以诚信为本,真诚地对待每一位顾客。随着近几年的唐装热,北京、天津的瑞蚨祥又火了一把。我们期待着瑞蚨祥更加美好的明天。

"瑞蚨祥"店内一景

乾泰祥

——丝绸大王乾泰祥，天天都有新花样

"吃在松鹤楼，穿在乾泰祥"，这句俗谚是从何时起在苏州城流行起来的已无从考证。不过挺拔矗立在观前街上的乾泰祥是苏州最大的绸布商店，也是苏州绸布行业中的百年老店，这是谁也无法否认的事实。

观前街前立门户

乾泰祥创始于清同治年间，创始人不详，初为地处观前街中段的绸布商店，屈指算来，至今已有一百五十多年的历史了。

史料中有关乾泰祥创办初期情况的记载不多。光绪三十四年（1908），苏州商务总会绸缎业十四户会员登记名册中有着这样的记载：绸缎业，乾泰祥，店址观前街，业主华荣庭，江苏金匮（今属无锡）人。由此可以推测，这家绸布商店当时已经有些名气了，而且小有规模。

清末民初，苏州绸缎业比较有名气的绸缎老店、大店多集中在东西中市。辛亥革命以

别具一格的"乾泰祥"店面

后，新兴的百货业商界巨头都把目光聚焦在人口密集、消费能力较高的观前街。随着商户的不断涌入，观前街成了苏州的黄金商业地段，吸引了乾泰祥等一批商家花巨资入驻。

乾泰祥在成立之初，规模也不是很大。其真正成为苏州绸布业中的名店是在20世纪20年代初。

1920年前后，很多商户都经营绵绸生意，竞争相当激烈。乾泰祥绵绸店因经营管理不善，想了各种促销奇招，业绩依然不佳，常年处于亏损状态，所以店主就想把绵绸店盘出去。

宝成记银楼的周以谟听说这一消息后，觉得做绵绸生意的人很多，但没有真正做大，自己的资金非常宽裕，就找到乾泰祥的店主说明想法。乾泰祥的店主见周以谟上门，喜出望外，两人一合计，这事很快就成了。

周以谟早年贫困潦倒，拿着手里仅有的几两银子倒买倒卖，几经倒腾便有了钱，最后开金铺发家致富。他掌管的宝成记银楼位于护龙街（今人民路）祥符寺巷口，在清末是苏州城有名的大金铺之一。宝成记银楼门前搭有一座横跨护龙街的过街大棚，在当时绝无仅有，非常壮观。

俗话说"隔行如隔山"，周以谟接手乾泰祥后，才发现两者的经营有很多差别，于是在1922年高薪聘请了一个马经理料理乾泰祥的一切业务。

刚开始马经理还信心十足，兢兢业业地管理业务，时间一长，觉得周以谟平常只忙着管理金铺，也无暇顾及绵绸店，无论自己怎么努力，老板也看不到，就慢慢对业务懈怠了。私底下，他还纳妾寻欢作乐，花天酒地，跟财务领取的日常开销越来越多。

这些情况被忠诚的员工反馈给了周以谟。周以谟一听所聘的经理治店松懈，勃然大怒，连忙派人叫来马经理，解除了合约。此后，周以谟觉得管理两店精力不足，便决定转让乾泰祥。

走出低潮，两次翻建

阊门西中市有个叫何颖生的绸缎店职员，在此行业中摸爬滚打多年，想找机会自己干一番事业。他听说大名鼎鼎的周以谟要转让乾泰祥，便联络悬桥巷协记布店（约创于1880年）的老板姚君玉以及自己的好友张琴石、王梅村、朱润生等人，决定出三万六千银圆接盘乾泰祥。

何颖生精通业务，有自己的想法，被众人推举为乾泰祥的经理。他觉得"绵绸店"这个店名不够大气，于是更名为"绸缎顾绣局"，经营范围也由原来的丝绸发展至刺绣（顾绣）、精粗呢绒及华洋布匹等。随着店里商品种类的增多，何颖生再次将店名改为"乾泰祥绸缎顾绣呢绒局"。为了提高店铺的业绩，他花高薪从大新绸布店等同行业店铺中挖来店员。这样一来，乾泰祥在很短的时间里就摆脱了倒闭的噩运。

当时，大股东姚君玉执掌三家绸布店——协记、大有恒（观前）、乾泰祥，实力相当雄厚。有资金做后盾，乾泰祥的店面越来越大，商品琳琅满目，百姓们来到店里就能看到最全最多的样品和花色，省去了不少工夫。

乾泰祥的逐步壮大使得苏州绸布行业中的三大店——大新、大经、久昌店黯然失色、经营惨淡。到1923年，三大店无力支撑，只能关门歇业。大新、大经、久昌三家商店倒闭后，还留下大量库存，不得已，只能让乾泰祥以低廉的价格全部吃进。乾泰祥随即把存货分给手下三店甩卖，获得了巨大利润。

1924年，股东们觉得店面太小、人流量大，便出资将原乾泰祥店面房产全部买下，并进行了第一次翻建，扩大了营业面积。乾泰祥开始跻身于苏城八大绸缎店之列，从此可以和同仁和、老人和、天丰长等绸缎店平起平坐了。

1929年，苏州大兴市政建设，以塑造全新形象。观前街等街道由于人流大、车辆逐步增多，必须进行拓宽，沿线商店因门面缩进，纷纷进

行翻建改造。乾泰祥乘此机会拆迁了靠宫巷一侧的邻店"大亨布店"五开间店面，进行了第二次翻建扩张。

邻店"大亨布店"的生意还算兴旺，开始并不愿意让出店面，可经不住乾泰祥三番五次让人前来交涉，最后双方都做了让步，乾泰祥出重金盘下对面桂芳阁菜馆，给"大亨布店"做店面。

几番周折，乾泰祥吃进了"大亨布店"五开间店面。这样一来，乾泰祥北临观前，西朝宫巷，但遗憾的是还缺了一角。这一角就是位于观前街与宫巷转角处的东阳源南货店，乾泰祥也想吃进，可东阳源南货店的店主觉得乾泰祥财大气粗，有的是银两，要价实在太离谱，乾泰祥只能作罢。直至1956年公私合营，这一角十多平方米的小店才并入乾泰祥，免去了股东们心中的遗憾。

乾泰祥第二次翻建共耗资五万银圆，模仿西式楼宇建筑，造起了一座三层中西合璧的新洋楼，成为观前街上的一大亮点。它同时也成为同行业中最大的一家店铺。

管理有方，步入鼎盛时期

翻建一新的乾泰祥新店落成开业后，步入了发展的鼎盛时期。三层楼中，底楼铺面设四个部——绸缎、呢绒、布匹、鞋帽，二楼设顾绣和新装两部，三楼专门办公。

为了节约成本，店内还增设了弹棉花的工场，雇用工人自弹棉絮等，从源头保证产品质量；又设三个服装工场，顾客购店内布料后，可以直接来这里定制男女服装，同时加工进口的珠罗纱蚊帐。

乾泰祥经销的刺绣非常讲究质量，不仅有专人负责选料、染色、审阅图稿，还在苏州近郊专门设点，发放刺绣专用丝绸面料、丝线、图稿等，以保证刺绣的质量与数量。这些体贴入微的特色经营使乾泰祥在百姓心中树立了好口碑。因为质量上乘、价格公道、童叟无欺，乾泰祥很快在苏州城声名鹊起，四周乡镇慕名而来者络绎不绝。

经理何颖生精于经商之道，他经常挂在嘴边的一句话叫："不怕货色不进门，只怕顾客不上门。"他告诉店员，顾客就是上帝，只要顾客进门，就必须使出浑身解数，千方百计地把这单生意做成。

"乾泰祥"销售的丝绸产品

当时店员底薪极低，一般店员月薪八元左右，学徒工只有两元，收入主要靠销售商品提成。何颖生对绸、绣、呢、棉布等分门别类，规定了不同的回扣率。他经常告诫店员的两句话是："生意不成，乃言语未到；生意不成，乃手脚未到。"如果销售业绩不好、腿不勤快的话，那当月肯定是没饭吃了。"有顾客而后才有你们的饭碗，他们一走，你的碗里就会少几块肉。"想想何经理的话，店员哪还敢怠慢。

何颖生对接待方式做了具体要求：老顾客购物一般由熟识的店员接待；新顾客头次进店，店员须全程陪同。他叫店员们机灵点，学会察言观色，不仅要顺着顾客，他们要什么就得拿什么，而且要投其所好，让顾客觉得你是为他好，提出的意见可以参考"三分"。他还时常和主管查看各人的销售情况。一旦发现成交情况差，尤其是发现顾客进店后没成交，出店后却在邻近布店买了货，店员们不仅会受到训斥，还可能随时随地被辞退。店员们每天都兢兢业业，生怕自己哪一天被炒了鱿鱼。

吴地风俗，红白喜事要用诸多丝绸绣品，因此一年四季绣货的需求量都非常大，苏州城中的富家大户无论婚丧大事皆慕名而来，采购所需用品。乾泰祥还追赶潮流、迎合时尚，加工新式丝绸服饰，花样更新很快。譬如20世纪30年代初，绣花红裙在女眷中非常流行。乾泰祥瞄准市场需求，每天销售红裙百余条，让其他店煞是眼红。

跌宕起伏，还原历史风云

由于日常开销大，绸缎行业一直有放账（赊销）传统。所谓"放账"，就是允许一些有信誉、有家底的老顾客、老熟人先取货后会账，一年之中"三节"结账，俗称"端午看一看，中秋算一算，年底还一半"。

乾泰祥因为声誉好、名气响，因此放账的范围比别家广，除市区老主顾，还遍及无锡、昆山、常熟、吴江等县乡镇，尤其以丝绸之乡吴江一境为多。乾泰祥在赊销方面的资金常年达二十万银圆，占年营业额之半。有的大户人家一年红白两事加上家人的日常衣着，就欠乾泰祥衣料款五万银圆，数额之巨令人咋舌。

这么多放账赊销，乾泰祥还有资金周转吗？乾泰祥借鉴了钱庄的做法，以高于钱庄的利率吸收私人储蓄。这种吸储方式不仅解决了商店"赊销"带来的资金周转问题，还让股东时时刻刻有钱花，扩大了经营范围。

1937年，日军入侵苏州城。全城遭到空前浩劫，乾泰祥也未能幸免。据1938年2月苏州商会统计，绸缎业四个大户损失424399元，乾泰祥损失184646元。由于战乱，原来的富户主顾哪还顾得上还债，纷纷逃亡他乡或入上海租界或奔重庆山城。

遭受如此损失，乾泰祥几乎一蹶不振。因无法经营，店内的职工只好靠摆摊度日，还有一些老职工借机离店，与他人合伙另谋出路，如重新开办永泰新、元利、丽华等布店。乾泰祥一时变得门前冷落车马稀。

战火过后，乾泰祥继续经营了一段时间，在稍有起色时才重新亮招牌。这时，乾泰祥已失去了昔日的雄风。抗日战争胜利之际，乾泰祥利用库存余货回笼的资金，勉强以三折计算向储户归还本金。

由于时局动荡，通货膨胀，物价暴涨，店主何颖生只好坚持"执货不执币"的对策,在中华人民共和国成立以前的几年里熬过了通货膨胀的危机。至此,乾泰祥元气大伤,经营十分困难,几近破产边缘。

枯木逢春,续写百年辉煌

中华人民共和国成立之初,乾泰祥勉强度日。直到1954年底,几乎山穷水尽的乾泰祥率先成为国营苏州花纱布公司的代销点,老字号如枯木逢春,起死回生。

1956年公私合营时,乾泰祥先后兼并了大丰、大新两家绸布店以及大丰丝绵店、瑞和祥皮货店。随着资产、资金、人员的增加,乾泰祥终于又成为苏州纺织品行业中的"三驾马车"——三泰(乾泰祥、久泰、荣泰)之一。

乾泰祥的发展史既是一部传承史,又是一部创新史。改革开放给百年老店带来了新的发展机遇。乾泰祥励精图治,其经营的产品和服务质量在苏州同行业中一直名列前茅。乾泰祥坚持"人无我有,人有我优"的经营原则,被人称作"天天都有新花样",这正是经营上的不断改革。

如今,乾泰祥这块金字招牌依然守望着这条苏城名街,依靠经营苏州丝绸的优势,成为丝绸行业中名副其实的老店,其产品深受国内外客户的好评。"丝绸大王乾泰祥,天天都有新花样"这句广告语已印入姑苏百姓之脑海。

百年观前,风雨沧桑,悠久历史的深邃积累使乾泰祥拥有深厚的文化底蕴。如今,百年老店乾泰祥青春勃发,秉承百年辉煌,踏上了开拓创新的阳光大道。

老凤祥
——珠光宝气上海滩

珠光宝气的"老凤祥"

清朝时,全国各地卖金银首饰最有名的一家店叫"老凤祥"。今天,"老凤祥"可是响当当的百年老字号。

说起"老凤祥"的故事,还要追溯到19世纪的上海滩。那时候的上海是商贾聚集之地,自然少不了达官贵人。正因如此,银楼业在大上海生根发芽,逐渐发展壮大起来。

"凤"落上海银楼业

明朝末年,最有名气的银楼要数松江府的日丰金铺。清乾隆三十八年(1773),上海城内的杨庆和银楼挤掉了日丰金铺,坐上了银楼业的头把交椅。此后不久,很多商贾看到银楼业有利可图,开始将资金投到银楼业中,大大促进了银楼业的发展。清道光年间,以上海金银首饰同业组织的始创为标志,银楼业出现了一派繁华景象。

老凤祥正诞生在上海银楼业一派欣欣向荣的背景之下。

1848年,老凤祥的前身凤祥裕记银楼正式成立。凤祥裕记银楼在成立的时候，其原址不是今天上海老凤祥的本部所在地，受战争、灾难、改朝换代等因素影响，银楼的名字和地址也是几经变更。1848年，凤祥裕记银楼初创，地处南市大东门；清光绪十二年（1886），迁至南京路望平街，更号为"怡记"；此后相继更号为"植记"和"庆记"。光绪三十四年（1908），又迁至南京东路，重新恢复"裕记"号。此后，这一地址一直延续至今。

老凤祥历经百年而不衰不是没有道理的。一个业内名家曾经如此评价老凤祥出品的物件："其制作银器精雕细刻，高雅华丽，富有特色。"而老凤祥最拿得出手的应该是银器礼品，以吉利语取悦顾客，如造房礼品大银盾上刻"金玉满堂"，出生礼品麒麟上刻"麒麟送子"，婚礼匾牌、屏风上刻"百年好合"，祝寿礼品银质大寿桃上刻"寿比南山"等吉利语，备受顾客欢迎。

即使到了21世纪的今天，哪个姑娘结婚能戴上老凤祥的首饰，哪个新生儿过百岁能戴上老凤祥的物件，依然是锦上添花、发光体面的事呢。

创始人励精图治

每一个老字号的发展都离不开创始人的血汗付出，老凤祥的发展当然也不例外。这其中，一个名叫费祖寿的人起了至关重要的作用。

1908—1949年，中国经历了辛亥革命、军阀混战、抗日战争和解放战争，可谓是屡经战乱、民不聊生。而一位值得"老凤祥人"纪念的历史性人物——费祖寿先生却抓住时机，始终以"兢兢业业、励精图治、善于经营"的精神，一心打造老凤祥的品牌。

说起费祖寿，那也是个传奇。1889年，他出生在浙江慈溪。1902年，13岁的费祖寿开始在父亲开的银楼里帮工。他从小就胸怀大志，发誓要将家族的事业做大做强。他从学徒做起，但是做了不久，就发觉还是出去闯荡闯荡开开眼界更好，便决定去上海另一家比较有名气的银楼

当学徒。

当时正值上海银楼业大发展时期，很多银楼业为了吸引客人，都精心打造自己的产品。银器在当时很受欢迎，各家银楼里打造银器的师傅很受尊敬，赚钱也多。正是在这样的环境中，费祖寿增长了见识。他暗下决心，一定好好学手艺，将来也成长为一个有名气又受人尊敬的银器师傅。

费祖寿虚心好学，又有天赋，很快就掌握了基本技术，再加上有点创意，逐渐成为远近闻名的银器小师傅。26岁的时候，因为家中需要，费祖寿回到自家银楼接管生意。他起初担任副经理，从1919年开始继承父业，从父亲费汝明手上接任老凤祥银楼经理，一干就是30年。他在经理的位置上勤于事业，以"千方百计适应顾客心理，并满足其需要"为经营之道，精于产品，诚于服务，逐渐将银楼的事业做大做强。

费祖寿拥有银楼管理权后，开始大展拳脚。他紧跟潮流、推陈出新，改变了银楼单纯为客人打造银器的传统，增加了精制时款首饰、中西器皿、宝星徽章、珠翠钻石及精制礼器等多种经营，扩大了业务范围。这样一来，他不仅扩大了生意，更打响了老凤祥的品牌知名度。其后，他又重金从上海各大银楼中聘人，不管是拥有几十年经验的老师傅，还是银楼业新科秀才，甚至包括黄发碧眼的老外。这些人充实了老凤祥的家底，他们善雕琢，精镶嵌，制作的礼器饰品花式品种多、精致细巧。仅黄金K金项链一项就有锉平链、铰棒链、竹节链、如意链等数十余种。用费祖寿的话说，他们代表着国际潮流。

上海作为当时中国较早开放的口岸，吸引了众多老外集聚。其中很多外国人对中国文化很有好感，所以银器自然也成为他们的关注目标。费祖寿很快就依靠精良的技艺赢得了这帮老外的欢心。

费祖寿的经商才能远不止这些。他还根据夏天女子短袖露臂，制作外粗中空的手臂镯；秋冬季则制作花式细梗的手腕镯，任客挑选。顾客定制金脚镯也因人所需，予以满足。

费祖寿制作的银器不仅款式新颖、贵气十足,而且贴近顾客需要,这使老凤祥的名气更大了。费祖寿接手后仅仅几年的工夫,老凤祥银楼就在上海业界傲视群雄,成为当时中国首饰业的翘楚。

名人与老凤祥那些说不完的故事

历经百年,周身珠光宝气的老凤祥自然少不了感人的故事,有的可歌可泣,有的令人心醉或心碎。

房地产夫人成老凤祥常客

自古女人多爱珠宝,特别是嫁入豪门的女人更是珠宝消费的主流人群。在繁荣富裕的大上海,这样的女人有很多。她们或者用珠宝来彰显身价,或者用珠宝来衬托气质。这些宝物带给她们的那份尊荣与别人艳羡的目光让这些贵妇们趋之若鹜。上海地产大亨哈同的夫人就是其中之一。

在当年的上海,不知道哈同的人甚少。关于他的传说更是多如牛毛,有人说他靠一桶煤油发家,有人说他背后有老外撑腰,还有人说他跟蒋介石、孔祥熙有很深的渊源。但这些说法都没有改变他自带的暴发户形象。这一点,哈同夫人感受最深。在跟上海名流的夫人小姐们交往时,哈同夫人总能感觉出她们的话里带有那种刺耳的音儿。

怎么能在短时间内提升自己的气质呢?珠宝!肯定是珠宝!但一身的珠宝多俗气呀!这时候,有人向哈夫人推荐了老凤祥。推荐人给哈夫人拿了十几条老凤祥的黄金项链,有锉平链、铰棒链、竹节链、如意链等十余种不同的样式。哈夫人一看就爱不释手,随即让管家带自己到老凤祥的店里亲自挑选。老凤祥的人知道来了大客户,向哈夫人仔细询问了她的需求后,特意量身为她打造了一套专属个人的首饰。

当时的老凤祥在上海已经颇有名气,但老凤祥的师傅专门为一位贵妇人打造带有个人标签的首饰还是头一遭。哈夫人特别开心,戴着老凤祥的首饰参加社交圈里的舞会。众人的目光一下子被哈夫人吸引住了,

大赞哈夫人的气质同珠宝的气质相配。哈夫人喜上眉梢，从此就成了老凤祥的常客。她不但多次亲临老凤祥为自己定制首饰，还特地为丈夫定制白玉翡翠镶金烟枪和烟盘等名贵物件。

明星青睐老凤祥

商人等都钟情老凤祥，明星自然也不例外。大明星与老凤祥的故事最为人熟知的，应该是演员赵雅芝与老凤祥的故事。她不仅是老凤祥的代言人，也是老凤祥的忠实用户。赵雅芝代言老凤祥，将美女的韵味、情味、雅味与老凤祥的品牌魅力融为一体。

演艺名人如此，体育明星也不甘落后。2008年，奥运会在北京举行。19岁的上海小将火亮在"水立方"夺得了自己的第一块奥运金牌。在国歌响起的一瞬，他在上海的家也热闹异常。除了亲朋好友，各方媒体更是蜂拥而至，大家都在他家的电视机前期待着一起见证上海又一个奥运冠军的诞生。最后一跳前，火亮和队友已经领先第二名24分之多，当他们以接近90分的完美一跳锁定冠军时，全家人兴奋地从沙发上跳起来，高举着双手大声叫好，为他的胜利欢呼雀跃。"恭喜！恭喜！"在场所有人向火亮送出了最及时的祝贺，火亮的父母也向在场的所有人派发喜糖。

当记者问起火亮的爸爸准备怎么奖励儿子时，他显然早有准备："我要去老凤祥给他打造一块金牌，挂在脖子上，这是家里奖励给他的另一块金牌！"这个许诺随着各界媒体的报道传播了出去。火爸爸信守承诺，没过多久就到老凤祥定制金牌。奥运会是举国关注的大事，给奥运冠军打造金牌也是老凤祥的荣耀。接到订单后，老凤祥的员工们倾心相助，特别安排中国工艺美术大师张心一携工作室设计人员，为火亮打造了一枚具有纪念、珍藏意义的"老凤祥金牌"。

一家百年老字号总有着许许多多说不完的故事。这些故事蕴含着老凤祥与顾客间百年不变的深情。中国加入WTO后，老凤祥也审时度势，顺应时代的发展需求，立足于长远的企业发展战略，实施品牌战略，发展专业连锁经营。2017年，老凤祥年销售近400亿，利润实现两位数增长。老凤祥不仅连年获得国家级的品牌荣誉，还获得"中华老字号"称号，在老凤祥的发展史上留下了浓墨重彩的一笔。百年老凤祥将紧跟时代发展，走向更加美好的未来！

张小泉

——小剪刀，大品牌

"南有张小泉，北有王麻子"，这是近代剪刀行业中的两名"状元"。张小泉剪刀品牌成立于1663年，在几百年的发展历史中，有喜悦，有悲伤，有繁荣，有衰落，有和睦，有纷争……

泉水叮咚张小泉，仗义执言惹恶霸

明崇祯年间，安徽省黄山市黟县一个小村庄里住着一户张姓人家，张家祖祖辈辈以打铁为生，所以人们都叫这家的男人"张铁匠"。这一年，张铁匠的妻子快生了，但为了生计，他必须到外村去讨生活，把妻子一人留在家中。

因为怕打铁吵到邻居，张铁匠一家生活在山上，独门独院，周围没有邻居，距离村子也有一段距离。这天，张铁匠的妻子突然感觉胎儿有异动，之后肚子便开始疼痛，料想自己要生了，就赶紧往门外走，希望能在走得动的时候，回到婆家。

她走到半路的时候，肚子越来越痛，实在忍不住了，看到路边有一处温泉，突然灵光一闪，记起以前听人说过——水有助于生

图为反映旧时"张小泉"剪刀制作的版画

产，于是想了想，随后走进温泉，找了一个合适的地方，让自己的身体浮在水上。没过多久，孩子出世了，母亲顾不得疲劳乏力，赶紧将孩子拉出水面。随着一声划破长空的婴儿啼哭，一个小生命降生于世。

婴儿的啼哭声引来的不只是母亲的眼泪，还有张铁匠。原来，这天张铁匠虽然在客户家干活，但一直心神不宁，总感觉有事发生。他怕妻子要生产了无人照顾，就急匆匆请假回家看妻子。还真让他赶了个巧，他循着声音找到妻儿，并将他们拉上岸，脱下自己的衣服将孩子包好。

夫妻俩看着孩子，脸上写满了幸福。"给他起个什么名呢？"妻子抬头问丈夫。"他在泉水中出生，就叫张小泉吧。"张铁匠摸着儿子的小脸蛋，慈爱无比地回答。

张铁匠生的儿子当然还是做铁匠。张小泉继承了父亲的铁匠手艺，也成了张铁匠。

岁月如白驹过隙，转眼张小泉长大成人，娶妻生子，继承了父亲的铁匠铺。一天，他的铁匠铺前来了一个姑娘。姑娘长得唇红齿白、貌美如花，一看就是个外地人。张小泉心想："如此美丽的姑娘，独自一人在山野中行走，岂不危险？"他刚想提醒那姑娘，正巧村子里的恶霸到他的铁匠铺买东西。恶霸一眼就看见了姑娘，火急火燎地跑到姑娘面前献媚："小娘子，一个人吗？哪儿人呀，大爷给你指路？"

姑娘没动声色，但张小泉在心里替她捏了把汗，心想："这个恶霸可不好惹，让他看上了，这小姑娘就给糟蹋了。"他没多想，转眼就站到了姑娘前面，"大爷，人家是外地人，又是我的客人。您看，您有什么事，找我，我给您打折。"恶霸不高兴了，一巴掌打向张小泉。说时迟，那时快，恶霸的手被人抓住了。张小泉抬头一看，正是那姑娘。原来人家是个练家子。姑娘稀里哗啦把恶霸打了个落花流水。恶霸夹着尾巴逃走了。

虽然姑娘感激张小泉仗义执言，但张小泉有点懊恼。他知道恶霸

肯定不会善罢甘休，一准回来报仇，但姑娘一拍屁股走了，只能找他撒气。张小泉知道自己惹不起，只好带着张近高等三个儿子去杭州投奔亲戚，并在城隍山脚下的大井巷开了个铁匠铺，继续以打铁为生。

井里来了千年蛇，绞杀妖怪得剪刀

张小泉定居杭州大井巷以后，因为他手艺不错，对顾客殷勤又细心，很快就在本地打出了名堂。

一天大清早，大儿子张近高像往常一样到铁匠铺前面的水井里取水，供打铁用，却迟迟不归。张小泉终于等到他回来，发现儿子的脸色很难看。张小泉觉得有蹊跷，上前询问。张近高说，今天的水又黑又浑，还有股腥臭味，倒掉了无数桶，还是一样。

几乎整个街巷的百姓都靠这口井生活。这事一传开，老百姓议论纷纷，有些害怕者更在井边焚香烧纸叩头，求神明保佑。这时候，村里一个年过百岁的老先生跟大家讲了个传说：这口井一直通往钱塘江，钱塘江里有两条大蛇，每隔五百年到这口井里生小蛇，到了晚上便爬上井来，抓小孩喂小蛇。

村里人一听害怕了，都说是这两条蛇来了，纷纷躲在家里不敢出门。张小泉听了这个故事，半信半疑。他与家人一商量，交代好后事，买来大量雄黄酒，先喝了个半饱，然后用剩下的酒水洗了个澡，拿起一把锤子，"扑通"一声就跳到了井里。

下了井，张小泉果然看到两条大蛇，周围还有蛇蛋。因为张小泉喝了雄黄酒，大蛇不敢靠近张小泉。他趁机抡起大锤，朝一条大蛇的七寸砸过去。几番搏斗后，两条大蛇奄奄一息。张小泉呼喊儿子张近高，让儿子把他拉上去。他把绳子的末端系在大蛇头上，把它们一起拉了上来。好家伙！这两条大蛇足足有百余斤重。张小泉想来有点后怕，要不是喝了雄黄酒，要不是两条大蛇缠在一起，他根本没机会为民除害。除掉了大蛇，大井里的水又恢复了原样，张小泉也成了当地的英雄。他的铁匠铺自然也声名鹊起。

之后，张小泉让儿子们把大蛇拉走。他是个有心人，见蛇尾弯曲，就蹲在地上想看看。他忽然灵光一闪，想起两条蛇交缠在一起，两个头相互交叉、左右攻击他的样子。他随后蹲在地上把当时蛇交缠的样子画了下来。

"如果在舌头交缠的地方加个钉子，不让它们分开；如果把蛇身体的部分做成把手，方便掌握……"张小泉一边嘀咕一边操作，弄得几个儿子似丈二和尚——摸不着头脑。张小泉飞快地做着手里的活，做成后，又把"蛇颈"上面的一段敲扁……就这样，中国历史上的第一把"剪刀"产生了。

在这之前，人们是不用剪刀的。但是有了剪刀以后，裁衣服快了，剪东西方便了。如此好用的东西，很快就成为人们竞相争抢的物件。张小泉父子四人日夜赶工也来不及做。

随后，他们把第一把剪刀挂在铁匠铺的大门上当作招牌，停止了其他的营生，请了几个伙计，专门做起了剪刀生意，并取了个"张大隆"的字号。因张大隆出产的剪刀制作精良，店铺生意兴隆，渐渐地，许多同行也仿造起来。张小泉为了避免别人仿造自己的剪刀，索性将自己的铁匠铺改名为"张小泉剪刀铺"。久而久之，在人们的口口相传中，张小泉剪刀逐渐成为名牌。

寻常百姓寻常剪，紫禁城里做贡品

康熙初年，张小泉染病去世，其子张近高继承了"张小泉剪刀铺"。

张近高得到了张小泉的真传，人也聪颖好学。在他的经营下，"张小泉剪刀铺"的生意越来越红火。但财富与名誉有时候是矛盾滋生的温床。张小泉膝下有三子，张近高是大儿子，跟随父亲的时间最长。根据中国的传统，长兄为父，张近高继承家业本是天经地义的事情，但张小

泉的二儿子不这么想，他是一个颇有野心的人，又妒忌猜疑，心眼多，不学无术。

二弟眼看张近高的生意越做越红火，就想问大哥谋个营生做。张近高了解二弟的本事，没有答应。这下可惹恼了二弟。他一气之下高薪带走了老铺子里的几个老伙计，另立山头，也做起了"张小泉"剪刀的生意。三弟看大哥、二哥闹得不可开交，不但没有从中调和，反而想趁乱牟利，偷偷拿走了张小泉剪刀的基本做工手册，离开张家，也开了一家"张小泉剪刀铺"。

张小泉在世时一家也算和睦，他断然没有想到，在他离世后，在金钱面前，家人会四分五裂。张近高无力改变兄弟分崩离析的现状，深觉愧对父亲，只有更加努力地做好"张小泉剪刀铺"的生意。

突然有一天，巷口的李大妈拿着剪刀来找张近高，一进门就粗着嗓门嚷嚷："张老板，你家出的什么剪刀，刚减了几块硬料，就缺了口子。"张近高一听，心生蹊跷，接过剪刀仔细端详。其实剪刀上的缺口并没有李大妈说得那么夸张，但是确实有个印痕。这剪刀的做工与自己家的相似，却又不完全一样。张近高心里纳闷，翻查账本却发现不曾卖过剪刀给李大妈。

这是怎么回事呢？他赶紧派人打探。原来，那两个分家的弟弟各自开了"张小泉剪刀铺"。但由于技术不精、手艺不到家，做的剪刀自然有缺陷。张近高并没有与两个弟弟理论，当然，他也不能让他们砸了自家的招牌，于是为了维护自家店铺的名誉与利益，他在"张小泉"名字下面加上了"近记"两字，以此标明正宗。

乾隆初年，"张小泉近记"已经传到第四代传人张金宝手里。

这一年，为庆贺乾隆帝初登大宝，朝廷决定举行百年老店竞技比赛，以示庆贺，胜出者将有资格为朝廷提供贡品。古代没有广告一说，但是谁的产品能得到皇家认可并成为御用贡品，无疑如皇亲国戚一样，若飞上枝头当了凤凰，身价也会水涨船高。

张小泉的后代没有错失这个机会。在剪刀比赛中，"张小泉近记"表现得十分出色，在家庭用剪刀、劳作用剪刀、缝纫用剪刀、美容用剪刀等各个方面都略胜一筹。乾隆皇帝大喜，亲自观摩比赛，并将一把"张小泉"剪刀拿在手中把玩。乾隆皇帝的垂青让"张小泉"剪刀从此"平步青云"。"张小泉"剪刀开始了其"御用剪刀"的生涯。

清宣统三年（1911），中国已有商标注册一说，"张小泉"剪刀以"海云浴日"为名注册了商标。1915年，在巴拿马万国博览会上，"张小泉"剪刀获二等奖，着实为国人扬眉吐气了一回。

改天换地再创业，金字招牌引纠纷

新中国成立前夕，因为战乱频繁，很多民族企业都濒临破产，逐渐没落，"张小泉"剪刀也不幸沦为其一。虽有生不逢时之劫，但只要是好东西就不怕岁月和世事变迁的掩埋。在新中国阳光的沐浴下，"张小泉"剪刀很快又重新崛起。

据说，在筹建杭州张小泉剪刀厂时，政府下拨了40万元！40万元在现在不算多，但在当时一分钱都可以买个馒头的年代，可是一个了不得的天文数字。在政府的号召下，一些张小泉老厂的老员工们也随后自发组织捐款，自筹了20万元左右。1956年，新剪刀厂破土动工。1958年，张小泉剪刀厂新厂建成，这时已经是公私合营企业，不再是前店后厂的旧时老作坊，员工达到816名，已成为一个名副其实的大厂。

但这时候的张小泉剪刀厂还只是一个谋生的工厂，身为当时剪刀厂副厂长的范昆渊总觉得还少点什么。经过几年的摸索和思考，他感觉"张小泉"经过几百年的传承，不应仅仅是一种谋生的手段，更应该是一种民族文化的符号和传承，而现在他们缺少的正是代表这种符号的品牌。

1963年，范昆渊在报纸上刊登了为"张小泉"剪刀征求商标的广告。公开征集商标在当时也是新鲜事。他在广告中说：一旦选中就付给

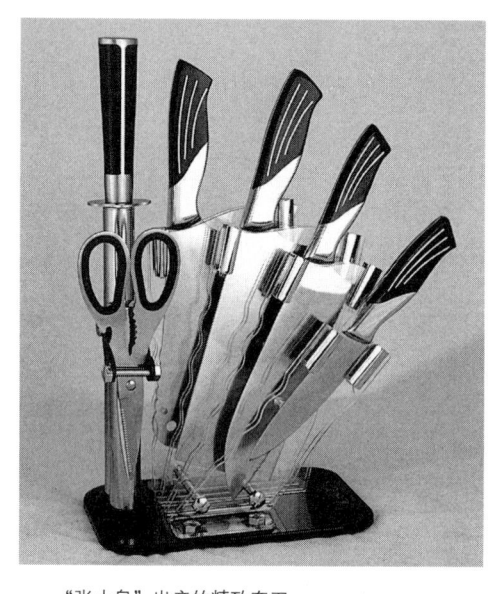

"张小泉"出产的精致套刀

200元稿酬。广告一刊登，全国各地的信件就如雪花般飞到剪刀厂。经过挑选，张小泉在新中国成立后的第一个商标图案光荣诞生。这里还有个插曲，可能是厂里的领导太过激动，竟然忘了给设计师寄送稿酬，一直使用了许久，在设计师写信来询问此事时，厂里的领导才记起来还没给作者支付稿酬呢！他们赶紧与设计师联系，再三道歉，并及时将稿酬寄送了过去。

1964年，该商标成功注册。成名于明末清初的"张小泉"剪刀终于有了正式的注册商标，并一直沿用至今。

在资本市场中，金字招牌自然拥有得天独厚的品牌优势。拥有三百余年历史的"张小泉"是否该由一家独占？现代经营者们和其传人又有了不同的意见，于是就有了上海"张小泉"与杭州"张小泉"分庭抗礼的纠纷。1999年3月，杭州"张小泉"将上海"张小泉"告上法庭，理由是侵犯其企业名称和产品标识。五年后，法院做出判决，对杭州"张小泉"的诉讼不予认定。

法院的判决并没有消除围绕"张小泉"而发生的纠纷。树大招风，名气越大，是非越多，我们只能等待大浪淘沙、优胜劣汰。

图书在版编目（CIP）数据

中国老字号故事 / 杨建明，王忆萍编著. -- 济南：齐鲁书社，2019.10
（中外故事书系．非物质文化遗产故事丛书）
ISBN 978-7-5333-4150-3

Ⅰ.①中… Ⅱ.①杨… ②王… Ⅲ.①老字号—中国—通俗读物 Ⅳ.①F279.24-49

中国版本图书馆 CIP 数据核字（2019）第 180035 号

中国老字号故事
ZHONGGUO LAOZIHAO GUSHI

杨建明　王忆萍　编著

主管单位	山东出版传媒股份有限公司
出版发行	齐鲁书社
社　　址	济南市英雄山路 189 号
邮　　编	250002
网　　址	www.qlss.com.cn
电子邮箱	qilupress@126.com
营销中心	（0531）82098521　82098519
印　　刷	山东临沂新华印刷物流集团有限责任公司
开　　本	710mm×1000mm　1/16
印　　张	19.5
字　　数	270 千
版　　次	2019 年 10 月第 1 版
印　　次	2019 年 10 月第 1 次印刷
印　　数	1—3000
标准书号	ISBN 978-7-5333-4150-3
定　　价	48.00 元